New Quality
Productive Forces
in Green and Low-carbon Construction

新质生产力与绿色低碳建造

殷高勇 魏永涛 编著

河海大学出版社
HOHAI UNIVERSITY PRESS
·南京·

图书在版编目(CIP)数据

新质生产力与绿色低碳建造 / 殷高勇，魏永涛编著.
南京 : 河海大学出版社，2024. 12. -- ISBN 978-7
-5630-9360-1

Ⅰ. F120.2;TU74

中国国家版本馆 CIP 数据核字第 2024KC5371 号

书　　名	新质生产力与绿色低碳建造 XINZHI SHENGCHANLI YU LÜSE DITAN JIANZAO
书　　号	ISBN 978-7-5630-9360-1
责任编辑	齐岩
文字编辑	李紫微
特约校对	王春兰
装帧设计	江南雨韵
出版发行	河海大学出版社
地　　址	南京市西康路 1 号(邮编:210098)
电　　话	(025)83737852(总编室)　(025)83722833(营销部)
经　　销	江苏省新华发行集团有限公司
排　　版	南京布克文化发展有限公司
印　　刷	南京工大印务有限公司
开　　本	700 毫米×1000 毫米　1/16
印　　张	17.75
字　　数	291 千字
版　　次	2024 年 12 月第 1 版
印　　次	2024 年 12 月第 1 次印刷
定　　价	65.00 元

前言 Preface

在我国提出中国式现代化、高质量发展的战略命题面前，尝试讨论、思考如何培育、推进新质生产力和践行绿色低碳建造意义重大，也是本书论述和研究的主要话题。

当前，新质生产力成为中国经济的热词，中国的新质生产力也正为全球发展增添新活力、注入新动能。新质生产力是一种由技术革命性突破、生产要素创新性配置、产业深度转型升级而催生出的当代先进生产力。它以劳动者、劳动资料、劳动对象及其优化组合的质变为基本内涵特征，以全要素生产率提升为核心评判标志。在当今世界，放眼全球，伴随能源和数智化转型步伐加快，新能源、信息与数字技术在生产要素中所占的地位大幅度提升，体现出新质生产力与过去生产力的显著区别，新质生产力更具竞争优势。绿色低碳建造是指在建设规划、建造材料、建造设备、施工技术等环节和建筑物使用的整个生命周期内，减少石化能源的使用，提高能效，降低 CO_2 排放量的一种新型建造方式，因此，绿色建筑、低碳建筑已逐渐成为国际建筑界的主流趋势。建筑在 CO_2 排放总量中几乎占到一半份额，这一比例远远高于交通运输和工业生产制造等领域。因此，在发展低碳经济的道路上，建筑的“节能”和“低碳”注定成为我们国家高质量发展绕不开的话题。新质生产力与绿色低碳建造之间，存在着密切的联系和相互促进的关系。新质生产力的发展为绿色低碳建造提供了技术支持和动力支持，而绿色低碳建造又是新质生产力的一个重要实践领域。通过政策导向、产业结构新布局和社会环境的加深营造，可以进一步推动新质生产力与绿色低碳建造的联动发展，实现经济社会发展与生态环境保护的和谐统一。

进入新时代以来，新一轮科技革命和产业革命正蓬勃兴起，加上全球化进程深刻的传播、扩散、渗透作用，世界正在形成新的政治影响格局、经济竞争格局、社会动态潮流、文化生态链条。这一切揭示着政府在新质生产力与绿色低碳建造方面所承担的责任是多方面、多层次的，既包括推动科技创新和产业升级，也包括引导和监管各个行业的绿色发展，以及通过跨领域的合作，推动经济社会全面绿色转型、深度低碳发展。

在世界百年未有之大变局面前，世界多极格局在大国博弈中日渐显现，复杂的国际格局不仅考验政府的决策能力、施政效果，更加考验企业的创新能力、创造精神。在发展新质生产力、推进绿色低碳建造的客观实际中，不仅需要政府、企业与行业组织的参与，也需要各个组织中的主要管理人员和核心技术人员等的高度理解与深度参与，这样才能形成集体性的动力、干劲，只有持之以恒、艰苦卓绝地奋斗和耕耘，才能实现强国富民的中国梦。

本书结构安排是：第一章至第七章介绍、论述新质生产力发展的内容，第八章至第十章介绍、论述绿色低碳建造技术的内容，第十一章则为绿色低碳建造在新质生产力中的自我发展，阐述两者之间的关系。另外，本书的第一章、第三章、第五章、第六章、第七章、第十章由殷高勇编写，第二章、第四章、第八章、第九章、第十一章由魏永涛编写。

希望本书可以促进政府政策实施、企业创新管理，并帮助相关行业组织的领导者、管理者、核心技术人员等对新质生产力、绿色低碳建造等内容有一个系统、清晰的理解。本书在推进新质生产力发展、绿色低碳建造实践方面都具有较强的现实指导意义，是一本在项目管理、企业创新、科技投资、技术成果转化等领域具有指导意义的重要阅读用书。

目录 Contents

第一章

新质生产力概论

第一节　新质生产力

一、新质生产力的提出

当今世界正经历新一轮大发展、大变革、大调整，大国战略间的博弈全面加剧，国际体系和国际秩序深度调整，人类文明发展面临的新机遇、新挑战层出不穷，国际往来的不确定、不稳定因素明显增多。我国在经过改革开放以来的持续、稳定、快速发展局面后，正在经历“百年未有之大变局”，在面对日益复杂多变的国内外形势时，如何实现高质量发展，如何践行绿色低碳经济发展模式，是我们面对工业文明升级过程中的重大课题。

基于对世界大势的敏锐洞察和深刻分析，以习近平同志为核心的党中央作出一个重大判断：世界正处于百年未有之大变局。深刻认识这一“变局”的丰富内涵，牢牢把握变局给中华民族伟大复兴带来的重大机遇，是新时代开拓广阔发展空间、实现“两个一百年”奋斗目标的现实要求。

2023 年 9 月 7 日，习近平总书记在黑龙江考察调研期间首次提出“新质生产力”这一概念，他在哈尔滨主持召开新时代推动东北全面振兴座谈会时说：“积极培育新能源、新材料、先进制造、电子信息等战略性新兴产业，积极培育未来产业，加快形成新质生产力，增强发展新动能。”此后，这一概念在国内多个重要场合被提及，并成为我国经济社会发展的重要战略方向。2023 年 12 月 11 日至 12 日，中央经济工作会议指出：以科技创新引领现代化产业体系建设，要以科技创新推动产业创新，特别是以颠覆性技术和前沿技术催生新产业、新模式、新动能，发展新质生产力。2024 年 1 月 31 日，习近平总书记在主持中共中央政治局第十一次集体学习时发表重要讲话，从理论和实践结合上系统阐明新质生产力的科学内涵，深刻指出发展新质生产力的重大意义，对发展新质生产力提出明确要求。2024 年 3 月 5 日，习近平总书记在参加十四届全国人大二次会议江苏代表团审议时强调，要牢牢把握高质量发展这个首要任务，因地制宜发展新质生产力。习近平总书记的重要讲话，在江苏省广大干部、群众中引起了强烈反响。发展新质生产力，是 2024 年经济工作的重要着力点，应强化创新驱动，为高质量发展、中国式现代化提供强劲推动力、支撑力。

二、新质生产力的内涵特征

新质生产力是一种以创新起主导作用的生产力，它是摆脱、超越传统经济增长方式、生产力发展路径的先进生产力，具有高科技、高效能、高质量、高维度特征，是符合我国当前新时代、新发展理念的先进生产力。它是在各领域科技创新驱动下，以新技术、新业态、新模式、新机制、新制度等为核心基础，显著提升生产效率、促进产业结构优化、迭代和社会经济高质量发展的生产力表现形式。

新时代背景下，劳动者、生产资料及其相对应的生产关系都在发生深刻变化。新质生产力以劳动者、劳动资料、劳动对象及其优化组合的提档、跃升、质变为基础，符合当前国家形势、国际竞争格局环境。它的核心特点是创新，关键在质优，本质是先进生产力①。原因：(1)新质生产力的形成离不开科技创新的持续突破，新质生产力的发展仍要坚持以科技创新来推动产业创新、以产业创新来不断培育生产力前进方向；(2)新质生产力的本质是一种先进的、以科技创新为驱动、追求高质量发展的生产力形态，它旨在通过系统的、全方位的创新和改革，构建出一种高效的现代化生产模式或体系；(3)新质生产力是由技术革命性突破、生产要素创新性配置、产业深度转型升级而催生的，具有跨时代意义。

与过去社会发展中的生产力比较来看，新质生产力是超越、摆脱了传统增长路径、符合高质量发展要求的生产力。它以全要素生产率大幅提升为发展背景，核心在于科技创新、制度创新、管理创新和产业链条的重构，最终要实现对现有生产力的革新与超越。

从要素构成上来看，新质生产力是由新型劳动力、新型劳动对象和新型生产资料共同组成。

从发展动能上来看，科技创新是新质生产力培育、发展的最强动力和本

---

① 周文. 新质生产力的本质是先进生产力[N]. 文汇报，2024-03-13(6).

质特征。

从产业载体上来看，新一代信息技术、战略性新兴产业和未来产业是新质生产力的实体支撑，具有知识技术密集度高、物质资源消耗少、成长动能大等突出特点。

三、新质生产力的发展重点

新质生产力的发展重点在于：(1)绿色低碳发展。低碳、零碳、绿色发展是高质量发展的底色，新质生产力本身就是一种绿色生产力。因此，在发展新质生产力的过程中，应积极践行绿色发展理念，推动经济社会的可持续发展。(2)生产力的高质量发展。新质生产力强调在保持经济增长的同时，更加注重质量和效益的提升，实现经济社会发展的可持续性。这意味着在发展新质生产力的过程中，需要关注高质量发展，走一条科技创新与高质量发展相结合的道路。(3)体制机制创新。新质生产力的发展需要强化体制机制创新，打通堵点、优化环境，着力破解深层次体制机制障碍和结构性矛盾，充分激发全社会创新创业创造活力。这包括新资源创新机制、新收入分配机制、新社会流动机制、新经营机制等。(4)服务实体经济。新质生产力的发展应聚焦于服务实体经济，特别是在基础设施产业、民生产业、战略性新兴产业、主导产业、未来产业等领域发挥作用。例如，可以通过科技金融、普惠金融、数字金融、碳金融等方式，更好地服务地方经济，着力促进新质生产力发展和现代化产业体系建设。(5)产业深度转型升级。新质生产力是由技术革命性突破、生产要素创新性配置、产业深度转型升级催生的当代先进生产力。因此，发展新质生产力需要推动产业转型升级，使其能够适应新的科技变革和新的发展需求。例如，智能化、数控化、复杂化、精细化的生产工具可以作为新质生产力的重要标志。(6)科技持续创新。科技创新是发展新质生产力的核心要素，它能够催生新产业、新模式、新动能。新质生产力的发展注重原始创新突破、原创展现和成果转化应用，尤其是在高端芯片、工业母机、开发平台、基本算法，以及基础元器件、基础材料、清洁能源等领域。

此外，还需要依托“天宫”(空间目标飞行器)、“天眼”(500 米口径球面射电望远镜)、“蛟龙”(“蛟龙号”载人潜水器)、“墨子”(“墨子号”量子科学实验卫星)、“悟空”(暗物质粒子探测卫星)、大飞机(C919 大型客机)等国家战略项目、重大科技成果，加快推动相关产业发展、技术领先。

新质生产力的发展重点方向还在于：(1)打造新型劳动者队伍。包括能够创造新质生产力的战略人才和能够熟练掌握新质生产资料的应用型人才①。(2)掌握和用好新型生产工具。特别是掌握关键核心技术，赋能发展新兴产业。产业层面要巩固战略性新兴产业、提前布局未来产业、改造提升传统产业。(3)塑造适应新质生产力的生产关系。通过改革开放，着力打通束缚新质生产力发展的堵点、卡点，让各类先进优质生产要素向发展新质生产力顺畅流动。(4)加快完善新型举国体制。发挥好政府的战略导向作用，让企业真正成为创新主体，让人才、资金等各类创新要素向企业聚集。(5)支持战略性新兴产业和未来产业发展。激励企业加快信息化、数智化转型，实现实体经济与数字经济的深度融合。(6)加快建设全国统一大市场。持续优化民营企业发展环境，真正发挥超大规模市场的应用场景丰富和创新收益放大的独特优势。(7)健全要素参与收入分配机制。激发劳动、资本、土地、知识、技术、管理、数据等生产要素活力，更好实现知识、技术、人力资本导向。健全收入分配制度，调动各类生产要素参与生产的积极性、主动性、创造性，让各类生产要素的活力竞相迸发，让一切创造社会财富的源泉充分涌流，具有极其重要的理论意义和实践价值②。(8)扩大高水平对外开放。不断改善营商环境，加强知识产权保护，形成具有全球竞争力的开放创新生态，与全球企业和人才共享中国的发展红利。(9)紧贴产业需求，优化创新体系布局。根据产业的当下急需和长远发展需要，再部署一批关系全局、影响长远的国家重大科技项目，不断加强应用基础研究和前沿研究。(10)依托资源要素禀赋、区位优势和产业基础，加快新质生产力赋能传统产业改造、转型、升级，推进产业智能化、绿色化、高端化发展。

新质生产力的发展，是通过科技创新、产业升级和绿色、低碳的转型，新质生产力已经在实践中发展壮大，并展示出对我国高质量发展的强劲推动力、支撑力。因而，发展新质生产力需要从科技创新、产业深度转型升级、高质量发展、服务实体经济、绿色发展以及体制机制创新等多个方面着手，以实

---

① 王政，刘温馨. 如何发展新质生产力[N]. 人民日报，2024-01-15(1).

② 陈启清. 健全和完善生产要素参与分配机制[N]. 经济日报，2020-03-05(11).

现经济社会的全面发展和进步。

四、新质生产力的表现形式

新质生产力的表现形式多样,包括但不限于这些方面:(1)新一代信息技术(如5G通信、物联网、云计算、大数据分析、人工智能AI、区块链技术等)。(2)生物工程技术(包括基因工程、生物制药、精准医疗、现代农业生物技术等)。(3)新能源技术(如太阳能、风能、核能以及新能源汽车技术、智能电网技术等)。(4)新材料技术(如纳米材料、超导材料、高性能复合材料的研发和应用)、绿色环保技术、民用航空创新技术、船舶与海洋工程装备技术等。新质生产力还包括高度自动化的生产线、机器人技术、3D打印等先进的高端装备、制造手段,以及现代企业管理制度、精益生产(Lean Production)、敏捷开发(Agile Development)、供应链协同管理等新的管理理念与方法,以及全要素生产率提升等方面。

随着新质生产力的不断迭代、升级和优化、深入发展与应用,新质生产力领域会出现更多的未来产业,见图1-1。

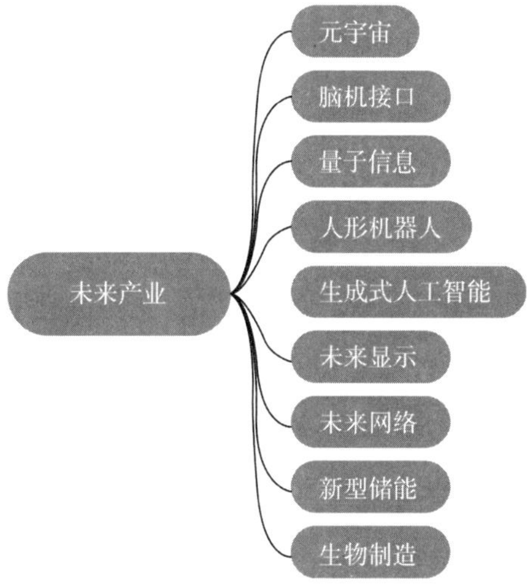

图1-1 未来产业的9个领域

元宇宙、脑机接口、量子信息、人形机器人、生成式人工智能、未来显示、未来网络、新型储能、生物制造等未来产业、新领域,代表了科技发展的前沿方向，具有巨大的市场潜力和社会影响力。它们不仅涉及新一代信息技术的深化应用，还包括了生物技术、新材料、新能源等领域的创新突破。这些领域的快速发展，将推动产业结构的优化升级，增强经济发展的新动能，为建设现代化产业体系提供重要支撑。

2023年8月22日，工业和信息化部联合科技部、国家能源局、国家标准委印发《新产业标准化领航工程实施方案（2023—2035年）》。文中指出："新产业是指应用新技术发展壮大的新兴产业和未来产业，具有创新活跃、技术密集、发展前景广阔等特征，关系国民经济社会发展和产业结构优化升级全局。"新质生产力在这些新领域的不断发展，推动了经济增长和社会进步，也为人类生存和发展提供了更加广阔的空间和更多的机会。

新质生产力所依托的新产业、新领域，主要是以高新技术产业、绿色经济产业、高端装备制造等为代表的新型产业，具有高度的技术含量、领先水平和创新能力。这些新型产业的发展，体现了新质生产力在产业结构上的创新成果与发展方向。

新质生产力的表现形式涵盖了多个领域，以下是其在一些行业、产业上的主要表现，例如：

（一）高科技产业

新质生产力的表现形式之一是在高科技产业中的应用。一般认为，高科技产业指信息产业（包括计算机、通信、信息服务业等）、生物制药产业、新材料产业、新能源产业、航空航天产业和海洋产业六大产业。其特征是拥有大量的知识产权，资金密集、知识密集、技术密集和高附加值、高回报率。

举例：芯动联科，主营业务为高性能硅基MEMS惯性传感器的研发、测试与销售，这些产品属于战略性新兴产业之新一代信息技术产业，体现了新质生产力在高科技产业中的应用。芯动联科基于半导体的行业积累、独创的"微纳结构设计"，采纳先进的MEMS工艺，以特有的封装方案、现代化的管理模式和完善的人才积累，融合集成电路与传统高端惯性行业，促进惯性传感器、压力传感器等传感器向智能化、微型化、易用化、本土化、IC化发展。解决了传统传感器无法满足现代无人平台对传感器智能化、小型化及低成本化要求的主要矛盾，解决了现有MEMS传感器性能无法满足智能无人平台（自动驾驶、机器人）的高性能需求的矛盾。

举例：中兴通讯(ZTE)，全球领先的综合通信解决方案提供商，中国最大的通信设备上市公司。主要产品包括2G/3G/4G/5G无线基站与核心网、IMS、固网接入与承载、光网络、芯片、高端路由器、智能交换机、政企网、大数据、云计算、数据中心、手机及家庭终端、智慧城市、ICT业务，以及航空、铁路与城市轨道交通信号传输设备。

举例：大族激光，是深圳市高新技术企业、深圳市重点软件企业、广东省装备制造业重点企业、国家级创新型试点企业、国家科技成果推广示范基地重点推广示范企业、国家规划布局内重点软件企业，主要科研项目被认定为国家级火炬计划项目。

（二）信息技术

新质生产力的核心技术是以数字化、网络化、智能化为代表的现代信息技术。这些技术的应用，推动了新质生产力的发展和形成。

举例：蚂蚁金服，是阿里巴巴旗下的小微金融集团，于2014年10月16日正式成立，旗下业务包括支付宝、支付宝钱包、余额宝、招财宝、蚂蚁小贷和网商银行等。

举例：科大讯飞，前身为安徽中科大讯飞信息科技有限公司，成立于1999年12月30日，2014年4月18日变更为科大讯飞股份有限公司，专业从事智能语音及语言技术研究、软件及芯片产品开发、语音信息服务及电子政务系统集成。拥有灵犀语音助手、讯飞输入法等优秀产品。

举例：用友网络，是亚太本土管理软件、ERP软件、集团管理软件、人力资源管理软件、客户关系管理软件、小型企业管理软件、财政及行政事业单位管理软件、汽车行业管理软件、烟草行业管理软件、内部审计软件及服务提供商，也是中国领先的企业云服务、医疗卫生信息化、管理咨询及管理信息化人才提供商。

（三）低空经济

当前，低空经济的民用有人驾驶和无人驾驶航空器的多场景低空飞行活动，已在全国多地开花。

低空经济，是一种在垂直高度的低空空域范围内形成的经济形态，包括载人、载货及其他作业，它是一种带动相关领域融合发展的综合性经济业态，具有产业链条长、辐射面广、成长性和带动性强等特点。新质生产力在低空经济中的应用,体现了其在新兴领域的创新和拓展。

举例:河南省安阳市围绕打造“中国航空运动之都”的战略目标,在中原高新技术产业开发区建设了无人机产业园。“只要拿一张无人机设计图纸,安阳无人机园区就有能力打造一架完整的无人机。”

举例:在安徽芜湖航空产业园内,整机、无人机、发动机、维修运营等近140个项目形成了上下游配套的产业聚集,让“不出园区便可生产一架国产通用飞机”成为现实。

举例:深圳市龙华区在低空经济领域也频频发力。构建“五位一体”的低空经济发展架构,举办过超一个月的低空经济嘉年华活动,发布了“一体四翼双支撑”的低空经济产业生态体系……龙华区的种种大动作无疑在宣告其打造低空经济先导区的决心和自信①。

举例:深圳市大疆创新科技有限公司成立于2006年。自成立以来,大疆从无人机系统拓展至多元化产品体系,在无人机、手持影像系统等领域成为全球领先的品牌,以一流的技术产品重新定义“中国智造”内涵。大疆总部位于深圳,在全球多地设有办公室,业务遍及100多个国家与地区,是空间智能时代的引领者。大疆天空之城位于深圳市南山区留仙洞总部基地,占地面积1.76万平方米,总建筑面积约24万平方米,是全国首座钢结构全外露的非对称悬挑建筑,也是全球首例高度超过200米的非对称悬挂钢结构超高层建筑。2023年4月,“大疆总部天空之城”获2023ArchDaily中国年度建筑大奖冠军。

举例:2023年9月26—27日,2023中国(绵阳)科技城无人机产业发展大会在绵阳举行。在此期间,作为绵阳布局未来产业的关键一子,“空天产业园”正式开园。加快形成新质生产力,从根本上说,要依靠科技创新。作为党中央、国务院批准建设的中国唯一科技城,有中国空气动力研究与发展中心、中国航发涡轮院等在绵科研院所,航空装备制造技术实力雄厚。无论是培育无人机产业等“新赛道”产业,还是布局空天产业等未来产业,这些举措无一不传递出绵阳以新产业厚植新质生产力的鲜明信号。

---

① 孙越,姚豆豆. 让低空经济真正“展翅高飞”[N]. 科技日报,2024-01-19(5).

提到无人机，大多数人的认识可能会停留在"航拍助手"的层面。事实上，除了影像生成，无人机早运用到了公共安全、测绘作业、物流、农业科技、环保治理等各行各业。截至 2022 年底，全国无人机运营企业 1.5 万家，年产值达 1 170 亿元，到 2024 年国内无人机市场规模将高达 1 600 亿元。可以说，无人机产业是当之无愧的战略性新兴产业，也是新质生产力的典型代表。①

（四）传媒行业

在传媒行业中，新质生产力的表现形式包括生产、编辑和扩散分发、内容交互等范畴。云计算平台和大数据技术也成为新闻机构处理大量数据、存储庞大文件和高效协作的重要工具。此外，虚拟现实（VR）和增强现实（AR）技术为制作更具沉浸感的报道提供了可能，这些都是新的劳动资料，极大地扩展了传媒产品的表现形式和传播效果。

举例：北京字节跳动公司成立于 2012 年，是最早将人工智能应用于移动互联网场景的科技企业之一，公司至今研发了今日头条、西瓜视频、抖音、火山等 APP，2019 年 6 月 11 日，字节跳动入选"2019 福布斯中国最具创新力企业榜"。

举例：天工大模型是由昆仑万维和奇点智源合作自研的国产大型语言模型。昆仑万维成立于 2008 年，2015 年登陆深交所，目前旗下业务覆盖 AGI 与 AIGC、信息分发、元宇宙、社交娱乐及游戏等多个领域，市场遍及中国、东南亚、非洲、中东、北美、南美、欧洲等地。昆仑万维秉持"All in AGI 与 AIGC"战略，致力于实现通用人工智能，现已完成"算力基础设施—大模型算法—AI 应用"全产业链布局，位列国内人工智能企业第一梯队。Skywork（天工智能）旗下包括六大 AI 业务矩阵：AI 大模型、AI 搜索、AI 音乐、AI 视频、AI 社交与 AI 游戏。Skywork 旗下主要产品"天工"APP，整合了 AI 搜索、AI 阅读、Al 创作等核心功能，覆盖了工作、学习和生活等多个应用场景。

举例：奇妙元的企业愿景是定义下一代人机交互，让人和机器的交互更自然。奇妙元是一款一站式数字人视频制作和直播平台，可以将文档轻松转化为数字人视频，为行业客户提供数字形象定制服务。奇妙元提供一张照片驱动数字人、2.5D 真人克隆、3D 定制及 IP 活化等多种数字形象克隆方案，告

① 群文. 以新产业厚植新质生产力[N]. 绵阳日报，2023-09-28(2).

别真人录制，使用一站式数字形象编辑器，像做 PPT 一样轻松制作数字人视频和直播(24 小时 AI 自动播、3D 数字人直播)。

以上就是新质生产力的一些具体表现形式，它们共同构成了新质生产力的多元化和综合化特征。

五、新质生产力的影响作用

新质生产力是推动社会发展和经济增长的核心动力，对构建人类命运共同体亦具有重要推进意义。它通过技术创新和知识应用、数据分析与知识发现，促进区域经济一体化，提高生产效率，降低成本，推动商品和服务的全球流通。新质生产力还支持可持续发展，通过清洁能源技术、低碳和循环经济减少对石化燃料的依赖，保护生态环境，促进经济与环境的协调发展。

新质生产力的影响作用(如图 1-2)，主要体现在:(1)是国际竞争力、影响力的重塑。新质生产力的发展既是综合国力(特别是教育、科技、人才几个层面)的比拼与角力，同时又促使国际局势重新洗牌。从全球过去几次工业革命的成果来看，科技进步的实质是复杂劳动对简单劳动的替代。(2)可促进产业升级、提升产业质量。产业升级是一个国家或地区经济进步的根本标志，是经济结构的根本性变革。新质生产力的发展促使产业不断升级，从低附加值向高附加值衍变，由第一产业占主导地位向第三产业占主导地位提升，由劳动密集型占主导地位向资本密集型、进而向技术密集型占主导地位提升。(3)对国民经济产生深刻、重大影响。新质生产力对国民经济的影响主要体现在效率变革、动力变革和质量变革三个方面。(4)是推进中国式现代化的时代需要。推进中国式现代化，是党的二十大确定的新时代全国经济社会可持续发展的战略任务。全国各地必须根据当地经济发展的具体特征，因地制宜，通过持续的创新驱动发展，形成更多科技含量高的新技术、新产品、新业态，扩大新质生产力发展规模，为全社会生产力稳定较快发展不断注入强大的新动能，加快发展新质生产力是全社会高质量发展的需要与必然出路。

可以说，新质生产力的作用与影响是立体的、全方位的，它不仅推动了经济的发展，提升了产业的质量，还促进了社会的进步和变革。

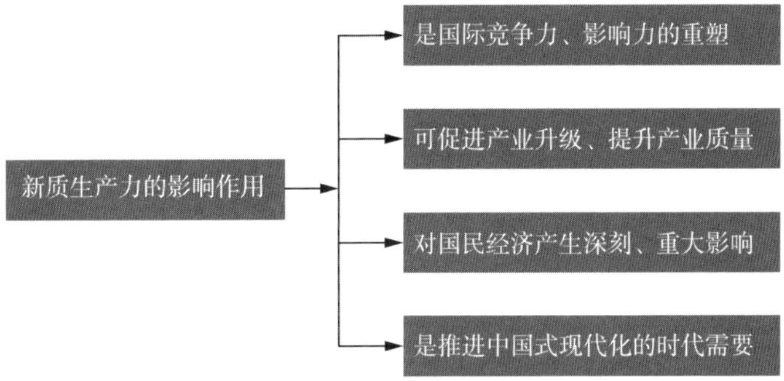

图 1-2　新质生产力的影响作用

第二节　与新质生产力相关的政策类型

大力发展新质生产力需要不同类型的政策作为强大支撑基础，新质生产力的政策类型主要有以下几个方面。

一、两会产业政策，指向新质生产力

每年的两会期间，产业政策都会成为热议焦点。代表们纷纷就优化产业结构、推动创新驱动、实现可持续发展建言献策。在近年的两会政策指向中，新质生产力成为重要的议题。2024 年的政府工作报告将发展“新质生产力”列为首要任务，并在两会期间继续强调这一主题。相关政策的内容包括：推动产业链供应链优化升级、积极培育新兴产业和未来产业、深入推进数字经济创新发展等。

产业政策的重点，主要是坚持创新推动，一方面依托新型举国体制集中力量办大事，另一方面强化企业科技创新主体地位。在具体举措上，关注五大方面的落地：(1)未来产业创新任务揭榜挂帅；(2)抢立新产业标准；(3)产业结构调整目录增加鼓励新质生产力相关领域；(4)国家高新区招商引资；(5)加快传统产业智能化、绿色化、高端化等改造升级。

二、政策性金融政策，助力新质生产力

政策性金融学[①]，是从宏观分析和微观分析两个层面研究政策性金融制度及其运行机制，以实现政策性金融资源有效配置的一门边缘性交叉学科，并已逐渐发展成为金融学领域中充满生命力和颇有发展前景的一门新兴学科。

政策性金融、货币金融对新质生产力的支持政策，主要涉及加强顶层设计、支持科技贷款、拓宽融资渠道、推广跨境融资和建设科创金融改革试验区等五个方面。政策性金融在新质生产力的培育和发展中发挥了重要作用。

举例：江苏省利用政策性金融支持工程机械提升"运力"，以及为数字经济澎湃"算力"。国开行江苏分行不仅支持了南京智能计算中心二期的建设，还加大了绿色金融供给，助力生态环保、绿色低碳等基础设施建设。

三、宏观财政政策，添力新质生产力

宏观货币政策，是根据凯恩斯（Keynes）经济学的收入均衡分析进行需求管理所运用的一项宏观经济政策[②]。

宏观财政政策，包括财政收入政策（主要是税收政策）和财政支出政策（主要是政府的公共工程支出、政府对商品和劳务的购买、政府对居民户的各种转移支付等）。

根据凯恩斯经济学的原理，政府税收对于国民收入是一种收缩性力量，因此增加税收可缩小总需求，减少国民收入；反之，减少税收可扩大总需求，增加国民收入。

在宏观政策层面，政府强调靠前发力，有效落实已确定的政策，特别是在财政上，通过及早发行并用好超长期的特别国债，以及在产业上推动以旧换新和设备更新政策等，来促进新质生产力的发展。

财政政策的重点，在于配合产业及科技政策协调发力，针对新质生产力，财政政策重点在资金支持、财政贴息和减税降费等方面予以支持和政策倾斜。

---

① 白钦先，王伟. 政策性金融概论[M]. 北京：中国金融出版社，2013.

② 黄志忠，谢军. 宏观货币政策、区域金融发展和企业融资约束——货币政策传导机制的微观证据[J]. 会计研究，2013(1)：63-69+96.

四、设备更新和消费升级政策，给力新质生产力

设备更新，是行业、产业、企业界用新的、效率更高的、更经济合理的设备，去更换技术上陈旧、落后或经济上不宜继续使用的设备的活动，是保证社会再生产正常进行的必要条件①。设备更新分为设备原型更新和设备技术更新两种类型。通过设备更新可以实现技术进步，提高企业生产的现代化水平，形成新的生产能力，增加经济效益。

消费升级，指国内消费结构的升级，是各类消费支出在消费总支出中的结构升级和层次提高，它直接反映了消费水平和发展趋势。消费体制升级是中国经济平稳运行的"顶梁柱"、高质量发展的"助推器"，更是满足人民美好生活需要的直接体现。

2018 年 9 月 20 日，《中共中央 国务院关于完善促进消费体制机制 进一步激发居民消费潜力的若干意见》公布，为促进消费体制升级绘制了蓝图。

2024 年 3 月 1 日，经国务院常务会议审议通过的《推动大规模设备更新和消费品以旧换新行动方案》提出了一系列政策措施，旨在促进设备投资规模的增长、推进新型工业化、提高能效和环保绩效、推动数字化转型和智能化升级等。

推动大规模设备更新和消费品以旧换新是加快构建新发展格局、推动高质量发展的重要举措，将有力促进投资和消费，既利当前、更利长远②。

五、税费优惠政策，赋能新质生产力

2024 年 5 月，国家税务总局公布的数据显示，2023 年我国高新技术产业销售收入增长 9.8%，这一数字比 2022 年增长 0.5 个百分点。税电指数是从纳税数据和电量数据两个维度考量、评价社会经济发展的指数，税电指数大于 100，表明经济活跃，数值越大活跃程度越高。结合多地公布的 2024 年第一季度税电指数来看，我国新质生产力加快培育和发展，高新技术产业正释放出更大潜能。

---

① 农业大词典编辑委员会. 农业大词典[M]. 北京：中国农业出版社，1998.

② 国务院. 国务院关于印发《推动大规模设备更新和消费品以旧换新行动方案》的通知[EB/OL]. (2024-03-07). https://www.gov.cn/zhengce/content/202403/content_6939232.htm.

地方性的扶持新质生产力发展的税收优惠政策，主要体现在支持科研和成果转化、鼓励科技创新投资、扶持制造业产业发展、实施人才培育和激励等方面。例如，内蒙古自治区阿拉善盟通过精准落实税费优惠政策，为企业提供支持，帮助它们缓解资金压力、加大研发投入、促进转型升级，从而为新质生产力的发展注入了更多“税力量”。税务部门围绕发展新质生产力的要求密集发力，推出了一系列便利服务措施，重点支持科技创新和制造业发展。

各地税务部门加大“政策找人”力度，持续升级“精准推送”服务，落实纳税人、缴费人所需所盼，让税费优惠政策成为企业创新发展的“助推器”。同时，精准落实税收优惠政策，实施好“政策找人”“政策上门”，运用税收大数据对纳税人精准画像，区分企业、政策类型，完善各类“政策礼包”，“点对点”推送政策直达经营主体。只有推动税收优惠政策的落地见效，才能巩固“政策红利赋能—研发投入加码—产品质量升级—行业发展加速—新质生产力蓬勃发展”的正向链条叠加效应。

长远、科学、及时、有效的政策，能为新质生产力的发展提供强有力的支持。

第二章

政府在新质生产力发展中的角色、职责

第一节　政府在新质生产力发展中扮演着重要角色

新质生产力作为推动社会经济持续发展的重要力量，其发展对于国家的长远发展、国际竞争等都具有重要意义。政府在新质生产力的发展中扮演着至关重要的角色，需要以积极履行职责之姿态，推动新质生产力的快速发展。

发展新质生产力被列为2024年政府工作十大任务之首，可见中央对产业建设的重视程度进一步上升。在2023年年底召开的中央经济工作会议中，新质生产力一词位于首要工作任务中，会议强调“要以科技创新推动产业创新，特别是以颠覆性技术和前沿技术催生新产业、新模式、新动能，发展新质生产力”。因此，各级政府应制定更加明确和有力的、具有针对性的税收优惠政策与创新激励政策，提供研发资金支持，建成人才培育体系，引导和鼓励企业加大对新质生产力的投入、研发与应用，为新质生产力的发展提供坚实的制度保障。

新质生产力是创新起主导作用的生产力，属于一种具有高科技、高效能、高质量、高维度特征的先进生产力质态。它的发展离不开政府的支持和引导。政府在新质生产力发展中的作用是多层次、多方面的，涉及政策指导、资源整合、产业链优化、生产模式创新、法治建设以及新型生产关系的构建等多个重要方面。

一、方向性指导者的角色

各级政府通过制定相关政策和出台相应法律法规，为新质生产力的发展提供方向性指导。政府通过制定前瞻性的政策框架和支持措施，引导企业朝着符合国家长远利益、有助于发展国际竞争力的方向进行稳步创新、快速前进。例如，政府能够推动形成规模化、标准化、智能化的生产模式。各级政府根据当地的资源禀赋、产业基础、科研条件、人才结构等精准施策，有选择地推动新产业、新模式、新动能发展，在现有条件基础上，积极促进产业的高端化、智能化、绿色化，给企业指出了努力发展的方向。再如，政府通过智慧城市的规划以及对新兴产业的支持，展现了其对于提升社会整体效率的决心，并以此激发了更多创造力，给地方经济指出了努力发展的方向。

二、秩序、成果的守护者角色

作为秩序、成果的守护者，政府必须成为风险调控的坚实屏障。伴随着新质生产力的发展，新领域的开拓与新技术的应用往往会产生诸多不确定性因素，面对这些不确定因素可能带来的负面影响，如经济风险、技术风险、数据泄露、隐私侵犯等，各级政府通过建立、健全相关法律法规来保护企业利益与公民权益，促进社会稳定。同时，政府也要扮演“守门人”的角色，确保技术革新不会导致贫富差距扩大或社会不公平现象加剧。具体来说，政府通过宏观调控和政策支持，确保产业链和供应链稳定，包括优化财政政策和货币政策、提供必要的财政支持和信贷便利、平衡产业链中的供需关系，从而稳定市场预期，增强企业信心。政府在新型生产关系构建中，搭建与新质生产力相适应的新型生产关系，既能适应传统生产力的发展，又有利于新质生产力的提升。生产关系包括生产资料的所有制关系、生产过程的组织与分工关系、产品的分配关系三个方面，就中国经济的发展现实来看，三者最终都由政府和市场的关系所决定。

三、发挥催化剂的作用

各级政府发挥着催化剂的作用，加速产学研结合，推动科技成果转化为实际生产力。比如，教育领域的改革使人才培养更加契合时代需求，税收优惠及财政补贴鼓励企业投入更多的研发资金，跨领域合作平台的建立则缩短了从实验室到市场的距离。这些举措共同促进了一种良性循环，使得知识迅速转变为经济增长的新引擎。此外，政府能够加强科技创新资源的整合，增加对基础科学研究、应用研究及人才发展领域的资金投入。同时，充分发挥市场作用，在市场的驱动下，企业不仅能快速验证新技术的实用性，还能加速科技成果在经济领域的应用，推动技术创新和产业升级。政府能够以高水平法治赋能新质生产力发展。高水平法治是新质生产力发展的推进器和压舱石。改革进程需要立法先行，改革措施需要法治赋能，改革成果需要法治巩固。

单单依靠政府的力量，不足以支撑起整个新质生产力的发展蓝图，每个组织单位、每个个体在社会关系、生产力发展活动中都具有自己的角色，只有当每个要素都能充分发挥自己的潜能、肩负自己的责任，才能共同绘就一个光明的未来画卷。因此，政府还须致力于提高公众参与度，营造开放包容的社会环境以汇聚众智，达到“众人拾柴火焰高”的效果。

新质生产力与政府支持力之间存在着密切的关系，政府的支持和引导能够推动新质生产力的发展，而新质生产力的形成和壮大又会反过来促进政府支持力的增长，这种相互促进的关系对于实现经济的高质量发展至关重要。

第二节　政府在新质生产力发展中的职责体现

政府在新质生产力发展中肩负着多重且深远的责任。既要做掌舵人把握大局势，又须做护航者平衡风险；既是桥梁搭建者，连接科研院所与市场、企业，又是舞台构建者，让每家企业公司、相关人都能尽其所长。随着时代的不断进步，各级政府更要与时俱进，引领中国走向繁荣昌盛之路，承担起新质生产力发展的职责。

政府在新质生产力发展中的主要职责，主要体现在以下方面。

一、制定产业政策、优化发展环境

（一）地方政府制定产业政策的重要性

地方政府制定产业政策对于促进地方经济发展至关重要，应积极响应国家层面的未来产业发展战略，并在此基础上制定符合地方实际情况的政策规划。有效的产业政策可以帮助地方政府明确发展方向、优化产业结构、促进新兴产业的成长，最终提升区域竞争力。特别是在新兴产业的发展初期，政府的有形之手可以起到推动和促进的作用。

（二）如何制定有效的产业政策

政府需要制定合理的产业政策，为新质生产力的发展提供明确的指导方向。产业政策应围绕新质生产力的特点和需求，促进产业结构的优化升级和新兴产业的发展壮大。同时，产业政策还应考虑到不同地区、不同行业的差异性和特点，确保政策的针对性和有效性。

地方政府在制定产业政策时，首先要对当地的资源禀赋和产业发展状况进行充分的调查研究，明确自身的优势和劣势。在此基础上，选择重点扶持发展的新兴产业，并结合当地实际情况制订具体的产业发展规划。此外，制定明确的发展目标，包括产业规模发展目标、产品产能提升目标等，是制定产业政策的重要前提。

地方政府在扶持新兴产业时，应突出科技创新的核心地位，强化创新平台建设、对外技术合作、核心技术攻关等。同时，应注重创新商业模式，推动新兴产业的快速商业化。此外，推动知识产权立法，加大财政投入力度，强化保障关键要素供给等，都是构建完善产业发展配套政策体系的重要举措。

（三）优化发展环境，是新质生产力发展的重要保障

政府应加强对知识产权的保护，打击侵权行为，为新质生产力的发展提供法治保障。同时，政府还应完善基础设施建设，提高公共服务水平，为新质生产力的发展提供良好的社会环境。

优化发展环境的措施应包括：(1)加强领导促优化。成立专门的优化发展环境工作领导小组，建立严格的规章制度，明确分工，层层落实，切实把优化环境工作抓紧、抓好。(2)强化服务促优化。定期走访调研帮扶企业，听取企业呼声，解决企业困难，使服务经常化、制度化。(3)提升机关效能促优化。开展党员干部作风整顿，通过学习教育、集中整顿、完善制度等措施加大作风整顿力度，提升机关效能。(4)完善产业扶持政策评价体系。地方政府应制定多维度评价体系，综合考虑企业在纳税、就业创造和产业推动方面的贡献。建议建立动态监测机制，定期评估企业贡献，并公开评价结果以增强政策透明度。

通过上述措施，地方政府可以制定出更为有效的产业政策，并且通过优化发展环境，吸引更多优质的项目和企业，从而促进地方经济的快速发展。

二、保障财政资金投入，引导社会资本投入

地方政府在保障财政资金投入的同时，通过一系列政策和措施有效地引导了社会资本的投入，从而为各项事业的发展提供了有力的资金支持和保

障。同样的，政府需要保障对新质生产力发展的财政资金投入。通过设立专项资金、实施税收优惠等措施，为新质生产力的研发、产业化提供必要的资金支持。同时，政府还应加强对财政资金使用的监管，确保资金使用的透明、合规和高效。

政府应积极引导社会资本投入新质生产力的发展。通过制定优惠政策、搭建融资平台等方式，吸引社会资本参与新质生产力的研发、产业化及市场推广等环节。此外，政府还应加强与社会资本的合作，共同推动新质生产力的快速发展。

地方政府在引导社会资本投入方面发挥了重要作用，这不仅包括了直接的资金投入，还包括了通过各种政策和措施吸引和引导社会资本进入特定领域。

举例：山西省政府通过公布《"一泓清水入黄河"工程资金筹措方案》，谋划了"十大工程"共 285 个项目，估算总投资 1 046 亿元，建立了财政保障机制，拓宽了项目筹资渠道，明确资金来源路径，强化绩效监管问责，支持建设任务按期完成。[①]

地方政府通过多种方式引导社会资本投入，比如设立奖补资金、扩大专项资金规模、优化投资回报政策等。重庆市以财政资金引导社会资本投入发展住房租赁市场，通过制度建设、平台搭建、房源筹集、资金使用等方式，成功打造了一批租赁住房示范项目。

三、推动传统产业转型、发展壮大新兴产业

推动传统产业转型，是新质生产力发展的重要途径。政府通过政策引导、资金扶持等措施，鼓励传统产业采用新技术、新工艺和新设备，实现产业结构的优化升级。同时，政府还应加强对传统产业转型的监管和指导，确保其转型过程的顺利进行。

新兴产业是新质生产力的重要载体。政府应重点支持新兴产业的发展，通过培育龙头企业、建设产业园区等方式，推动新兴产业的集聚和壮大。同

① 何宝国. 我省"一泓清水入黄河"工程谋划二百八十五个项目[N/OL]. 太原新闻网，2023-09-01. http://4g.tynews.com.cn/system/2023/09/01/030650632.shtml.

时，政府还应加强对新兴产业的政策支持，为其提供良好的发展环境。

地方政府在推动传统产业转型的过程中，要采取一系列措施来促进企业的技术改造和技术创新。地方政府应鼓励传统产业瞄准高端化、智能化、绿色化进行转型，提升产品质量和档次，推动设备自动化和数字化，改进生产工艺、设备，降低能耗，节约用地和空间。

为了发展壮大新兴产业，地方政府应结合当地的产业基础和发展方向，细化实施方案，确保与国家政策的有效衔接。地方政府可以以众创空间、企业孵化器、新型研发机构为建设重点，加快各类创新平台建设。同时，地方政府还应将先进制造业和现代服务业作为主攻方向，持续打好转型发展攻坚战，重点围绕"高端装备制造、新材料、数字信息"等集群，形成"传统产业优势明显、新兴产业齐头并进、未来产业实现突破"的产业发展新格局。

四、强化科技支撑、培育未来产业

政府在新质生产力发展中的首要职责是强化科技支撑。通过加大科技研发投入，推动科技创新和成果转化，提高新质生产力的技术含量和附加值。政府鼓励企业加强与高校、科研院所的合作，建立产学研用紧密结合的创新体系，为新质生产力的发展提供有力支撑。

地方政府在培育未来产业方面扮演着至关重要的角色。通过强化科技支撑，地方政府可以有效促进未来产业的健康发展。地方政府应鼓励本地企业和科研机构加强研发投入，推动关键核心技术的研发和产业化。例如，未来信息产业中的通用人工智能和量子信息、未来健康产业中的基因工程等技术创新，都是未来产业发展的重点领域。地方政府可以通过设立专项基金、提供研发补贴等方式，激励企业和科研机构加大技术创新力度。

为了促进未来产业的快速发展，地方政府可以规划建设未来产业孵化平台，为企业提供一站式的服务，包括创业辅导、技术支持、融资服务等。这类平台可以帮助初创企业和高新技术企业快速成长，缩短其从研发到市场的转化周期。例如，北京、上海、江苏、浙江等地已经出台了培育未来产业的政策文件，并建立了相应的孵化平台。

未来产业的发展，离不开高素质的人才队伍和频繁的技术交流。地方政府应加强与高校和科研机构的合作，建立人才培养基地，同时鼓励企业与国内外知名研发机构开展合作项目。通过人才引进、培养和国际合作，为未来产业的发展提供强大的人力资源和技术支持。

未来产业的发展往往涉及多个领域的跨界融合。因此，政府应积极推动产业协同和跨界融合，促进传统产业与未来产业之间的协同发展。例如，通过组织产研对接会、行业沙龙等活动，搭建跨界合作的桥梁。

未来产业是新质生产力发展的前沿领域，政府在新质生产力的发展中扮演着至关重要的角色，只要政府能够有效推动新质生产力的快速发展，就能够为国家的长远发展注入新动力、新动能。

第三节　地方政府如何推进发展新质生产力

地方政府作为地方经济社会发展的主要组织者和推动者，应充分发挥自身优势，积极推动新质生产力的发展。简要来说，地方政府推进发展新质生产力，应该做好以下工作：

一、促进产业链的优化升级

产业链优化升级，是推动经济高质量发展的重要途径。它涉及产业链的整体结构调整和功能提升，旨在提高产业链的效率和竞争力，增强整个产业链的稳定性和韧性。在全球产业竞争日益激烈的背景下，产业链优化升级已成为各国家和地区推动产业转型升级、构建现代化产业体系的重要政策工具和具体工作抓手。地方政府应通过政策支持和技术创新等手段促进产业链的优化升级。一方面，要加大对传统产业的改造升级力度，提高产业附加值和竞争力；另一方面，要积极培育新兴产业，打造现代化产业集群，提升整个产业链的层次和水平。

产业链优化升级的关键策略包括以下几种：(1)本地企业培育和优质企业引育。加大重点产业链优质企业培育政策支持力度，加快形成“头雁”企业引领、“专精特新”中小企业融通发展格局。重点推动现有龙头企业、领军企业延链补链，不断增强产业链上下游资源整合能力，带动重点产业链竞争力和稳定性持续提升。同时，对照产业链图谱和招商路线图，加大行业链主企业和“专精特新”中小企业精准招引力度，强化以企引企、以商招商、以链补链，加快形成产业发展集群效应。(2)数字化转型和智能化改造。深入推进数字技术与制造业融合发展，加强5G、工业互联网、人工智能、区块链、元宇宙等新一代信息技术在制造业研发设计、生产加工、组织管理、市场营销、配套服务等各环节的渗透应用。同时，深入推进企业智能化改造，支持制造业企业利用新一代信息技术打造智能制造应用新场景。(3)绿色低碳转型。坚持以“双碳”目标为导向，加快推进传统制造业重点产业链绿色化改造。加快发展一批绿色工厂、绿色园区、绿色供应链管理企业、绿色设计产品等，着力构建高效、清洁、低碳、循环的绿色制造体系。

举例：青岛市“一起益企”中小微企业服务行动。青岛市2024年“一起益企”中小微企业服务行动暨专精特新中小企业融链、固链、建链常态化行动启动，该行动旨在聚力推动专精特新企业发展，打造大中小企业融通创新发展生态。通过深化产业合作、创新合作和投资合作，推动产业链优化升级。

促进产业链的优化升级需要从技术创新、产品创新、企业培育、数字化转型、智能化改造、绿色低碳转型以及融通发展和对外开放等多个方面入手。同时，还需要地方政府和企业的共同努力，结合地方产业特点和资源优势，制定和实施有效的策略和措施。通过一系列的具体行动和案例分析，我们可以看到产业链优化升级对于推动经济高质量发展的重要性及其实施路径。

二、关注市场与全球经济格局

地方政府应密切关注市场动态和全球经济形势，及时调整发展策略。要深入了解市场需求和消费者偏好，引导企业加强产品研发和市场开拓；同时，要积极参与全球经济合作与竞争，拓展国际贸易和投资渠道，提高地方经济的国际化水平。

地方政府在经济发展中扮演着重要角色，他们通过干预和监管来维护经济的稳定和公平。全球经济格局的变化对地方政府的关注重点产生了重要影响。全球市场格局悄然生变，直接影响了地方政府的经济决策，特别是在对外贸易和资本市场开放等方面。面对全球经济格局的变化，地方政府采取了一系列应对策略。

举例:中国农业银行沭阳县支行被沭阳县人民政府授予2023年度“银行业工作综合考核一等奖”“普惠金融贡献奖”“重点攻坚任务贡献奖”三项荣誉称号。这是地方政府干预金融领域的一个例证,通过表彰和激励金融机构,为地方经济高质量发展做出贡献。

地方政府在市场与全球经济格局中的关注点在于维护经济稳定、促进经济增长、引导资源投资、应对市场变化等方面。他们需要密切关注全球经济趋势,并根据实际情况调整政策,以促进地方经济的健康发展。

三、培育新兴产业与未来产业

新兴产业和未来产业是新质生产力的重要组成部分。地方政府应加强对新兴产业的培育和扶持力度,通过政策引导、资金支持和人才引进等措施,推动新兴产业快速发展壮大。同时,要关注未来产业的发展趋势和技术变革,提前布局和规划,抢占未来产业发展的制高点。

地方政府培育新兴产业与未来产业的方法多种多样,通常包括:(1)制定长远规划。地方政府会制定一系列的产业规划和政策,以促进新兴产业和未来产业的发展。这可能包括为特定行业提供财政补贴、税收优惠、土地使用支持等。(2)引导资金投入。通过设立产业投资基金、引导社会资本等方式,为新兴产业提供必要的资金支持,以帮助其克服早期发展的种种困难。(3)人才培养与引进。通过教育、培训、人才引进计划等方式,打造适合新兴产业发展的专业人才团队。这可能包括与高等教育机构合作开设相关专业,或者吸引海外人才归国创业。(4)建设产业园区。集中资源建设专门的产业园区或孵化器,为新兴产业企业提供办公空间、技术支持、法律咨询等服务,有助于企业间的相互协作和共同发展。(5)支持研发创新。鼓励企业加大研发投入,通过产学研结合的方式,加速科技成果转化。政府可能会通过提供研发补助或者建立公共服务平台来支持创新活动。(6)营造良好环境。通过简政放权、优化营商环境,以及推广市场化、法治化、国际化的管理理念,为新兴产业的发展创造一个稳定、公平、透明的外部环境。(7)政策扶持与监管。在推动新兴产业发展的过程中,政府还需要出台相应的政策进行扶持和监管,确保产业健康发展,防止出现泡沫和过度投机行为。(8)国际合作。通过国际合作,地方政府可以引入国外先进的技术和管理经验,同时帮助本土企业开拓国际市场。

以智能制造业为例，地方政府培育新兴产业与未来产业，可以采取的措施包括：(1)智能化改造。鼓励传统制造业企业进行智能化改造，提升生产效率和产品质量。(2)产业链协同。推动上下游企业之间的合作与协同，形成完整的产业链条。(3)试点示范。选择部分企业作为试点，成功后将其模式推广至其他企业。(4)标准制定。参与制定智能制造相关的国家标准和国际标准，引领行业发展。

未来可能出现特殊的新兴产业，譬如外太空旅游。随着科技的进步，外太空旅游有望成为未来的新兴产业。地方政府可能会与私营企业合作，投资太空船的研发和发射设施的建设。2024 年 5 月，广州中科宇航探索技术有限公司宣布，其研发的“太空旅行飞行器”将于 2027 年进行首次飞行，并在次年启动载人太空边缘旅游项目。这一消息不仅标志着中国商业航天领域的一次重大突破，也预示着太空旅游的新纪元即将到来。在不久的将来，太空旅游将成为越来越多人的选择，而中国也将成为全球太空旅游的重要参与者之一。再如游戏化电影，这是一种结合电影和游戏元素的新型娱乐形式，用户可以通过互动影响剧情发展。政府可能会支持相关技术的研发和内容创作，比如纯游戏电影《头号玩家》便是诠释虚拟与现实空间相互交错、引起观影者独特身体感知的最好例子。在建构虚拟与现实二度空间的过程中，《头号玩家》凭借创作电影空间的优质手法与技巧，将纯游戏电影中的新型审美体验感放大到了极致。

四、加快前沿产业发展

前沿产业代表着未来科技和产业的发展方向，是新质生产力的重要出发点、落脚点。地方政府应加大对前沿产业的投入和支持力度，鼓励企业加强前沿技术的研发和应用，推动前沿产业与传统产业的融合发展。通过引进和培养前沿产业领域的创新人才和团队，提高地方经济的创新能力和核心竞争力。

地方政府在加快前沿产业发展方面(图 2-1)扮演着至关重要的角色。可实施的方案包括以下几种：(1)制定前瞻性的产业政策。制定符合地方特色的产业政策是加快前沿产业发展的重要前提。这些政策应着眼于未来技术产业化和现有产业未来化的发展导向，明确支持原始创新型和迭代创新型未来产业的发展。例如，北京市依托中关村国家实验室等战略科技力量，布局未来网络、未来能源发展，而苏州市则推进产业体系高形态、高能级、高价值攀升，布局前沿新材料、仿生机器人等未来产业。(2)投入资源，加强研发和创新。地方政府应投入必要的资金和资源，支持企业和科研机构在前沿领域的研发工作。这包括建设科技创新平台、提供研发补贴、鼓励企业与高校和科研机构合作等方式，这些举措可以加速科技成果的转化和产业化。(3)构建良好的产业生态。为了加快前沿产业的发展，地方政府需要构建一个有利于创新和创业的生态系统。这包括吸引和培养高层次的人才、优化营商环境、提供便捷的资金渠道、建立知识产权保护体系等。例如，洛阳市通过提升领导干部的产业领导力、优化开发区的提质增效和营商环境建设，促进了产业的快速发展。(4)加强与企业的合作。地方政府应当与企业建立紧密的合作关系，了解企业的需求和发展计划，并为其提供定制化的服务。这可能包括协助企业获取资金、提供土地和税收优惠、简化行政审批流程等。(5)促进产学研相结合。推动产学研相结合，加强高校、研究机构与企业之间的合作，有助于加速前沿技术的研发和应用。地方政府可以通过建立协同创新中心、资助产学合作项目等方式促进这一过程。(6)加强基础设施建设。为了支持前沿产业的发展，地方政府需要投资相关的基础设施建设，如数据中心、实验设备、研发园区等。(7)鼓励风险投资和天使投资。风险投资和天使投资对

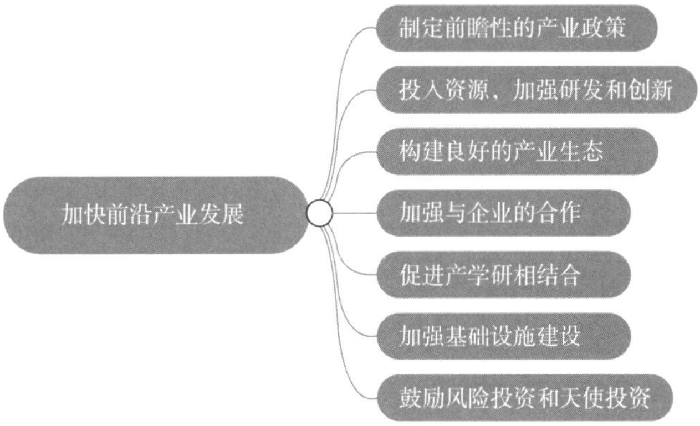

图 2-1　加快前沿产业发展的出路

于支持前沿产业的发展至关重要。地方政府可以通过设立投资基金、提供税收优惠等措施，吸引风险投资进入本地市场。

此外，地方政府还应该密切关注国家和全球的技术发展趋势，及时调整自身的战略和政策，抓住新的发展机遇。

五、深入发展数字经济

数字经济是新质生产力的重要代表，也是推动经济社会发展的重要引擎。地方政府应积极推动数字经济的发展，加强数字基础设施建设，推动数据资源的开放共享。同时，要鼓励企业加强数字化转型和创新，培育数字经济新业态、新模式，提高地方经济的数字化水平。

地方政府在发展数字经济的过程中，会考虑自身的资源禀赋和发展阶段，制定符合本地特色的数字经济发展策略，包括：(1)制定差异化策略。不同地方的经济发展水平和资源禀赋不同，因此发展数字经济的策略也应因地制宜：①科研禀赋型的地方，可以依托高等院校和科研机构，推动数字技术创新；②资本禀赋型的地方，可以吸引资本投资，在数字软硬件技术创新领域进行持续投资；③市场禀赋型的地方，可以利用商业贸易中心的优势，推动互联网商业平台的形成；④数据禀赋型的地方，可以挖掘数据要素价值，推动大数据产业的发展；⑤应用禀赋型的地方，可以充分利用数字化应用的通用性，快速提升本地应用的效果。(2)共享数字基础设施和公共数据红利。地方发展数字经济可以共享信息网络基础设施、公共数据资源等红利。例如，通过国家"东数西算"和电信运营商的光纤网络、5G 网络等重大项目建设机遇，完善公共数字基础设施，共享数字基础设施带来的数字经济发展红利。此外，数据、信息和知识具有公共属性，一个地方使用它们不会影响另一个地方同时使用这些数据、信息和知识。(3)促进传统产业数字化转型。发展数字经济不仅需要关注数字产业化的新增量创新，还要推动产业数字化的存量转型。地方政府在政策设计上应鼓励创新，并审慎包容地面对传统产业数字化转型的挑战。(4)实施有效的政策。地方政府应制定出台支持数字经济高质量发展的政策，特别是在数字产业化、产业数字化、数字技术创新发展以及数字经济与实体经济的深度融合等方面提供政策支撑。此外，地方政府还应推动数据资源标准体系建设，探索政府数据授权运营，构建高标准数据要素市场体系。(5)加强数字政府建设。通过建设数字城市治理平台，充分发挥数字空间的数据归集和创新引擎作用，提高政府决策科学化水平和管理服务效率。同时，地方政府应全面提升数字城市集约化建设水平，促进跨层级、跨地域、跨系统、跨部门、跨业务的协同管理。

六、充分发挥市场优势

市场在资源配置中起着决定性作用，地方政府应充分发挥市场的优势作用，完善市场机制，优化政策环境，为企业和其他创新者提供良好的创新氛围和创业环境。同时，要加大对创新型企业的扶持力度，激发市场主体的创新活力和创造力。

充分发挥市场优势，是地方政府在推动地方经济发展过程中的一项重要任务。为了更好地理解和运用市场优势，地方政府通常会考虑以下几点：(1)正确处理政府与市场的关系；(2)创造公平透明的市场环境；(3)加强市场监管和公共服务；(4)鼓励和支持创新，以企业家精神推动产业转型升级和结构调整。通过这些可以更好地利用市场资源的巨大优势，促进地方经济的健康、持续发展。

七、推进供给侧结构性改革

供给侧结构性改革旨在调整经济结构，使要素实现最优配置，提升经济增长的质量和数量。需求侧改革主要有“三驾马车”——投资、消费、出口，供给侧则有劳动力、土地、资本、制度创造、创新等要素[①]。

供给侧结构性改革，是新质生产力发展的重要途径。地方政府深入推进供给侧结构性改革，调整产业结构，优化供给质量。通过优化资源配置、提高生产效率和产品质量等方式，增强地方经济的供给能力和竞争力。

供给侧结构性改革是中国经济发展的重要战略之一，地方政府在推进这项改革中扮演着关键角色，可施行的措施有：(1)清晰的战略定位和政策制定；(2)优化供给结构，提升产品质量；(3)加强宏观调控，促进供需平衡；(4)支持创新创业，鼓励民营经济发展；(5)加强与企业的合作，推动转型升

---

① 李冰心.行政体制改革与地方政府治理[M].兰州：甘肃人民出版社，2018：252.

级;(6)利用财政政策工具,促进结构性改革;(7)加强教育和人才培养,提升劳动力素质。

地方政府在推进供给侧结构性改革的过程中需要采取多种措施,既要注重宏观经济的调控,也要关注微观经济的实际情况,以实现经济的持续健康发展。

八、健全新型举国体制

新型举国体制,是集中力量办大事的制度优势。地方政府应健全新型举国体制,加强政策协同和资源整合,形成推动新质生产力发展的强大合力。通过加强政府、企业和社会各界的合作与联动,共同推动新质生产力的发展。

新型举国体制是面向国家重大需求,通过政府力量和市场力量协同发力,凝聚和集成国家战略科技力量、社会资源共同攻克重大科技难题的组织模式和运行机制①。

地方政府要在健全新型举国体制的过程中发挥好重要作用,促进地方科技创新和经济发展,必须做到以下几点:(1)统筹处理政府与市场的关系。在市场有效的领域尊重并发挥好市场配置技术资源的决定性作用,在市场失灵方面更好发挥政府作用,既实现有为政府、有序组织,又保障有力主体、有效市场。(2)协调中央与地方的关系。这包括充分调动二者的积极性,促进央地联动,平衡关键核心技术的领域布局、空间布局,协调国家科技创新战略与区域发展战略实施。(3)提升科技创新能力。地方政府应主动融入核心都市圈乃至全球科技创新体系,全力打造创新要素集聚、创新生态一流、创新动能强劲的创新城市。(4)促进和支持高水平科技智库发展。地方政府应立足"国之大者,民之所需",瞭望世界科技前沿。具体措施包括:瞄准世界科技前沿,确立战略科技方向;协力开展关键核心技术研究攻关;开展创新发展、科技管理等规律的理论研究;制定遵循技术和产业演化规律的重点规划。(5)加强党对科技事业的全面领导。坚持党的领导是新型举国体制的本质特征和显著优势,党对科技事业的全面领导可以为重大科技创新提供强有力的物质与精神保障。在此基础上,可建立自上而下的重大任务决策机制,健全

① 王钦.健全新型举国体制[N].人民日报,2022-12-08(9).

关键核心任务的具体实施机制，并抓好完善评价制度等基础改革，坚持以质量、绩效、贡献为核心的评价导向，进一步健全新型举国体制，强化国家战略科技创新力量。

总之，地方政府在推进发展新质生产力方面扮演着重要角色，肩负着重要职责。通过优化升级产业链、关注市场与全球经济、培育新兴产业与未来产业、加快前沿产业发展、深入发展数字经济、充分发挥市场优势、推进供给侧结构性改革以及健全新型举国体制等措施的实施，地方政府可以有效推动新质生产力的发展，为地方经济社会持续健康发展注入新的动力。

第三章

企业在新质生产力面前的作为、担当

第一节 企业在新质生产力面前扮演着重要角色

企业是发展新质生产力的主要依靠力量,企业的活力、创造力可以为新质生产力推进国家综合实力、发展国民经济服务。放眼当下的国内外市场,不同类型的企业要想获得持续增长动力并在竞争激烈的市场上立于不败之地,就必须顺应时势变化,不断寻求变革与突破。这意味着企业不仅要利用最新科技成果优化现有业务流程,还要有勇气颠覆旧有的商业模式甚至自我革新,进而培育出符合新时代要求的高效率、智能化的新型生产力。

企业在新质生产力面前扮演着重要的角色,主要体现在:(1)企业是培育发展新质生产力的实践主体。新质生产力以技术革命性突破、生产要素创新性配置和产业深度转型升级为催生力量,企业需要敏锐地把握这些变革趋势,通过技术创新和产业升级来推动新质生产力的发展。企业可以加大对研发的投入,加强与科研机构、高校的合作,引进和培养创新型人才,以推动技术突破和创新。(2)企业通过技术创新和产业升级来适应和引领新质生产力的发展。企业需要不断调整和优化产业结构,提升产品质量和附加值,以满足市场对高品质、高性能产品的需求。同时,企业还应关注新兴产业的发展趋势,积极布局新兴产业领域,以抢占市场先机并获得竞争优势。

企业在新质生产力面前承担着重大的责任,主要体现在:(1)企业需要注重对传统产业的改造升级。传统产业仍然是我国经济的重要组成部分,通过引入新技术、新工艺和新模式,可以提高传统产业的效率和竞争力。企业可以推动传统产业向智能化、绿色化、服务化方向发展,提升传统产业的附加值和市场竞争力。(2)企业在发展新质生产力的过程中,还需要注重与其他企业的协同合作。新质生产力的发展需要产业链的协同和整合,企业需要与上下游企业建立紧密的合作关系,共同推动产业的发展。通过协同合作,不同企业可以共享资源、技术和市场,实现互利共赢。(3)企业需要关注环境保护和生态文明建设,推动绿色生产和循环发展,为社会的可持续发展作出贡献。企业要积极承担社会责任、体现企业伦理精神,推动可持续发展。新质生产力的发展应符合新发展理念，注重环境保护、资源节约和社会和谐。

新质生产力的发展需要企业、政府和教育机构等的共同努力。企业需要不断创新，采用新技术，提高生产效率和产品质量，同时注重环境保护和社会责任。政府需要制定合理的政策和法规，鼓励技术创新和环境保护，同时提供必要的资源和支持，以减少技术不平衡和数字鸿沟等现象。教育机构需要更新教育内容和方法，加强对学生创新能力和批判性思维的培养。

第二节　企业如何转型、发展新质生产力

在当前复杂的社会经济形势下，不同类型的企业大多面临着日益激烈的市场竞争和技术变革的压力。为了应对这些挑战，企业需要积极进行转型，发展新质生产力，以实现可持续发展。

一、利用新兴力量提升企业竞争力

随着科技的发展和社会的进步，新质生产力不断涌现，对企业来说既是机遇也是挑战。如何适应并利用这些新兴力量以提升企业的竞争力呢？企业在面临人工智能（AI）、大数据分析、云计算等新质生产力时，如何及时、适时地采取有效措施，来保持其市场地位或实现超越呢？这些成为当下企业必须思考的重大问题。国内的企业界对新技术的态度普遍非常积极，许多公司都开始尝试将新质生产力融入业务中。

举例：在零售业，“智能库存管理”已成为提高效率的关键一环。波士顿咨询公司（BCG）是一家著名的全球性企业管理咨询公司，在战略管理咨询领域被公认为先驱。波士顿咨询公司的报告指出：使用预测性分析技术（如库存预测方法、智能预测技术）优化库存水平，可以减少15%至30%的缺货情况。阿里巴巴集团就是一个很好的例子，它运用先进的算法进行大规模的数据挖掘，准确地预测市场需求，并据此调整存货量，在大大降低了库存成本的同时也提升了客户满意度。

举例：在制造业领域，应用工业互联网平台可大幅提升生产效率及产品

质量。国际数据公司(IDC)研究发布的《2021 年 V2 全球物联网支出指南》表明，中国物联网市场规模有望在 2025 年超 3 000 亿美元，全球占比约 26.1%。西门子股份公司已在这方面取得了显著成效——它们实施了数字化双胞胎计划，即用数字模型模拟物理产品及其制造过程。这使得设计缺陷能在生产之前被发现并且修正，从而减少了实际生产线上的错误率。

举例：金融服务业，区块链技术正在逐渐改变金融服务领域的交易方式和信任机制。全球领军 IoT 云平台涂鸦智能和全球最大的上市咨询公司——埃森哲(Accenture)，注册成立于爱尔兰，是全球最大的上市咨询公司和《财富》杂志评选的世界 500 强公司之一，埃森哲自 2018 年开展中国企业数字化转型指数相关研究，连续追踪企业的数字化成熟度和转型历程。埃森哲的一份报告显示，80%的金融机构领导者表示他们将在未来三年内部署商业级的区块链解决方案。

举例：平安银行已经在贸易融资方面实现了基于区块链技术的供应链融资方案，极大地提高了处理速度且减小了欺诈风险。

各行业的“领头羊”们都在积极探索并利用新质生产力带来的可能性。为了不落后于竞争对手，所有企业都应该持续关注科技进步所带来的变化，并制定出相应的战略规划，以便更好地把握未来的方向。只有那些能够迅速反应并对新的生产力做出响应的企业，才能够在当下生存发展，才能够在未来激烈的市场竞争中抓住机遇、获得成功。

二、自主创新能力是企业转型的关键

坚持自主创新，就要坚持走自主管理、自主技术创新、自主人才培养等模式，缺一不可。通过自主创新，企业不断突破和颠覆已有的技术层面，才能掌握核心技术。掌握了核心技术，企业要用核心技术为社会做贡献、服务人民过上美好生活，实现企业高质量发展的意义。国内企业在自主创新过程中也面临一些困难和挑战：(1)要实现真正的自主创新，企业需要具备强大的研发能力和优秀的科研团队。虽然国内不少企业在这方面已经取得了长足进步，但与国外一些技术巨头相比仍有差距。(2)创新需要投入大量的资源和资金，这对于一些中小企业来说可能是一个挑战。此外，在国际市场上，企业还面临着知识产权保护和技术标准认证等方面的问题，需要克服重重难关。要准确把握新质生产力的科学内涵和实践要求，在实现高水平科技自立自强、促进创新链产业链资金链人才链深度融合、建设高水平科研平台和实施高质量科研项目上下功夫，着力提升科技创新能力和水平，扎实推进高质量发展[①]。企业应加大对研发和技术创新的投入，提升自身的技术水平和核心竞争力。通过与高校、科研机构等合作，企业可以引进先进的技术和成果，进行消化吸收再创新。

此外，企业还应：(1)加强知识产权的保护，确保自身技术的独占性和排他性。(2)设立技术研发中心。建立一个专门的技术研发中心，专注于工程前沿技术和设计方法的研究。该中心可以定期发布技术研究成果，为企业的工程师提供技术支持和指导。(3)建立产学研合作基地。与高校或科研机构合作，共同建立产学研合作基地，开展联合研发、技术转移等活动。通过多方合作，推动科技成果的转化和应用，提高企业的创新能力。

三、内部产业结构优化升级

企业首先需要对产业结构进行优化升级，以适应新质生产力的发展需求。通过调整产业结构，企业可以将资源和资金集中投向高附加值、高技术含量的领域，推动产业升级和转型。同时，企业还应加强与产业链上下游企业的合作，形成紧密的产业链协作关系，提升整个产业链的竞争力。此外，企业通过开拓新市场、开发新技术、运用新材料、制造新产品以及推进管理创新，可以为市场提供更高质量的产品和服务，从而促进产业结构持续优化、产业深度转型升级，有效增强产业发展的竞争力。

四、加强人才培养与引进

人才是企业发展的根本，为了支撑新质生产力的发展，企业需要培养和引进具备创新思维和专业技能的人才。通过制定合理的人才培养和引进计划，企业可以吸引更多优秀的人才加入，为企业的转型和发展提供有力的人才保障。

发展新质生产力需要既懂现代生产、又精通数字技术的复合型人才，而

① 宋少俊.发展新质生产力要持续在创新上用力[N].河北日报，2024-05-15(7).

当前这样的复合型人才相对匮乏。高素质的劳动者是新质生产力的第一要素，如何发挥企业基础设施项目中的科技人才优势，打造创造新质生产力的战略人才队伍？解决方式是：(1)深化人才制度和体制机制改革，尤其是针对前沿技术领域的稀缺人才，应探索建立差异化、长周期、多元化的专业人才评价体系；(2)深化高校、职业院校和企业之间的合作，打通科研创新、科技成果转化、产业创新的"接口"；(3)加强人才培养，制定人才培养计划，通过定期的培训、实践锻炼等方式，提高员工的专业技能和综合素质。企业应鼓励核心人才参加行业内的交流活动，使其拓宽视野，增强创新能力。(4)企业应加大高端专业人才队伍建设力度，内培和外引并重，依托现有重大基础设施项目，有计划地搭建创新型、应用型人才成长梯队，推动人才在产业链和创新链上的有机衔接，促进科研成果转化。

五、对管理模式创新升级

在企业决策、运营过程中，管理模式是企业运营的核心。为了适应新质生产力的发展需求，企业需要创新管理模式，提升管理效率。通过引入先进的管理理念和方法，如数字化管理、精细化管理等，企业可以实现管理流程的优化，提高自身资源整合的能力。

管理创新是组织创新体系的重要组成部分，也是科技创新的基础。以管理创新赋能新质生产力，可以更好地提升行业企业的创新动力和能力，加快突破关键共性技术、前沿引领技术。在我国面临经济社会转型的背景下，这一点具有重要现实意义。通过管理创新完善人才培养、引进、使用、合理流动的工作机制，为新质生产力发展提供人才。没有人力资源的积累和跃升，没有一支与科技进步、现代产业体系建设相适应的高素质人才队伍，就无法形成新质生产力。

六、加强国际合作与交流

新质生产力的发展需要更加开放的合作环境，国际交流合作是新质生产力发展的重要途径，企业应当做到：(1)开展技术合作项目。与国内外其他科研机构、高校或企业合作，共同研发新技术或解决工程中的技术难题。这种合作模式可以充分发挥各方的优势，加快技术创新的步伐。(2)加强国内外的技术交流与培训。有条件的情况下，定期组织技术交流活动，邀请国内外行业内的专家进行授课或分享经验。同时，加强内部培训，提高人员的技术水平和创新能力。(3)开展合作项目。与国内外企业或科研机构开展合作项目，通过合作共同解决技术难题，推动项目的顺利实施。

通过国际合作，企业可以引入先进的技术和管理经验，促进国内产业的技术进步和升级。同时，应坚定不移推动“一带一路”建设，加强与沿线国家的经贸合作和人文交流，共同推动新质生产力的发展。不同类型的企业，都应积极参与全球创新网络，加强与国际先进企业和研究机构的合作与交流，引进国外先进的技术和管理经验，推动新质生产力的跨越式发展。

通过综合运用这些策略和措施，可助力企业实现顺利转型，提升竞争力和应对市场风险的能力。

第三节　设计院所如何践行新质生产力

在这个经济快速发展和技术变革日新月异的时代，新质生产力成为推动社会进步和产业升级的重要力量。设计院所作为创意与创新的重要载体，应积极践行新质生产力，不断提升自身的创新能力和服务水平。

一、创新技术应用

设计院所应紧跟时代步伐，积极采用创新技术，将其应用于设计实践中。例如，可以利用虚拟现实、增强现实等技术，为客户提供更加直观、生动的设计方案展示；同时，通过引入人工智能、大数据、BIM 等技术，提升设计的精准度和效率。

举例：中铁上海设计院研发铁路测量机器人。中铁上海院不断激发创新动力和活力，取得一系列技术成果，以新技术、新手段赋能企业高质量发展。为解决既有线改造工程测量领域的应用需求，落实设备技术动态更新，中铁上海院通过数智装备方向的科研课题“铁路移动激光扫描测量设备集成及配套软件开发”，设计并研制出自主品牌的小型化铁路移动测量设备——铁路测量机器人。自研制开发铁路测量机器人以来，中铁上海院运用该设备打造了一支智慧勘测队，作业队仅需3人便可以在15个工作日内完成百公里工务检测作业，效率较传统人工测量有效提高3倍，极大降低人工成本。该设备一次上线作业即可完成线路里程、平面坐标、轨面高程、轨距和超高、接触网几何状态、行车限界等综合测量，满足普通铁路既有线勘测设计的需要，目前已在多条地铁线、国铁线等作业生产现场得到成功应用。①

二、优化业务流程

设计院所应不断优化业务流程，提高工作效率，通过精细化管理、标准化操作等方式，降低设计成本，缩短设计周期。同时，也应加强项目管理，确保项目按时按质完成，提升客户满意度。

举例：湖南建投交通设计院成立创新研究院。湖南建投交通设计院深刻洞悉了新质生产力这一发展的基因密码，致力打好新型交通关键核心技术攻坚战，探索打造数智交通示范应用成果和创新项目，加快培育具有特色优势的新型交通产业新质生产力。湖南建投交通设计院成立创新研究院，作为湖南建投交通设计院培育新质生产力的"引擎"，创新研究院肩负四大职能：搭建公司科技体系，建立新型科技体制机制；创建运行高层次科技平台，打造企业科技创新活动载体；开展前沿技术攻关，进行科技应用示范和产学研合作；以国家和行业标准为牵引，开展产品、产业研究，形成新质生产力。此外，湖南建投交通设计院从制度层面推动、督导、激励企业自上而下培育发展新质生产力，制定修订了《科研管理办法》《技术团队建设管理规定》《博士后科研工作站管理规定》《中南公路建设及养护技术湖南省重点实验室科研项目管理规定》《数字化建设管理办法》《科技成果合作推广管理规定》及各创新平台的管理办法，明确具体职责、管理措施、奖惩标准等，做好制度保障。②

三、培育创意设计

创意，是设计的灵魂。设计院所应注重创意设计的培育，鼓励设计师大

① 案例转引自"市政工程经济"公众号。

② 案例转引自中国财富网。

胆创新，勇于尝试新的设计理念和方法。通过举办创意设计大赛、开展创意设计交流活动等，激发设计师的创造力和想象力，推动设计行业的创新发展。

举例：四川省建筑设计研究院有限公司打造元宇宙数字文旅产业园。该项目改造范围为四川省钢锉厂与天马轴承厂，总占地面积 347 亩，建筑改造面积 13 462.6 m^2，包含Ⅵ设计和夜景照明，后期运营一体化提升。元宇宙数字文旅产业园以“元宇宙”为锚点，对城厢古城进行全域更新，通过“数字赋能”，将现代科技元素融入旧钢锉厂，贴合业态主题，打造极具未来感的科幻风格园区。园区将城厢古城及老工业遗址的保护、城市更新和数字文旅建设融合在一起进行推进，以科技赋能文旅，沉浸式、场景化展现天府文化、新丝路文化、三星堆文化等资源，融合区块链、5G、VR、AR、人工智能、物联网、大数据等前沿数字技术，打造元宇宙数字化空间，发展元宇宙数字文旅产业园、沉浸式街区、影视拍摄、瓷源创智数字化基地等业态。①

元宇宙（Metaverse）的概念，来源于 1992 年尼尔 · 斯蒂芬森（Neal Stephenson）的第三部著作——科幻小说《雪崩》（*Snow Crash*）。Meta 意为“元”“超越”，verse 则指宇宙，合起来叫元宇宙，是指一个通过 AR（现实增强）、VR（虚拟现实）等技术支持的、与现实世界平行的虚拟世界。

四、融合数字技术

数字技术也称数字控制技术，纵观数字化设计技术的发展历程，可以看出，虽然说几十年来各种技术思想层出不穷，但在时、空两个方向上的协同始终是发展的主流。从宏观上看，数字化设计的发展历程，正相当于现代信息技术在产品设计领域中的应用由点发展为线，再由线发展为面的过程。

数字技术为各类设计领域提供了更加广阔的空间和更多的可能性。设计院所应积极融合数字技术，将其与设计实践相结合。例如，利用数字化工具进行三维建模、渲染等操作，提高设计的质量和效率；同时，借助互联网平台，拓展设计服务的范围和渠道。

举例：中铁第五勘察设计院集团有限公司成立 BIM＋AI 数字化设计研究小组。中铁第五勘察设计院正不断探索，提升自主创新能力，增强核心竞争

① 案例转引自四川省政府国有资产监督管理委员会 2024 年 4 月 8 日发布的新闻。

力，培育新质生产力。中铁第五勘察设计院集团有限公司着力推进数字化手段在建筑设计中的运用和发展。BIM＋AI数字化设计研究小组将完成某片区开发项目从方案设计、初步设计到施工图设计的全过程设计工作，最终形成一套涵盖居建、公建、地下车库、小市政等的综合模型。同时，小组将同步加强与清华建筑设计研究院等高新技术企业合作，联合开展BIM项目及软件开发工作，为企业技术改革、创新发展助力。①

五、提升用户体验

设计院所应关注用户体验，将用户需求作为设计的出发点和落脚点。通过深入了解用户的喜好、需求和习惯，设计出更符合用户心理和行为特点的产品和方案。同时，加强与用户的沟通和互动，及时收集反馈意见，不断优化设计成果。

举例：中国一重集团有限公司联合中煤科工集团沈阳设计院有限公司研发大切割力紧凑型轮斗挖掘机。两家企业充分发挥各自产业优势和技术优势，通过完备的产业链、稳定的供应链、活跃的人才链，历经10个月顽强奋战，成功突破"卡脖子"关键核心技术，对我国大型矿用装备科技成果转化和产业化水平提升具有重要战略意义。大切割力紧凑型轮斗挖掘机研发项目从产品开发、板材下料，到工艺流程、检验标准，形成完全自主知识产权，在装备性能、技术参数上达到世界发达国家同等制造水平。同时，该项目突破了矿用装备在有限空间进行大规模采掘的技术难题，在5G全流程数字化技术加持下，实现由采掘到运输智能化管控和恶劣环境下无人化作业，填补了我国重型矿用轮斗式技术装备国产化制造空白，成为保证露天煤矿和地下原始矿层自主采掘可控的新质生产力，在赋能企业高质量可持续发展的同时，展现了中国装备制造业自主创新和转型升级，为加快建设制造强国作出了新的贡献。②

六、加强设计人才培养

党的二十大报告首次将教育、科技、人才一体安排部署，提出要打通束缚

---

① 案例转引自中铁第五勘察设计院集团有限公司"集团新闻"栏目2024年3月27日发布的新闻。

② 案例转引自中国科技网。

新质生产力发展的堵点卡点，到2035年建成教育强国。2024年《政府工作报告》指出，“深入实施科教兴国战略，强化高质量发展的基础支撑。”发展新质生产力迫切需要大批的拔尖创新人才，教育系统在构建人才自主培养体系、深化拔尖创新人才培养方面需要进行改革和创新，设计教育改革显得十分迫切。教育系统应围绕国家战略需求，结合教育发展规律与人才培养规律，通过科学合理地设计教育改革，助力新质生产力的快速发展，最终发挥高等教育在教育强国建设中的龙头作用。

人才，是设计院所的核心竞争力。设计院所应重视人才培养，建立健全的人才培养机制。通过引进优秀人才、开展培训和教育等方式，提升设计师的专业素养和创新能力。同时，也应营造良好的学习氛围和工作环境，激发设计师的工作热情和创造力。

七、推进可持续发展

可持续发展是当前社会发展的重要趋势。设计院所应积极践行可持续发展的理念，将环保、节能等要求融入设计实践中。通过采用环保材料、推广绿色设计等方式，降低设计对环境的影响；同时，关注社会公益事业，积极承担社会责任。

举例：2023年11月24日，“转型时代勘察设计行业绿色可持续发展论坛”在重庆举行。专家学者、行业人士齐聚一堂，为川渝勘察设计行业绿色可持续发展建言献策。全国人大代表、中国工程院院士、中国中铁首席科学家、中铁大桥院首席专家、全国工程勘察设计大师高宗余在视频主旨演讲里为重庆桥梁建设的绿色可持续发展提出三点建议：(1)在设计阶段，就要将智能和绿色低碳理念深入融合其中；(2)要提升建造过程中的智能化和绿色化水平，包括使用先进的施工工艺、建设智慧工厂、发展桥梁智能化的施工装备等；(3)建立智能化的运维养护技术。高宗余院士表示，桥梁结构创新、材料创新、数字化技术与装备、资源循环利用和管理模式创新，是未来桥梁工程发展的重点攻关方向，要坚持多学科融合，以产学研用协同创新的模式来开展技术创新。①

① 案例引自中国新闻网。

八、强化跨界合作

跨界合作，是拓展设计领域和提升设计水平的有效途径。设计院所应加强与其他行业、领域的合作与交流，共享资源和技术，共同推动设计行业的发展和创新。通过跨界合作，可以引入新的设计理念和方法，拓展设计的应用范围和市场空间。

各类建筑设计院所、交通设计院所、工业设计院所、水利工程设计院所等，都应该紧随国家产业新政策及行业新趋势，不断拓展新兴业务设计。同时，在装配式建筑、绿色低碳建筑、建筑智能化、数字化设计等新领域持续加强科研创新投入，强化技术创新能力，通过与科研机构、高校院所等的常态化合作，提升技术研究深度并推广研究成果应用，推动企业的业务向绿色化、数字化转型升级。

各类建筑设计院所、交通设计院所、工业设计院所、水利工程设计院所等，都应该具备跟进新质生产力相关政策的能力，并在实际的项目中不断进行转型、融合发展、深入实践运用与持续技术创新，助力实现自身的高质量发展。

第四节　施工企业如何践行新质生产力

在当前经济快速发展和技术不断创新的时代背景下，施工企业面临着前所未有的机遇和挑战。为了提升核心竞争力，适应市场需求，施工企业必须积极践行新质生产力，通过科技创新、管理模式优化、产业转型升级等手段，推动企业的持续发展和进步。

一、引领科技创新

施工企业应坚持以科技创新为引领，推动施工技术的进步，通过研发新型施工技术、材料和设备，提高施工的效率和质量。同时，应加强与科研机构、高校的合作，引进先进科技成果，转化为施工企业的生产力，推动企业的创新发展。

举例：中石化第四建设有限公司承担天津南港乙烯项目。天津南港乙烯项目是中国石化南港高端新材料产业项目集群的代表项目，是推进京津冀协同发展国家战略的重大工程。素有铁军之称的中石化四建承担了主装置乙烯工程、南港乙烯全厂工艺及热力管网工程和中控室工程的建设任务。从2022年7月16日首吊开始，历时58天，6台超大型塔器“穿衣戴帽”安装全部完成，取得天津南港乙烯工程建设阶段性胜利，展示出中石化四建的建设效率。天津南港乙烯项目建设过程中，中石化四建有3项突破，即首次实现附塔劳动保护、附塔管线、电气照明、仪表、防腐保温等全专业的“穿衣戴帽”施工，真正做到塔起灯亮；首次实现附塔管线无预留，梯子平台基本无预留；首次实现中石化系统直径最大设备“穿衣戴帽”施工。①

二、优化管理模式

施工企业要不断优化管理模式，提升管理效率，通过引入现代管理理念和方法，如精益管理、信息化管理等，实现资源的合理配置和高效利用。同时，建立健全企业内部管理制度，规范施工流程，降低成本，提高效益。

有研究表明，运用新型建造方式与建设管理模式，设计效率可提升超过30%，生产效率更可提升逾40%，项目工期也可缩短超过30%。具体的措施有：(1)推行精益施工，采用精益原理来识别并减少浪费，优化施工流程并提高交付质量。(2)物联网创新应用，利用传感器和连接设备监视建筑性能，提供数据驱动以优化能源使用和预防性维护。(3)集成项目交付(IPD)，将项目参与者整合到合作环境中，促进信息共享、决策制定和问题解决。(4)数字化协作平台，提供云端协作工具，连接项目团队成员并简化沟通和数据管理流程。施工企业应推动管理模式的创新，建立科学、高效的管理体系，提升项目管理的专业化和精细化水平。以新一轮改革深化提升行动为契机，对标市场先进单位的优秀做法，面向市场前沿进行专业赋能改革，推动企业发展质量和治理效能的不断提升。

三、产业转型升级

施工企业应积极响应国家产业转型升级的政策导向，推动产业结构优化

① 张健秋，马守贵，曲照贵，等.施工建设也有新质生产力[N].中国化工报，2024-02-23(4).

升级。通过发展绿色建筑、智能建筑等新兴产业，拓展施工领域，提高市场竞争力。同时，加强传统产业的改造升级，提升施工质量和服务水平。

举例：山西路桥第三工程有限公司近年来集中组织开展“新质生产力在路桥”活动，不断贯彻落实党中央决策部署，并将新质生产力作为提升企业核心竞争力的重要内容，逐渐走上“数字化转型”道路，持续将“产业数字化”向“数字产业化”转变。作为传统公路建设企业，山西路桥第三工程有限公司逐渐由依靠传统要素驱动向更加注重创新驱动转变。随着路桥集团施工一体化平台、隧道管理平台、智能物料系统等数字化平台的上线应用，以及自动喷淋养生技术、双掺混凝土技术、煤矸石混凝土技术、路桥生态水泥技术、玄武岩纤维混凝土技术的应用和推广，传统公路施工管理模式也在悄然发生改变，公路建设行业正在向高端化、智能化、绿色化转型。①

四、数字化转型战略

施工企业在工程建设过程中，应充分发挥先进技术优势，借助数字化平台继续优化管理体系，共享技术应用成果，推动成果转化和成果应用实现，为建设企业提供创新驱动。例如，施工企业应制定数字化转型战略，推动施工业务的数字化转型，通过应用物联网、大数据、云计算等数字技术，实现施工过程的智能化、可视化。此外，施工企业还应引入先进的数字化设计软件和技术，建立数字化设计平台。通过平台，企业可以实现设计数据的共享和管理，提高设计效率和质量，同时，加强数据分析和应用，提升决策效率和精度，为企业的发展提供有力支撑。

施工企业应运用新技术及新工艺，推动大数据、工业互联网、人工智能、5G、区块链等新技术与建筑业深度融合。以三一全球科创中心项目为例，该项目结合智能建造方案，采用装配式钢结构＋SPCS体系预制空腔预制柱，让建筑的构件成为流水线上的产品，实现“像搭积木一样造房子”。该项目新技术及新工艺的应用具体还有：(1)利用钢结构制造数字化关键技术，分析装配式工艺技术方案的可行性，全面提升装配式建筑的效率和质量水平。此外，应用混凝土整平机器人、振平覆膜一体机等10余项技术，将该项目打造成北

① 案例引自黄河新闻网。

京市“智能建造”示范项目。(2)利用BIM技术实现构件生产厂与施工现场信息统一,装配式构件生产安装效率提升35%、管理效率综合提升30%,实现工程实体与数字模型的同步交付。(3)依托中建科工自主研发的驾驶舱以及“三一筑工筑享云操作系统”打造装配式柔性智能生产研发中心,为智能建造提供系统解决方案。总之,利用大数据、人工智能等信息技术手段能全面提升项目管理、设计、施工等环节的效率和精确度。

五、实践绿色施工

发展新质生产力,要集中力量,在关键技术领域实现突破。进入新世纪,新的混凝土技术、绿色施工技术、信息化应用技术、施工机器人等一系列新技术、新设备在建筑行业得以推广运用。施工企业应积极推进绿色施工实践,贯彻落实环保理念,通过采用环保材料、实行节能减排技术,降低施工对环境的影响。同时,施工企业应加强对施工现场的环境管理,提高资源利用效率,推动企业的可持续发展。

绿色施工的理念和实践可以追溯到20世纪中叶,当时一些发达国家开始关注工程建设对环境的影响,并采取了一系列措施来减少施工过程中的环境污染和资源消耗。我国自21世纪初开始引入绿色施工理念,并制定了一系列相关政策和标准,推动绿色施工的快速发展。目前,绿色施工已经成为全球建筑业发展的重要趋势之一。在我国,随着政府对环保和可持续发展的重视,以及市场对绿色建筑需求的增加,绿色施工的应用范围不断扩大,技术水平不断提高。绿色施工是指在工程建设中,在保证质量、安全等基本要求的前提下,通过科学管理和技术进步,最大限度地节约资源并减少对环境产生负面影响的施工活动。它是可持续发展理念在工程建设领域的具体体现,对于推动建筑业转型升级、实现节能减排、保护环境具有重要意义。

绿色施工应遵循“四节一环保”的原则,即节能、节地、节水、节材和环境保护(图3-1)。绿色施工的目标是实现工程建设全过程的绿色化,包括设计、施工、运营等各个阶段,通过采用先进的技术和管理手段,达到资源高效利用、环境友好、社会和谐的综合效益。施工企业应严格执行绿色施工质量安全新标准,确保绿色施工质量和现场安全双达标。在实际的绿色施工管理中,应该做到:(1)通过建立健全绿色施工质量安全管理体系,加强绿色施工现场的监督检查，确保绿色施工过程的合规性和安全性。(2)推动绿色施工技术的积极研发，推广先进的绿色施工技术，提高施工效率和资源利用率，减少环境污染。(3)加强绿色施工质量安全的宣传和培训，提高员工的绿色施工质量安全意识，推动企业的绿色施工质量安全水平不断提升。

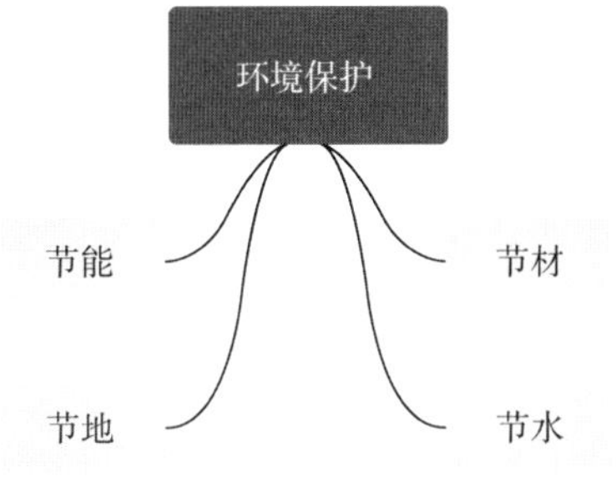

图 3-1　四节一环保的模型关系

随着全球环境问题的日益严重和可持续发展理念的深入人心，绿色施工已经成为建筑业发展的必然趋势。绿色施工是用可持续的眼光对传统施工技术的重新审视，是符合可持续发展战略的施工技术。未来，绿色施工将更加注重智能化、信息化、低碳化等方面的创新与发展。

六、产学研深度合作

施工企业应加强与高校、科研机构的产学研合作，实现资源共享和优势互补。通过合作开展科研项目、共建实验室等方式，推动施工技术的创新和进步。同时，借助产学研合作平台，加强企业间的交流与合作，共同推动行业的发展。

举例：浙江兆弟控股有限公司，以智产创新为引擎，质量创优为基石，为世界提供更安全、更节源、更智能的建造，并致力于成为装配式建造标准的制定者和智能建造的缔造者。近年来，浙江兆弟控股有限公司加大研发投入力度，每年投入超2亿元用于技术与产品创新、人才招募与培养。在产学研合作层面，2014年，浙江兆弟控股有限公司就与同济大学签订了“人才培养与产学研合作”协议，这10年来，该公司又先后与浙江理工大学、浙江工业大学、浙江大学等高校推进产学研的深度合作。2023年11月，还向浙江大学基金会粪晓南教育基金捐赠120万元，旨在为行业培养更多优秀人才。正是得益于持续的研发投入，兆弟控股集团累计获取的专利数量超过2 200件。浙江兆弟控股有限公司法人周兆弟表示：研发一定要走在市场的前面，研发不仅是投资现在，更是投资未来，目光一定要长远，至少要看到未来10年以后。

七、提升员工专业素养和技能水平

施工企业应重视人才培养与引进工作，为企业的持续发展提供人才保障。通过加强内部培训、开展技能竞赛等方式，提升员工的专业素养和技能水平。同时，积极引进外部优秀人才，为企业注入新的活力和创造力。

新质生产力是技术革命性突破、生产要素创新配置、产业深度转型升级的新产物，而加快形成施工创新应用的新质生产力，不仅需要“高、精、尖、特”的科技人才，更需要具备高素质、高水平的“工匠”。没有一支与现代科技进步、现代产业发展相适应的高素质劳动队伍，就无法形成新质生产力。新质生产力的科技人才是促进技术创新和产业升级的重要保障，是发展新质生产力的重要着力点，而高素质的劳动队伍则是发展新质生产力的重要支撑。施工企业应重点培养一批懂技术、会研发、爱创新、敢突破的一线技术管理人才，广泛应用先进施工技术，在应用中学习，在学习中突破，因地制宜地改进和突破现有技术壁垒，在实际应用过程当中解决“卡脖子”难题，在技术推广过程中培养自己的高素质劳动队伍，让施工一线成为技术创新的大型“实验场”“点将台”。

新质生产力作为推动经济社会发展的重要动力，为施工企业的转型升级提供了强大的支撑，使其生产方式得以从劳动力密集型向机械化、自动化、智能化转变。

第四章

财经视域下推进新质生产力的方略

第一节　新质生产力的筹资、融资、投资

一、新质生产力筹资渠道

随着科技的飞速发展，新质生产力正成为推动经济社会进步的重要力量。然而，其发展的速度与广度受限于资金筹措的难易程度，筹资问题主要涉及资金规模、资金来源、资金成本及资金使用的有效性等方面。新质生产力由于其高创新性、高风险性等特点，筹资过程尤为复杂和艰难。因此，探索多元化的筹资渠道和策略，对于促进新质生产力的健康发展具有重要意义。

（一）政府资金扶持

政府资金扶持，是指政府通过使用财政手段对企事业、院所等单位的项目发展给予大力支持。这些资金的扶持，为企事业、院所等单位注入了活力，对企事业、院所等单位的发展和解困起到积极的作用。

政府作为社会经济的调控者，在新质生产力的资金支持方面具有不可替代的作用。政府扶持资金主要用于科技成果的转化、专利转化、企业技术创新和改造、弱势项目的扶持、环保的投入等。政府资金扶持项目主要包括财政补贴、税收优惠、科技项目资助等，这些资金扶持项目可以有效降低企业的创新成本，提高其市场竞争力，从而吸引更多的社会资本投入。同时，政府还可以通过设立专项资金、引导基金等方式，为新质生产力提供稳定的资金来源。

尽管政府资金扶持起到了积极的作用，但也存在一些问题。例如，项目评价体系不健全、项目申报管理不严、项目监管不完善等，这些影响了扶持资金使用效益和政府职能发挥。因此，政府扶持资金申报工作，首先要体现公开、透明、严肃、公平，既具有科学性，又具有前瞻性。

申请政府资金扶持的流程包括几个步骤（图 4-1）：

图 4-1　申请政府资金扶持的流程

通过初评的项目，需要企业项目负责人及相关人员在规定的时间及地点进行答辩。政府根据打分状况将企业申报的项目进行划档，决定支持与否以及支持金额数量。政府部门公布项目评审结果，与企业单位签订项目协议及任务书，下发资金，并做好后续监管、评价工作。

举例：洛阳市惠企政策。对首次通过高新技术企业认定的企业，一次性奖励20万元；对重新认定的高新技术企业，一次性奖励10万元。对具有自主知识产权，连续3年通过国家科技型中小企业评价的企业，市财政给予3万元一次性奖励。企业首次获得省级瞪羚企业资格的，市财政给予50万元一次性奖励①。

举例：根据《陕西省瞪羚企业培育认定实施方案》等规定，瞪羚企业将享受多项扶持政策：对首次认定的瞪羚企业，给予最高不超过30万元的经费补贴；对认定的潜在瞪羚企业，直接纳入陕西省瞪羚企业培育库，三年内成长为瞪羚企业后，按照首次认定瞪羚企业享受顶格经费补贴②。

政府资金扶持是政府为了促进特定领域研发投入、加速产业化成型、带动相关产业快速发展而采取的一种财政手段。在申请政府资金扶持时，需要按照规定的流程和要求进行，以确保扶持资金的有效使用和政府职能的发挥。

（二）资本市场融资

资本市场融资是指公司通过金融市场上的一系列工具和渠道，筹集到用于生产经营的额外资金。这种方法通常涉及发行各种证券，如债券、股票等，以吸引投资者投入资金。资本市场融资可以帮助公司扩大规模、引进先进技术、优化资本结构等，是企业发展壮大过程中不可或缺的一部分。

资本市场是新质生产力筹资的重要渠道之一。通过发行股票、债券等方式，企业可以在资本市场上筹集大量资金，支持其创新发展和产业升级。此外，创业板、科创板、新三板等专为创新型中小企业服务的资本市场，为新质生产力提供了更为便捷的融资渠道。然而，资本市场融资也存在一定的风险和挑战，企业需要加强自身的规范管理和风险控制能力，切实按照标准和要

① 洛阳市人民政府发展研究中心. 洛阳市惠企政策汇编[G/OL]. (2022-09-02). http://lyszffzyjzx. ly. gov. cn/newsshow. php? id=752.

② 张梅. 陕西新认定322家省级瞪羚企业[N]. 陕西日报，2023-10-16(4).

求进行筹备、申请或注册。

资本市场融资的方式多种多样，不同的公司可以根据自身的实际情况和融资需求选择最适合自己的方式。图 4-2 是几种常见的资本市场融资方式：

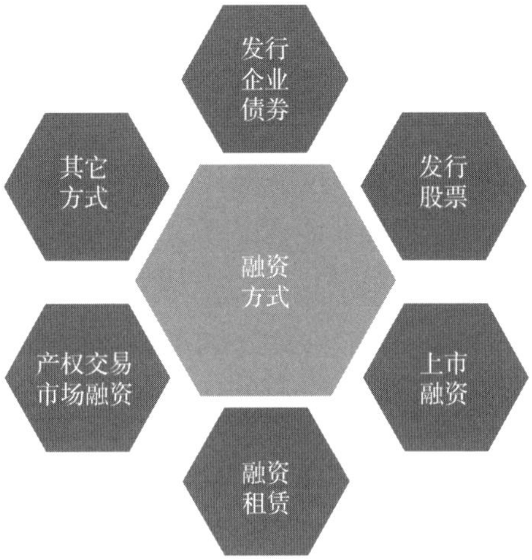

图 4-2　资本市场融资的方式

资本市场的融资方式虽然多样化，但也存在一定的风险和需要注意的问题：(1)融资成本问题。融资成本包括融资利率、手续费等，企业需要考虑这些成本对企业的影响。过高的融资成本可能会削弱企业的盈利能力，因此企业在选择融资方式时需要仔细权衡。(2)融资风险问题。资本市场的风险是不可避免的，企业在融资时应当注意风险控制。例如，发行股票和债券都可能存在股价下跌或信用违约的风险，这可能会导致企业的资本损失。(3)资产结构和所有权结构的影响。融资会影响企业的资产结构、所有权结构等，企业需要考虑这些影响并做出相应的决策。例如，发行股票可能会稀释原有股东的股权，而发行债券可能会增加企业的财务负担。(4)信息披露。企业在融资时应当按照法律法规的要求，如实披露融资信息，保护投资者的权益。透明的信息披露有助于增强投资者的信心，同时也是企业承担社会责任的表现。

资本市场融资是一个复杂的过程，涉及多个方面的考量和操作。企业在选择融资方式时需要充分了解各种方式的特点、优缺点以及可能带来的风险。

（三）社会资本引入

社会资本是新质生产力筹资的重要补充。通过吸引风险投资、私募股权等社会资本投入，企业可以获得更为灵活和多样化的资金支持。同时，社会资本还可以为企业提供战略支持、管理经验和市场资源等方面的帮助，促进其快速成长。然而，社会资本往往对回报要求较高，企业需要明确自身的价值定位和发展战略，以吸引更多合适的投资者。

社会资本引入，指的是政府通过一系列方式，吸引外部资金和资源，参与公共基础设施建设、公共服务体系提升以及各类社会事业的发展。这种方式有助于拓宽资金来源，提高项目的运营效率和服务质量，同时也能够减轻政府的财政负担。引入社会资本不仅可以解决一些建设项目的资金缺口问题，减轻地方债务压力，还可以提高城市管理效率和公共服务质量，满足人民群众日益增长的美好生活需要。

社会资本引入的主要方式有政府与社会资本合作（PPP）模式、建设-经营-转让（BOT）模式、公建民营、民办公助、特许经营、转让-运营-移交（TOT）模式、改建-运营-移交（ROT）模式、经营权转让和股权转让等。

在图 4-3 中，常用的方式有：(1)PPP 模式（政府与社会资本合作）。是一种常见的引入社会资本的方式，政府与企业合作，共同承担投资和风险，分担管理和运营利益。这种模式常用于医疗卫生、旅游、教育、文化等领域。(2)BOT 模式（建设-经营-转让）。政府提供公共基础设施，个人或企业使用这些设施作为商业运营基础，运营期结束后再转让给政府。这种方式常用于公共交通、自来水、公路、污水处理等基础设施领域。(3)股权投资与合作模式。政府向个人或企业引入资本，合作开发或经营某一项目或业务，并共同分享开发或运营所得的利润。这种方式常用于城市开发、房地产、能源等领域。(4)特许经营和特许权出让模式。政府将某一特定的业务或运营权出让给个人或企业，由其独立开展运营和管理，赚取相应的利润。这种方式常用于公共交通、物流、水利、通信等领域。

这些方式的共同特点是鼓励社会资本参与公共服务和基础设施的建设与运营，通过市场化机制提高服务效率和质量，同时减轻政府财政负担。可以说，社会资本引入是一种有效的策略，它能够促进公共产品的质量和服务效率提升，同时也为社会资本提供了参与社会建设和公共服务的机会。

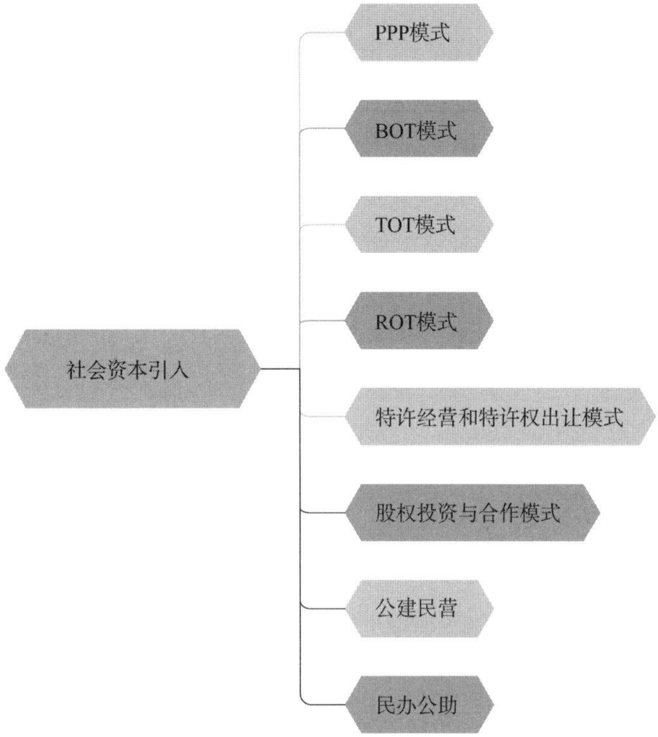

图 4-3 社会资本引入的主要方式

（四）金融机构贷款

金融机构贷款是新质生产力筹资的传统渠道之一。银行、信用社等金融机构可以通过提供贷款、信用担保等方式，为新质生产力提供资金支持。然而，由于新质生产力往往存在高风险、轻资产等特点，金融机构在贷款审批和风险管理方面面临较大的挑战。因此，企业需要加强自身的信用建设和风险管理能力，以提高金融机构对其贷款申请的审批通过率。

金融机构贷款，是指金融机构向个人、企业或其他机构提供资金支持的一种金融服务。在现代经济中，金融机构贷款在促进经济发展、满足资金需求方面起着至关重要的作用。金融机构贷款的本质是一种借贷关系，在这种关系中，金融机构作为贷款人提供资金，而借款人则承诺按照约定的条件和期限偿还本金和利息。这种关系具有双重属性，既是一种合同关系，也是一种债权债务关系。因此，在金融机构贷款中，借贷双方的权利义务需要通过合同来规定和保护。

根据贷款的信用程度划分，金融机构贷款分为几种大的类型：(1)抵押贷款——提供特定物品进行抵押，以此获取资金的一种贷款。(2)信用贷款——以借款人的信誉为担保而发放的贷款。(3)担保贷款——除了借款人本身的信誉外，还要求有第三方担保的贷款。

金融机构提供的贷款类型多样，根据不同的划分标准，还可以分为以下几类(图 4-4)：

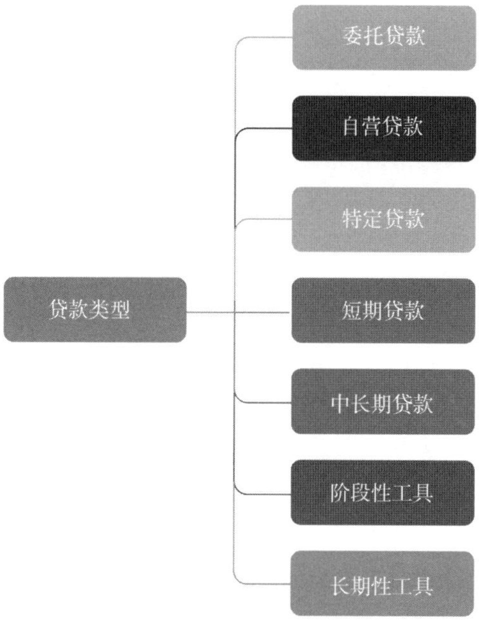

图 4-4 金融机构贷款的类型

图 4-4 的这些贷款类型，覆盖了从传统到现代的多种融资需求，满足了不同客户群体的不同融资需求。

金融机构贷款是企业、个人在发展过程中常会使用的一种融资手段。了解其类型特点、借贷关系的双重属性、利息与费用的收取、风险管理规则以及申请过程中的注意事项，如合同文本的审查、金融机构的合法性、贷款申请的标准等，避免遭遇放高利贷或金融诈骗，可以帮助企业、个人更好地利用这项服务来促进自身的发展。

（五）企业自筹资金

企业自筹资金是新质生产力筹资的重要途径之一。通过留存收益、股东增资、内部集资等方式，企业可以积累一定的自有资金，支持其创新发展和业务拓展。自筹资金具有成本低、使用灵活等优点，但同时也存在规模有限、资金不足等局限性。因此，企业需要合理规划资金使用，确保资金的有效性和可持续性。

企业自筹资金，是指企业依靠自身的内部资源、利润和能力，通过各种渠道筹集资金，包括企业的留存收益、折旧基金、无形资产摊销等，以满足企业自身发展所需。这种资金来源并不属于企业的注册资金，而是企业为扩大经营规模、提高产品质量、增强市场竞争力等而筹集的资金。自筹资金可以分为内部融资和外部融资两部分。

企业自筹资金的来源包括：(1)内部融资。内部融资是指企业依靠自身积累的资金进行融资，主要包括企业自身的利润、盈余、折旧、无形资产价值等。内部融资具有成本低、无利息负担等优点，但融资规模受到企业自身内部资源的限制。(2)外部融资。外部融资是指企业通过外部渠道筹集资金，满足企业发展所需。外部融资主要包括银行贷款、股权融资、债券融资、融资租赁等。外部融资具有融资规模较大、融资成本相对较低等优点，但可能面临一定的风险。(3)其他来源。除了内部融资和外部融资，企业自筹资金还可以通过其他方式获得，例如接收拨款、使用自有资金等。

企业自筹资金的作用有：(1)满足企业发展需求。企业自筹资金能够满足企业自身发展的资金需求，支持企业扩大生产规模、提高产品质量、增强市场竞争力。(2)降低融资成本。相较于银行贷款、股权融资等外部融资方式，企业自筹资金的成本较低，减轻了企业的财务负担。(3)增强企业抗风险能力。企业自筹资金能够提高企业的资金使用效率，降低对外部融资的依赖，从而增强企业的抗风险能力。(4)保持企业控制权。企业自筹资金使得企业能够更好地控制资金的使用，有利于企业实现长期发展战略。

企业自筹资金的管理，要注意几点：(1)明确融资需求。企业在进行融资前，应明确自身融资需求，合理评估自身融资能力和融资成本，避免过度融资。(2)资金的使用。企业应根据项目需求，合理制定资金使用计划，确保项目资金使用合规、高效。如，明确项目资金使用标准，明确项目资金闲置期间的处理方式,确保项目资金使用高效、科学。(3)资金的管理。企业应建立健全资金管理制度,确保资金管理科学、规范。如,制定资金筹集、使用、管理流程,明确资金管理责任,确保资金管理有效。(4)资金监控。企业应加强对资金的监控,确保资金使用合规、有效。

企业自筹资金是企业获取资金的重要途径,对于促进企业发展具有重要意义。企业应认真制定资金管理政策,确保资金管理有效,实现可持续发展。

(六) 多元化筹资策略

多元化筹资策略,是指企业在筹集资金时,采取多种不同的方式和渠道,以降低筹资风险,提高资金效率。多元化筹资可以帮助企业降低单一融资渠道带来的风险。通过不同的融资方式和工具,企业可以更好地应对市场波动和风险。此外,多元化筹资还能提高企业的融资效率和经济效益。

多元化筹资策略,是新质生产力筹资的关键所在。企业应根据自身的发展阶段、业务特点和市场环境等因素,综合运用政府资金扶持、资本市场融资、社会资本引入、金融机构贷款和企业自筹资金等多种筹资方式,形成多元化的筹资渠道和策略。同时,企业还应加强与其他企业或机构的合作与联盟,共同探索新质生产力的筹资新模式和新路径。

多元化筹资的常见方式,包括资本市场融资、企业债券、私募债券、合作伙伴融资等。

多元化筹资的实施步骤,如表 4-1:

表 4-1 实施多元化筹资策略的几个步骤

步骤		内容
第一步	风险评估	在选择融资渠道和工具之前,企业应充分评估风险,包括市场风险、信用风险、流动性风险等
第二步	选择适合的融资渠道	企业需要选择适合自己的融资渠道,如资本市场融资、企业债券、私募债券、合作伙伴融资等
第三步	灵活运用融资工具	企业需要灵活运用融资工具,以满足不同的资金需求和风险偏好
第四步	加强风险控制	在拓宽筹资渠道的过程中,企业需要加强风险控制,确保筹资过程的安全和可持续性

企业在实施多元化筹资策略时,应注意:(1)合理确定资金需要量。科学安排筹资时间,通过预算手段完成资金的需求量和需求时间的测定,使资金

的筹措量与需要量达到平衡。(2)合理组合筹资渠道和方式。降低资金成本,综合考察各种筹资渠道和筹资方式的难易程度、资金成本和筹资风险,研究各种资金来源的构成,求得资金来源的最优组合。(3)优化资本结构。降低筹资风险,在筹资过程中合理选择和优化筹资结构,做到长、短期资本,债务资本和自有资本的有机结合。(4)拟定好筹资方案。在进行筹资成本、资本结构和投资效益可行性研究的基础上,拟定好筹资方案,筹资时间应与用资时间衔接。(5)风险评估、控制。企业在实施多元化筹资策略时,需要注意风险评估、灵活运用融资工具和加强风险控制等方面的工作。

新质生产力的筹资问题与筹资渠道是一个复杂而重要的问题。通过综合运用各种筹资方式和策略,企业可以有效解决资金筹措难题,推动新质生产力的快速发展和产业升级。同时,政府、资本市场、社会资本、行业中介组织和金融机构等各方也应加强合作与支持,共同为新质生产力的发展提供有力的资金保障和正向支持。科学的、多元化的筹资策略对于企业来说是非常重要的,它不仅可以帮助企业降低筹资风险,还可以提高企业的融资效率和经济效益。

二、新质生产力融资模式与风险

新质生产力的融资模式与风险是一个复杂而重要的问题。通过多样化的融资模式、政策支持与引导、市场机制与资金对接以及技术创新与资本融合等手段,可以有效推动新质生产力的发展。然而,在融资过程中也需要警惕投资泡沫化、扭曲激励与政策风险以及创造性毁灭风险等问题,确保融资活动的稳健、安全。

(一)新质生产力融资模式

新质生产力的融资模式包括:(1)融资模式多样性。新质生产力作为推动经济发展的重要引擎,其融资模式的多样性是其发展的重要支撑。目前,新质生产力的融资模式主要包括政府资金扶持、资本市场融资、社会资本引入、金融机构贷款以及企业自筹资金等多种方式。这些融资模式各具特点,可以相互补充,共同满足新质生产力在不同发展阶段的资金需求。此外,也应建立健全多层次资本市场体系,为新质生产力的培育提供多元化的融资渠道;通过发展风险投资、私募股权等金融工具,吸引更多的社会资本投入新质生产力的培育中。(2)政策支持与引导。政府在推动新质生产力发展过程中,通过制定相关政策,为其融资提供支持和引导。例如,政府可以出台税收优惠、财政补贴等政策,降低新质生产力的融资成本,提高其融资能力。同时,政府还可以通过设立专项资金、引导基金等方式,直接参与新质生产力的融资过程,为其提供稳定的资金来源。(3)市场机制与资金对接。市场机制在新质生产力的融资过程中发挥着重要作用。通过资本市场、金融机构等渠道,新质生产力可以更加便捷地获得所需资金。资本市场上的股票发行、债券融资等方式,可以为新质生产力提供大规模的资金支持;而金融机构的贷款服务,则可以为其提供灵活多样的融资选择。这些市场机制的有效运作,使得资金与新质生产力的需求得以有效对接。(4)技术创新与资本融合。技术创新是新质生产力的核心驱动力,而资本则是推动技术创新的关键因素。在融资过程中,新质生产力需要注重技术创新与资本的融合。一方面,通过引入战略投资者、风险投资等社会资本,可以为技术创新提供持续的资金支持;另一方面,技术创新成果的成功转化和应用,也可以为投资者带来丰厚的回报,从而吸引更多的资本投入。

(二) 新质生产力融资风险

新质生产力的融资风险包括:(1)投资泡沫化。在新质生产力的融资过程中,投资泡沫化是一个需要警惕的风险点。由于新质生产力具有高风险、高回报的特点,容易吸引过度热炒和投机行为。这种情况下,资金可能会过度集中于某些热门领域或项目,导致投资泡沫的产生。一旦泡沫破裂,将对相关企业和投资者造成巨大损失。(2)扭曲激励与政策风险。政策在支持新质生产力发展的同时,也可能带来一定的扭曲激励和政策风险。例如,过于宽松的融资政策可能导致部分企业和项目过于依赖政策扶持,而忽视了自身的技术创新和市场竞争力的提升。此外,政策变化也可能带来不确定性,影响新质生产力的融资计划和投资决策。(3)创造性毁灭风险。新质生产力的发展往往伴随着技术的快速迭代和更新。在这个过程中,一些传统的产业和企业可能会被新的技术和模式所取代,这被称为“创造性毁灭”。这种风险对于投资者和融资者来说都是一种挑战。他们需要在追求高回报的同时,密切关注技术和市场的变化,及时调整投资策略和融资计划。

三、新质生产力的投资机会与注意点

随着科技的飞速发展和产业结构的不断升级，新质生产力日益成为引领经济高质量发展的新动力。在新质生产力的发展中，蕴藏着丰富的投资机会，为投资者提供了广阔的空间：(1)新质生产力的技术创新为投资者带来了众多机会。在人工智能、大数据、云计算、物联网、新能源技术等领域，技术的不断突破和应用场景的不断拓展，为相关产业的发展提供了强有力的支撑。投资者可以关注这些领域的创新企业，通过投资其产品或服务，分享技术创新带来的红利。(2)新质生产力的产业升级为投资者提供了机会。随着传统产业的转型升级和新兴产业的快速发展，投资者可以关注那些在产业链中具有重要地位和优势的企业，通过投资其转型升级或扩张计划，获取产业升级带来的收益。(3)新质生产力的政策支持为投资者创造了投资机会。政府为了推动新质生产力的发展，会出台一系列优惠政策和扶持措施，如税收优惠、资金扶持等。投资者可以关注这些政策导向，选择符合政策要求且具有发展潜力的项目进行投资。

在投资新质生产力的过程中，投资者需要注意几个方面的问题，以确保投资的安全和效益：(1)要对投资项目进行充分的调查。在投资之前，投资者需要对投资项目的技术可行性、市场前景、竞争格局等方面进行深入的分析和研究，以避免因信息不足而导致的决策失误。(2)要注意风险管理和控制。新质生产力的发展往往伴随着较高的风险，如技术风险、市场风险、政策风险等。投资者需要建立完善的风险管理机制，对潜在风险进行识别、评估和控制，以确保投资的安全。(3)要关注投资的长期性和持续性。新质生产力的发展往往需要长期的投入和积累，投资者需要具备足够的耐心和信心，坚持长期投资的理念，避免因短期波动而盲目跟风或过早退出。(4)要注意遵守法律法规和道德规范。在投资过程中，投资者需要遵守相关法律法规和道德规范，不得进行违法违规操作或损害他人利益，以维护良好的投资环境和市场秩序。

第二节　新质生产力领域的金融创新

一、坚持新质生产力领域的金融创新

随着新质生产力的快速发展，金融领域也在不断探索与之相适应的创新模式。这些创新不仅提升了金融服务的效率和质量，也为新质生产力的发展提供了强有力的金融支持。

（一）科技金融新模式

科技金融作为新质生产力与金融创新的结合点，正逐步改变传统的金融服务模式。借助大数据、云计算、人工智能等先进技术，科技金融实现了对海量数据的挖掘和分析，为金融机构提供了更精准的决策依据。同时，科技金融还推动了金融产品的创新，如网络借贷、智能投顾等，满足了新质生产力领域多样化、个性化的金融需求。

科技金融作为一种新型金融模式，通过科技手段创新传统金融业务的产品和服务，提升了效率并有效降低了运营成本。金融科技大致可分为技术层和业务应用层。具体到业务层面，金融科技大致可分为创新支付、网络借贷、投资管理和互联网保险。例如，创新支付包括围绕线下 B 端需求的综合服务、跨境支付及增值服务；网络借贷包括消费金融、汽车金融、供应链金融和征信等。

（二）产业链金融服务

新质生产力的发展往往涉及多个产业链环节，产业链金融服务正是针对这一特点而出现的创新模式。通过整合产业链上下游的资源，金融机构可以为新质生产力提供全方位、一站式的金融服务，如供应链融资、订单融资等。这种服务模式不仅降低了企业的融资成本，也提高了金融机构的风险控制能力。

产业链金融服务是一种创新的金融服务模式（表 4-2），它以产业链的核心企业为依托，针对产业链的各个环节，设计个性化、标准化的金融服务产品，为整个产业链上的所有企业提供综合解决方案。这种服务模式不仅能够满足企业在资金链、信息流、物流等方面的需求，还能够促进产业结构的优化升级，增强产业链的整体竞争力。

表 4-2　产业链金融服务的模式

序号	模式	特点
1	核心企业主导模式	在这种模式下，产业链的核心企业依托自身的信用和资源，为上下游企业提供融资、结算、风险保障等服务。例如，中国光大银行推出的“光大模式”，即总对总工程机械按揭贷款业务，就是这种模式的典型案例
2	金融机构主导模式	金融机构利用自身的专业优势和金融资源，针对产业链的不同环节，设计和推出适合的金融产品和服务。例如，交通银行的“蕴通易链”产品，围绕重点行业的核心企业，为其上下游供应商、经销商、终端用户提供融资、结算、风险管理等综合性金融服务
3	第三方平台模式	这种模式下，第三方平台作为中介，连接产业链上下游企业和金融机构，提供供应链金融解决方案。例如，京东金融和阿里巴巴金融服务平台都是典型的第三方平台

产业链金融服务的优势包括：(1)提高融资效率。通过直接融资和减少中介环节，企业可以更快捷地获得资金支持。(2)降低融资成本。金融机构的优惠利率和金融产品的创新，降低了企业的融资成本。(3)风险控制有效。金融机构的专业风险评估和担保措施，有效降低了企业的融资风险。(4)促进产业协同发展。通过加强产业链上下游企业之间的沟通和协作，促进了产业的协同发展。

随着金融科技的发展和产业需求的升级，产业链金融服务将在提高企业效率、降低成本、风险控制等方面发挥越来越重要的作用。同时，它也是推动供应链管理创新、提升供应链服务水平的重要手段。

（三）智能风控管理

风险控制是金融服务的核心环节之一。在新质生产力领域，智能风控管理正成为金融创新的重要方向。借助机器学习、自然语言处理等人工智能技术，金融机构可以对客户的行为、信用记录等数据进行深度挖掘和分析，实现更精准的风险评估和预警。同时，智能风控管理还可以提高金融机构的风险应对能力，减少人为因素导致的风险损失。

智能风控管理是一种基于大数据和人工智能技术的风险管理方式，它能够自动化处理和分析数据，以便更准确地评估风险并制定相应的管理策略。智能风控管理涉及多种技术的运用，包括但不限于机器学习、数据挖掘、自然语言处理等。这些技术可以帮助金融机构更准确地评估客户的信用风险，及时发现潜在的欺诈行为，并采取相应的预防措施。可见，智能风控管理是金融机构应对风险挑战的重要工具。智能风控管理系统的技术能力主要有：(1)风险识别能力。通过分析大量的历史数据和实时数据，识别出潜在的风险因素。(2)预测能力。利用机器学习算法，金融机构可以预测未来可能出现的风险事件，从而提前采取措施进行预防。(3)自动化决策能力。可以自动处理和分析数据，快速做出风险评估和决策，提高工作效率和准确性。

举例：农业银行苏州分行的智能风控。农业银行苏州分行在其操作风险管理中采用了智能风控技术。通过设立智能风控研究中心、推广和使用智能风控技术，农业银行苏州分行提高了风险管理的有效性和稳定性。智能风控的应用不仅提高了运营效率，还助力网点转型、提升了客户体验。

智能风控管理已经在许多金融机构中得到应用，例如信用卡公司、银行、保险公司等。智能风控的核心是人工智能和大数据，其中，大数据是非常重要的，因为人工智能的三大基石包括算法、算力和数据。

举例：T-Sec 天御风控平台。T-Sec 天御风控平台是腾讯公司推出的智能风控平台，该平台提供了实时、集中的一站式智能风险管控服务，支持分布式部署和水平扩展。它还包括策略/模型/变量在线更新功能，以及决策引擎即时判断等功能。

智能风控系统可以用于信贷风险管理，通过对借款人的信用历史、收入状况、还款能力等因素进行分析，评估贷款风险。随着大数据和人工智能技术的不断发展和完善，智能风控管理将在金融行业中发挥越来越重要的作用。

（四）移动支付与投顾

移动支付作为新质生产力领域的重要应用之一，正逐渐成为金融创新的重要推动力。通过移动支付平台，用户可以方便快捷地进行资金转账、支付结算等操作，极大地提高了金融服务的便捷性和效率。同时，移动支付也为投顾服务提供了新的发展空间。基于移动支付平台的智能投顾服务，可以根据用户的投资偏好和风险承受能力，为其提供个性化的投资建议和资产配置方案。

移动支付和智能投顾(Robo-Advisor)是现代金融科技领域中的两个重要组成部分,它们在提升金融服务效率、便捷性和个性化方面发挥了重要作用。据有关统计,中国移动支付用户规模约为 8.9 亿,第三方移动支付在网民中的总渗透率约为 92.4%。此外,移动支付还在智慧出行、新零售、医疗、餐饮等多个领域发挥着重要作用,成为建设智慧城市群的重要手段之一。

智能投顾,又称机器人理财,是指利用人工智能算法和大数据分析来提供投资建议和管理服务的系统或平台。它能够根据用户的风险偏好、财务状况和投资目标,自动构建投资组合,并根据市场变化进行动态调整。智能投顾起源于美国,先后经历了在线投顾、机器人投顾、人工智能投顾的发展阶段(图 4-5)。2008 年金融危机后,大量新兴科技企业开始引入机器学习等技术,为客户直接提供各类数字化投顾工具,机器人投顾商业模式开始发展,带动整个行业快速成长。随着大数据、AI 大模型以及大算力的深入发展,智能投顾已经往人工智能投顾的阶段发展。智能投顾的发展,受益于金融科技的创新,它降低了投资门槛,提高了金融服务的便捷性和个性化水平。在粤港澳大湾区,智能投顾作为金融科技的重要应用之一,受到了高度重视。

图 4-5 智能投顾发展阶段

移动支付和智能投顾的结合,为用户提供了一站式的金融服务体验。例如,用户可以通过移动支付平台接入智能投顾服务,实现资金的自动划拨和投资组合的管理。这种结合不仅提升了用户体验,也为金融机构提供了更多的商业机会。未来,随着技术的进一步发展,移动支付和智能投顾的结合将更加紧密,为用户提供更加智能化、个性化的金融服务。

移动支付与智能投顾,是现代金融科技发展的重要方向,它们的结合将在未来的金融服务中发挥越来越重要的作用。

(五)区块链技术应用

区块链技术作为一种去中心化、不可篡改的数据存储和传输技术,在新质生产力领域的金融创新中发挥着重要作用。通过区块链技术,金融机构可以实现更高效的数据共享和验证，提高交易的透明度和安全性。同时，区块链技术还可以应用于供应链金融、跨境支付等领域，简化业务流程、降低交易成本。

区块链技术作为一种去中心化的分布式账本技术，已经在全球范围内得到了广泛的应用。例如：(1)金融与支付领域。区块链技术在金融领域的应用主要体现在跨境支付、去中心化金融(DeFi)和数字货币等方面。通过使用区块链技术，可以实现快速、低成本的跨境支付，减少中介环节和手续费。此外，区块链还能够提供无需中介的金融服务，包括借贷、交易、储蓄等。数字货币，如比特币和以太币，作为一种新型资产和支付手段，在这个领域也有着广泛的应用前景。(2)供应链管理领域。区块链技术可以记录供应链各环节的信息，确保产品来源可追溯，提高透明度和顾客信任度。同时，通过区块链记录产品的生产和流通信息，可以防止假冒伪劣产品流入市场。(3)智能合约。智能合约是区块链技术的一个重要应用方向。它指的是自动化执行的代码，可以在满足特定条件时自动执行合同条款，减少人为干预和错误。所有参与方都可以查看和验证合约的执行情况，增加信任度。(4)数字身份与身份认证。区块链技术可以应用于数字身份和身份认证。自我主权身份(SSI)允许用户完全掌控自己的身份信息，确保隐私和数据安全。同时，区块链技术可以提供可靠的身份验证机制，防止身份盗用和欺诈。(5)医疗健康领域。区块链技术可以用于电子健康记录(EHR)，患者的健康记录可以通过区块链进行安全存储和共享，确保数据的隐私和完整性。此外，通过区块链跟踪药品的生产和流通过程，可以防止假药流入市场。(6)房地产领域。区块链技术可以用于土地和房产登记，防止欺诈和纠纷。通过智能合约自动执行房产交易，提高交易速度和安全性。(7)教育与认证。区块链技术在教育与认证方面的应用包括学术证书和成绩的记录，防止其被伪造和篡改。此外，区块链技术还可以用于公益项目管理，提高公益项目的管理效率和透明度。

区块链技术的应用场景非常广泛，几乎涵盖了所有的经济领域。随着技术的不断发展和完善，可以预见，区块链将在更多的领域发挥重要作用。

(六) 数字化客户服务

数字化客户服务是新质生产力领域金融创新的重要组成部分。借助互联网、移动应用等数字化渠道,金融机构可以为客户提供更加便捷、个性化的服务体验。通过在线客服、智能语音应答等方式,金融机构可以实时解答客户的疑问,提高客户满意度和忠诚度。

数字化客户服务是指通过使用数字技术来改善和优化客户服务的过程。这种服务模式旨在通过在线渠道提供更快捷、更个性化的服务,以满足现代客户的需求。数字化客户服务包括但不限于使用AI助手、智能客服机器人、工单系统等数字化工具,以及通过网络信息吸引客户、通过更广泛的渠道与客户互动等策略。

数字化客户服务的重要性,在于它能够帮助企业提高服务效率,降低成本,同时也能提升客户满意度和忠诚度。通过引入数字化工具,企业可以更好地理解客户,并为客户提供个性化的服务。此外,数字化客户服务还能帮助企业收集和分析客服数据,从而洞察客户需求,优化服务流程。

数字化客户服务是现代企业提升竞争力的关键策略之一。通过实施有效的数字化客户服务策略,企业不仅能提高服务效率和质量,还能增强客户满意度和忠诚度,最终实现企业的长期发展。

(七)金融生态合作创新

金融生态合作创新,是指金融机构、企业和政府在相互协作的基础上,利用新技术和新模式,共同推进金融领域的发展和变革。这种合作不仅促进了金融产品和服务的创新,还提高了整个金融系统的效率和稳定性。

在新质生产力领域,金融生态合作创新是推动金融创新的重要力量。金融机构可以与科技公司、产业链企业等各方开展深度合作,共同探索新的商业模式和服务方式。通过跨界合作和资源共享,金融机构可以拓展业务范围、提升服务能力,为新质生产力的发展提供更加强有力的支持。

金融生态合作创新包括:(1)政银企合作模式。在这种模式下,政府、银行和企业之间建立起紧密的合作关系,共同推动金融创新。政府的角色至关重要,它可以通过政策引导、财政支持和设定法律框架,为银行和企业提供一个有利于创新的环境。同时,银行和企业则可以根据市场需求,开发出更符合实体经济需求的金融产品和服务。(2)融资中介的角色。融资中介可以通过与多方的合作,提高资源整合能力,扩大业务范围并降低风险。它们可以帮助企业提供更加个性化的金融服务,拓宽融资渠道,从而促进整个金融生态的健康发展。(3)开放银行生态系统。开放银行通过 API 接口等方式,允许第三方服务提供商接入银行系统,从而实现数据共享和服务集成。这种开放的模式促进了金融生态内的信息共享、技术创新和安全保障,为用户提供更加便捷和个性化的金融服务。(4)信息共享与安全。在金融生态合作创新中,信息共享成为关键要素。金融机构和第三方服务商需要建立有效的信息共享机制,以便更好地防范金融欺诈和网络犯罪。监管机构也应发布风险提示,指导金融机构采取应对措施,降低安全风险。(5)技术创新与融合。金融科技的发展为金融生态合作创新提供了坚实的技术基础。区块链、人工智能、大数据等技术的应用,不仅可以提高金融服务的安全性和效率,还可以帮助金融机构开发新型业务模式,为用户提供更加丰富和差异化的金融产品。

金融生态合作创新是一个多方面、多层次的过程,需要各方主体积极参与、协同配合。不断的技术创新和模式创新,可以进一步优化金融生态,为经济发展提供更加坚实的金融支持。

以上这些创新不仅提升了金融服务的效率和质量,也为新质生产力的发展注入新的活力。金融是新质生产力发展的重要支撑,加强金融支持,可以为企业提供融资支持,促进产业的发展。未来,随着新技术的不断发展和应用,新质生产力领域的金融创新将继续拓展深化。

二、推进发展新质生产力的金融策略

(一)科技金融助力发展新质生产力

科技金融是促进科技开发、成果转化和高新技术产业发展的一系列金融工具、金融制度、金融政策与金融服务的系统性、创新性安排。它是由向科学与技术创新活动提供融资资源的政府、企业、市场、社会中介机构等各种主体及其在科技创新融资过程中的行为活动共同组成的一个体系[①]。科技金融不仅是金融支持科技创新和科技型企业的产品、服务和模式,还是一种推动科技与经济结合并持续创新发展的重要机制。

举例:工商银行广州分行积极探索科技金融服务新模式、新路径,凝聚前中后台在风险偏好、投放策略和贷后管理上的共识,构建专门的科技金融授

① 赵昌文,陈春发,唐英凯. 科技金融[M]. 北京:科学出版社,2009.

信模型，为许多具有发展前景的初创型企业提供资金支持。2024 年上半年，广州工行开发区分行向广纳珈源（广州）科技有限公司发放科创 e 贷 1 000 万元，该公司致力于量子点材料研发、生产和销售，虽然成立不久，但市场潜力好，发展前景广阔。这种科技金融模式更加关注企业的市场前景和发展潜力，更加关注企业的核心技术和自主研发能力。

（二）资本市场赋能新质生产力发展

资本市场的主要功能包括投融资功能、资源配置功能、产权功能和资本定价功能。

资本市场是一个广义的概念，它包括了所有关系到提供和需求长期资本的机构和交易。这些长期资本包括公司的部分所有权（如股票）、长期公债、长期公司债券、一年以上的大额可转让存单、不动产抵押贷款和金融衍生工具等。

资本市场可以根据不同的分类标准分为不同的类型。按照金融工具的基本性质，资本市场可以区分为股权市场和债券市场，前者是指股票在其中交易的市场，后者则指债券在其中交易的市场。此外，资本市场还可以分为一级市场和二级市场，两者具有区别，见表 4-3。在一级市场上新的吸收资本的证券发行并被投资者需求，在二级市场上已经发行的证券易手。

表 4-3　一级市场、二级市场的区别

	一级市场（初级市场或发行市场）	二级市场（流通市场或次级市场）
交易目的	为了融资	获取差价
交易价格	由承销团和发行人而定＋价格固定	由市场的供求双方决定＋价格波动
交易场所	没有固定的交易场所	既有固定的交易场所（如证券交易所），也有无固定的场外交易场所
交易流动性	一定的限售期内不能随意流通交易，流动性相对较弱	股票可以随时交易，流动性相对较高

资本市场通过再融资等方式，推动存量的整合和增量的发现，形成有序的市场秩序，为新质生产力的发展提供了重要的资金支持。例如，国家开发银行为徐工集团提供“投贷债租证”全覆盖的综合金融服务，支持其高端化、智能化、绿色化发展。此外，科创板等资本市场改革也为新质生产力的发展提供了重要的平台和支持。

（三）金融机构高效赋能新质生产力

金融机构是指从事金融服务业的金融中介机构，为金融体系的一部分。金融服务业包括银行、证券、保险、信托、基金等行业，与此对应，金融中介机构也包括银行、证券公司、保险公司、信托投资公司和基金管理公司等。

金融机构可以根据不同的标准进行分类（表4-4），比如按地位和功能划分，可分为以下几类：(1)中央银行，中国的中央银行即中国人民银行。(2)银行，包括政策性银行、商业银行、村镇银行。(3)非银行金融机构，主要包括国有及股份制的保险公司、城市信用合作社、证券公司（投资银行）、财务公司、第三方理财公司等。(4)在中国境内开办的外资、侨资、中外合资金融机构。

表4-4　金融机构的分类

序号	区分标准	分类
1	按金融机构的管理地位划分	金融监管机构
		接受监管的金融企业
2	按是否能够接受公众存款划分	存款性金融机构
		非存款性金融机构
3	按是否担负国家政策性融资任务划分	政策性金融机构
		非政策性金融机构
4	按是否属于银行系统划分	银行金融机构
		非银行金融机构
5	按出资的国别属性划分	内资金融机构
		外资金融机构
		合资金融机构
6	按所属的国家划分	本国金融机构
		外国金融机构
		国际金融机构

金融机构是一个广泛的概念，涵盖了各种从事金融业务的机构。这些机构在金融市场中扮演着重要的角色，包括筹集资金、进行交易结算、提供咨询服务等。了解这些机构的不同类型和功能，有助于我们更好地理解和分析金融市场的运作方式。

金融机构需要强化金融创新，优化信贷供给结构，降低综合融资成本，并加强监管，不断培育壮大新质生产力，赋能高质量发展。例如，开源证券不断提高服务实体经济的综合能力，坚定打造一流北交所特色券商和最佳中小企业综合金融服务商，为新质生产力的培育和发展贡献“开源力量”。

（四）结构性转变推动新质生产力发展

金融结构性转变是指金融体系内部结构的调整和优化，是适应经济发展的新需求和新趋势。这种转变涉及金融机构的多样化、金融功能的变化以及金融产品结构的多样性等方面。我国的金融结构性转变仍在继续，并将继续为经济发展提供强有力的支撑。金融结构应当转向“以资本金融为主，以货币金融为辅；以股权金融为主，以债务金融为辅”，匹配和推动新质生产力的发展。这意味着金融机构需要更加积极地支持科技创新和先进制造等领域的发展，提供更多适配科创企业特点的专业化、多元化产品和举措。

（五）绿色金融推动新质生产力发展

绿色金融是指为支持环境改善、应对气候变化和资源节约高效利用的经济活动，即对环保、节能、清洁能源、绿色交通、绿色建筑等领域的项目投融资、项目运营、风险管理等所提供的金融服务。①

绿色金融将在新质生产力的发展中发挥重要作用，尤其是在绿色产业的转型升级过程中。金融机构可以通过提供绿色金融服务，支持新能源、新环保等产业发展，推动新质生产力的形成和发展。

绿色金融主要包括绿色信贷、绿色债券、绿色股票指数和相关产品、绿色发展基金、绿色保险、碳金融等金融工具和相关政策支持经济向绿色化转型的制度安排。与传统金融相比，绿色金融更强调人类社会的生存环境利益，将对环境保护和对资源的有效利用程度作为计量其活动成效的标准之一，通过自身活动引导各经济主体注重自然生态平衡。

绿色金融产品是指专门针对环保、节能、清洁能源、绿色建筑等领域的项目投融资以及为绿色交通、项目运营、风险管理等所提供的金融服务，其中具体包括绿色保险、绿色贷款、绿色 ETF、绿色信托、绿色 PPP 以及绿色租赁等金融产品。

近年，兴业银行、江苏银行、浙江海宁农商银行、昆山农商银行等推出了

---

① 中国人民银行、财政部等七部委.关于构建绿色金融体系的指导意见[EB/OL].(2016-08-31).https://www.beijing.gov.cn/zhengce/zhengcefagui/201905/t20190522-59497.html.

“光伏贷”，助力光伏企业绿色低碳发展。某行的“光伏贷”产品专为有安装光伏设备资金需求的农户量身打造，通过提供资金支持，帮助农户将光伏发电设备安装在自家屋顶，利用太阳能发电获得清洁绿电并出售给电力公司获取发电收益，从而助力农户实现增收。

绿色金融是一个系统工程，涉及多个环节和领域，需要加强跨领域、跨部门协作。它是推动经济绿色化转型的重要工具，同时也是实现经济社会可持续发展的重要途径。随着政策的支持和市场的响应，绿色金融将在未来发挥更加重要的作用。

发展新质生产力，需要金融机构为科技创新和先进制造等领域的企业提供有针对性的金融服务和支持。同时，也需要金融机构通过结构性改革和绿色金融等方式，降低融资成本，提高融资效率，为新质生产力的发展提供有力的金融支持。

第三节　新质生产力领域的成本控制途径

在新质生产力领域，成本控制是企业实现可持续发展和提升竞争力的关键环节。通过有效地管理和优化各个成本要素，企业可以降低成本支出，提高经济效益，进而推动新质生产力的快速发展。

一、技术研发成本控制

技术研发是新质生产力领域的重要支撑，但同时也是成本较高的环节。为了控制技术研发成本，企业可以采取以下措施：(1)加强研发项目的立项评审和预算管理，确保研发投入的合理性和有效性；(2)注重技术创新和资源共享，通过合作研发、技术引进等方式降低研发成本；(3)加强研发人员的培训和激励，提高研发效率和成果质量。

技术研发成本控制，是指企业在技术研究、产品开发过程中，对各项费用进行系统性的规划、预算、监控和管理活动。有效的技术研发成本控制能够帮助企业降低不必要的开支，提高研发效率，确保产品以合理的成本上市，从而提升企业的竞争力。

研发成本控制的关键要点在于：(1)研发费用的控制；(2)后续制造成本的控制；(3)建立高效的研发成本控制体系、机制。

成本控制中的常见误区有：(1)忽视产品的经济性、功能性；(2)没有考虑研发费用与制造成本的关系；(3)研发人员急于求成，造成设计的不合理。

成本控制的方法与策略包括：(1)制定明确的研发预算。企业应制定符合项目实际情况的研发预算，并建立控制研发费用的责任体系，减少人员冗余，加强监控和预算审查。(2)提高研发人员的成本意识。企业应加强研发人员的成本意识教育，让他们充分了解市场和客户需求，按需开发设计产品，避免过度的研发投入。(3)组建跨部门的研发项目小组。通过跨部门的合作，企业可以从全方位考虑成本的控制，避免为了降低某项成本而引发的其他相关成本的增加。(4)新产品的开发尽量做到存异求同。研发人员可以在产品外观上追求多样化，但在设计产品内部的部件时，则要有意地尽量做到统一规格，减少研发开支，提高原模具的利用率。

二、生产流程优化

生产流程的优化是降低生产成本的有效途径，生产流程优化是为了提高生产效率、降低成本、提升产品质量、减少生产风险，可以针对具体的生产环境和需求而定。

企业可以通过一些方式实现生产流程的优化，如：(1)引进先进设备和技术，提高生产效率和产品质量，降低风险；(2)优化生产布局和工艺流程，减少物料搬运和等待时间；(3)实施精益生产和六西格玛(6σ)等管理方法，不断提升生产流程的精细化水平；(4)优化资源配置，合理安排人力、设备和原材料的配备，避免资源短缺或浪费；(5)优化协调与沟通机制，建立有效的协作关系，减少信息沟通失误，提高决策效率；(6)建立科学的绩效评价体系，鼓励员工提高工作效率和质量。

三、原材料采购管理

原材料采购管理是一个企业需要控制的重要环节，涉及成本控制、供应商管理、质量保证等多个方面。有效的原材料采购管理能够帮助企业优化成本结构,提高产品质量,保障生产计划的顺利执行。

原材料采购成本是生产成本的重要组成部分。企业可以通过一些实际方式降低原材料采购成本:(1)建立稳定的供应商合作关系,确保原材料的质量和供应稳定性;(2)开展市场调查和比价采购,选择性价比高的原材料;(3)实施库存管理,减少库存成本,避免原材料积压和浪费。

在原材料采购管理中,尤其重要的工作有:(1)供应商选择与管理。企业需要根据供货商的许可证、营业执照、生产许可证、商检证明等文件来严格审验供货商的资质。同时,供货商的销售凭证、发票等也应该被妥善保存,日后备查。(2)成本控制。原材料成本是企业总成本的主要部分,因此在采购过程中,降低原材料成本至关重要。这不仅包括采购价格的谈判,也包括合理规划采购批量和时间,避免库存积压和资金占用。(3)质量控制。原材料的质量直接影响最终产品的质量。因此,在采购过程中,企业需要索取并查验供货商的相关质量认证证书,并对购入的原材料进行必要的质量检验。(4)库存管理。合理的库存水平可以防止生产中断,同时也能够避免过度库存造成的资金压力和存储成本。企业需要根据生产计划和库存情况,制定科学的采购计划。(5)合同管理。在原材料采购过程中,合同是重要的法律文件。企业应确保合同条款的合法性,明确双方的权利和义务,以规避未来的商业纠纷。

为了实现上述目标,企业可能需要建立一套完善的采购管理系统,包括但不限于采购流程的流程标准制定、采购策略的制定、相关人员的培训等。此外,利用现代信息技术,如供应链管理系统、自动化采购平台等,也可以大幅提高原材料采购管理的效率。总之,有效的原材料采购管理对于企业的成功至关重要。通过合理的供应商选择、成本控制、质量保证和库存管理,企业可以在激烈的市场竞争中获得优势。

四、能源利用效率提升

提升能源利用效率是减少温室气体排放的有效途径,因为提高能源利用效率可以减少为达到相同目的所需的能源消耗,从而减少化石燃料的燃烧和温室气体的排放。能源利用效率的提升对于降低生产成本具有重要意义,企业可以采取一些措施提高能源利用效率,如:(1)采用节能技术和设备,减少能源消耗;(2)加强能源管理和监测,及时发现和解决能源浪费问题;(3)开展能源审计和节能改造,不断优化能源利用结构。

能源利用效率提升的途径有:(1)制定提高能源利用效率的策略。可以通过改进工艺和技术提高能源在生产和日常使用中的效率。例如,通过改进工业生产过程,提高设备效率,优化生产流程,减少能源浪费。(2)科学制定、推行能源效率政策和标准。政府可以通过实行阶梯电价政策,鼓励居民和非居民节约用电,提高能源利用效率,并适当分担能源供需压力。(3)积极采用智慧能源解决方案。智慧能源解决方案通过融合先进的技术和创新应用,为能源的生产和使用提供了更高效和可持续的方式。这包括能源监测与管理系统、智能电网、能源存储技术、智能建筑和城市,以及数据分析和人工智能等方面的应用。(4)进行企业改革和能源市场化改革。推进企业改革,建立现代企业制度,以及进行能源市场化改革,都是提高能源利用效率的重要措施。能源市场化改革可以通过实现经济学中的重要概念"帕累托最优",提高能源效率。(5)持续进行节能潜力挖掘。通过对能源利用效率的分析,企业的工艺和设备可以得到改进,能够更好地挖掘节能潜力、提高能量利用。此外,评估企业能源利用效率的重要标准是能源绩效考核指标,通过对企业的能源消耗、能源管理和能源节约情况进行量化评估,企业的能源利用状况能够得到客观反映,并为制定改进方案提供参考依据。(6)打造绿色工厂和工业园区。绿色工厂实现了"六个化"(图 4-6),绿色工厂的能耗水平整体优于能效标杆水平,绿色工业园区平均固废处置利用率超过 95%,这也表明了能源利用效率的提升。

图 4-6 绿色工厂的"六个化"

总之，提高能源利用效率是一个涉及多方面的系统工程，需要政府、企业和个人共同努力。只有采取多种策略和措施，才能有效提升能源利用效率。

五、质量控制与预防

质量控制和预防是质量管理的两个重要方面，是降低生产成本和减少质量损失的关键环节，质量控制与预防在确保产品或服务达到预期质量标准方面发挥着关键作用。

质量控制（QC）主要是对已执行的工作进行检查和测量，以确保其符合既定的标准和规范。它是通过对过程中的各个阶段进行监控和调整，来保证产品或服务的质量。质量控制通常包括对产品或服务的各个关键环节进行测试、检验和评估，以确保它们满足预定的质量标准。此外，质量控制还包括对不合格产品进行纠正和预防，防止类似问题再次发生。

质量预防侧重于在产品或服务的设计和开发阶段采取措施，消除潜在的质量问题。它涉及对整个生产过程的深入理解和分析，包括提前识别和解决可能会影响产品质量的各种问题。质量预防的目标是降低产品或服务的缺陷率，提高客户满意度，降低售后服务成本，并建立良好的企业形象。

企业可以通过一些方式实现质量控制与预防，如：（1）建立完善的质量管理体系，明确质量标准和检测方法；（2）加强过程质量控制和工序检验，确保产品质量的稳定性和一致性；（3）开展质量分析和持续改进，不断提升产品质量水平。通过实施有效的质量控制和质量预防措施，企业可以提高产品的质量和可靠性，降低成本，提高客户满意度，并增强自身的市场竞争力。

六、人工成本精细化管理

人工成本精细化管理，是企业人力资源管理中的一个重要环节，它涉及对企业人工成本的预算、控制、核算和分析等方面的细致和科学的管理。

人工成本是企业成本的重要组成部分，精细化的管理有助于降低人工成本。企业可以采取一些措施实现人工成本的精细化管理，如：（1）优化人员配置和岗位设置，提高人员利用率和工作效率。（2）进行员工培训，推动技能提升，提高员工的专业素养和工作能力。（3）实施绩效考核和激励机制，激发员工的工作积极性和创造力。（4）将成本控制目标进行分解、落实到人。项目中的任何一个环节，任何一个人的工作都会不同程度的直接或间接地影响成本，就须加强各部门之间的组织协调。(5)制定相应的人工成本管理制度。这些制度应当明确规定人工成本的定义、范围、组成明细项目以及各部门的相关职责。例如，人力资源部门是人工成本的归口管理部门，负责公司年度人工成本的预算、审核，并监督执行人工成本管理办法。

人工成本在企业总成本中占据着越来越高的比重，随着社会劳动力成本的增加，人工成本已经成为企业生存与发展的沉重负担，严重制约着企业的市场竞争力。因此，为了降低人工成本的无谓消耗、提高企业的市场竞争力，采取适当措施推动对人工成本的精细化管理以节约企业成本，已经刻不容缓。

人工成本精细化管理是企业在竞争激烈的市场环境中保持竞争优势的重要手段。通过科学的预算、严格的控制、详细的核算和深入的分析，企业能够有效地降低人工成本，提高人力资源的使用效率，从而实现企业的长期发展和可持续盈利。

七、管理费用降低策略

在当前经济环境下，企业竞争日益激烈，为了能够在市场中立足和发展，降低管理费用成为企业不得不面对的重要课题。管理费用的降低，对于提高企业的整体成本控制能力具有重要意义。

企业可以通过一些方式有效降低管理费用，例如：(1)精简管理机构和人员，提高管理效率。企业应该重视流程和人员配置的合理性，避免不必要的重复竞争和重复投入，以及不必要的管理成本。合理的流程分工和人员配置可以提高团队效率。此外，如果企业拥有多个部门，建议选择专业化管理方式，负责人应具备相关经验和能力，以确保各个部门高效协作，提高企业的运营效率。(2)优化管理流程和信息化建设，降低管理成本。随着信息技术的发展，企业管理可以借助现代化技术。比如，利用云计算、物联网、人工智能等技术，可以实现文件、人员、物品等信息的互相交流和共享，大大提高管理工作的时效性、准确性和效率。此外，企业还可以通过自动化服务工具实现远程办公、协同办公等功能，更加灵活地管理信息。这些科技无疑为企业运营和管理提供了快速、便捷、高效和安全的手段，有效地减少了人力和物力的浪费，也降低了管理成本。(3)推行节约型管理和节能减排，减少不必要的支出。一方面，制定预算和费用目标是管理中的重要步骤。企业应该设定明确的预算目标，明确每个部门的费用支出范围和限额。其次，制定详细的费用计划，将预算目标分解到各个具体的活动和项目中，使得每个部门和每个员工都清楚自己的费用支出责任和目标。此外，合理分配资源也是关键，根据业务需求和预算限额，对各项资源进行合理的分配，确保资源的有效利用和费用的最优化。另一方面，企业需要建立科学的费用核算体系，包括明确的费用类别和科目，统一的核算标准和方法。通过科学的费用核算，企业可以深入了解各项费用的结构和构成，为后续的费用控制和优化提供依据。同时，企业需要不断监控费用执行进度，及时发现和解决费用超支和浪费的问题。通过建立有效的费用监控体系，包括定期的费用报告和绩效评估，企业可以及时掌握费用的变化情况和执行效果，并做出调整和改进。(4)建立奖惩激励机制。企业可以根据员工和部门的费用控制绩效给予相应的激励和奖励，激发员工积极性和创造性。同时，可以建立绩效评估和持续改进的机制，定期对费用管控管理进行评估和审查，推动持续改进和创新。通过激励机制和持续改进，企业可以形成良好的费用管控管理氛围，促进费用管控的落地和持续改进。(5)成本优化和资源整合，提升企业绩效。企业可以通过优化流程和改进管理，减少重复、冗余和浪费的环节，提高效率和生产力。同时，可以提高资源利用率，通过灵活配置和充分利用现有资源，减少不必要的投入和浪费。另外，企业可以整合供应链，与供应商和合作伙伴密切合作，共享资源和信息，实现供应链的优化和效益最大化。通过整合供应链，企业可以降低采购成本，提高供货效率，优化库存管理，提升整体供应链的效果和绩效。

降低管理费用是一个系统工程，需要企业在多个方面进行综合考虑。

八、信息化技术应用

信息化技术的应用对于提升成本控制水平具有重要作用。企业可以通过引入先进的信息化系统和管理软件，实现数据的实时采集、分析和处理，提高成本控制的准确性和及时性。同时，信息化技术还可以帮助企业实现远程监控和在线管理，降低管理成本和提高管理效率。

信息化技术是指政府、企业和社会组织利用现代信息技术，尤其是计算机技术、通信技术、网络技术和现代办公设备，加速业务处理自动化和智能化，以及管理和决策科学化的过程。它的应用涵盖了社会经济生活的各个方面，包括工业制造、城市管理、金融服务、医疗健康等领域。比如，在工业制造领域，信息化技术的应用体现在智能制造、虚拟仿真施工技术等方面。

举例：亚东数字化工厂。亚东集团是常州印染行业的龙头企业，近年，针对亚东集团在研发、生产、运营和市场等方面的痛点问题，卡奥斯 COSMOPlat 通过为亚东数字化工厂搭建数字化平台，为工厂装上了“智慧大脑”。其中，在数字孪生展示系统建设过程中，工厂完成了三条生产线的数字孪生，包括主要设备的建模、设备动画制作及设备相关数据的展示。同时，此系统还可以展示集成产线设备运行状态、生产订单、产品质量等信息。据此，工厂不仅可以同步真实环境数据，体现出真实的产线或设备运行状态，还可以应用于仿真、模拟和预测，全面分析及预测产品的数据基础，辅助企业生产提效。如今，经过卡奥斯 COSMOPlat 的赋能改造，亚东实现降本增效的同时，设备综合利用率提升 9%，产品一次性合格率提升 20%。而随着工业元宇宙逐渐进入人们视野，数字孪生作为打造元宇宙雏形的关键技术也被赋予了新的使命。

举例：长三角基础制造业一体化平台。根据长三角基础制造业一体化工业互联网公共服务平台建设规划（2020—2022 年），该平台在工业互联网创新发展工程大力支持下，依托常州市“一横多纵百云”工业云基础，由中国工业互联网研究院、航天云网江苏公司等 11 家联合体单位携手打造。平台的落成将有利于打破区域行政划分和市场壁垒，实现区域内创新要素资源集聚和共享，有利于长三角工业互联网空间布局优化、科技协同创新、基础设施和公共服务一体化发展，有利于增强区域制造业创新力和竞争力、推动制造业高质量发展。

在建筑工程领域，信息化技术的应用主要体现在建筑工程安全管理中。通过信息化技术，建筑企业可以实现施工效率的提高和安全管理的强化。例如，虚拟仿真施工技术能够通过三维建模和建筑信息模型（BIM）技术，建立用于进行虚拟施工和施工过程控制、成本控制的施工模型。这种技术能够将工艺参数与影响施工的属性联系起来，以反映施工模型与设计模型之间的交互作用，提高施工效率和质量。例如，采用信息化系统实施管理时，可以针对建筑企业项目的实施动态进行实时监测，管理者在具体的管理中输入各种资料，系统可针对性地形成分析报表，为日后提供借鉴和参考。

第四节　新质生产力领域的财务管理、税务政策

一、新质生产力领域的财务管理

随着新质生产力的不断发展，财务管理在企业运营中扮演着越来越重要的角色。有效的财务管理能够为企业提供坚实的资金保障，优化企业资源配置、降低风险，提升企业的核心竞争力。

（一）财务创新与优化

在新质生产力领域，财务创新是企业保持竞争力的关键。企业应积极探索新的财务管理模式和方法，如采用云计算、大数据等先进技术提升财务管理效率、优化财务流程、降低成本。同时，企业还应关注财务创新的发展趋势，及时调整财务战略，以适应市场变化和业务需求。

财务创新与优化是企业在财务管理过程中不断调整和优化财务战略以适应市场变化、提高经济效益、增强竞争力，并实现可持续发展的做法。它涉及资本结构的优化、融资管理的创新、风险管理方法的创新等多个方面。

财务创新与优化的实施路径包括：(1)转变企业的理财观念。企业需要转变传统的理财观念，认识到财务管理不仅仅是控制和降低成本，还是通过创新和优化策略来提高经济效益和市场竞争力的一种手段，这包括对财务目标、融资管理、资本结构等方面的创新和完善。(2)加强培训，提高财务人员的素质和创新能力。企业应该加强财务人员的培训，提高他们的专业知识和创新能力。这有助于企业更好地应对市场挑战，抓住机遇，实现可持续发展。(3)开展对知识资本的理论研究和个案研究。企业应关注知识资本的研究，了解如何通过财务管理策略来提升知识资本的价值。这有助于企业实现长期保持竞争优势。(4)重视知识产权法在企业理财中的运用。知识产权法的应用可以保护企业的无形资产，帮助企业通过财务管理策略来最大化这些资

产的价值。这对于企业的长期发展至关重要。

财务创新与优化是企业实现保持长期竞争力和可持续发展的关键,无数实际案例表明,财务部门在创新销售方式与优化企业财务管理方法方面发挥着重要作用。因此,企业应重视财务创新与优化的重要性,并在其实践中采取有效的实施路径。

(二)财务数据挖掘与分析

数据挖掘与分析是现代财务管理的重要工具。财务数据挖掘与分析是指通过运用数据挖掘技术,对企业的财务数据进行深入的分析和处理,从而揭示隐藏在数据中的漏洞,提高分析的准确性和效率,降低企业风险。

通过对内外部数据的深入挖掘和分析,企业可以发现隐藏在数据背后的价值信息,为财务决策提供有力支持。企业应建立完善的数据挖掘与分析体系,加强数据治理,确保数据的准确性和可靠性。同时,还可以培养员工的数据分析能力,提高整个团队的数据驱动决策水平。

财务分析中的数据挖掘技术主要包括数据采集、数据预处理、特征工程、数据挖掘算法和结果可视化等方面。这些技术可以帮助企业从大量数据中发掘出有用的信息,优化财务分析方案,提高决策效率。例如,通过对供应商的财务数据进行数据挖掘,企业可以发现供应商的财务状况出现异常,及时采取风险预警措施;或者通过对潜在投资者的财务数据进行数据挖掘,企业可以优先考虑信用评级较高、具有丰富投资经验的投资者作为合作伙伴,降低融资风险。

进行财务数据分析时,企业可以选择一些专业的工具来提高效率和准确性。例如:(1)Excel 和 Access 是非常实用的工具,适用于财务人员日常的数据整理和处理;(2)SPSS(社会科学统计软件包)和 R 语言(计算机软件)适用于数据分析运算和数据挖掘;(3)Tableau(数据可视化分析软件)是一款经典的商业智能工具,适合企业用户进行数据可视化,它能帮助任何人快速分析、可视化并分享信息。此外,还有一些新兴的人工智能工具,如镝数 AI,又称镝数图表,是一款功能强大的免费在线数据可视化工具,输入数据即可一键生成可视化视频、网页交互图表、数据动图、矢量图表、信息图表等,它为用户提供高效的自动化数据分析和数据展示功能。

未来,财务分析将更加注重数据挖掘和商业价值洞察,通过各种数据挖掘技术深入挖掘财务数据中的潜在价值。同时,财务分析将更加注重智能化决策支持,通过人工智能技术实现对财务数据的自动化处理和分析。此外,精细化风险管控和数据安全也将成为未来财务分析的重要方向。

(三)财务风险管理与控制

良好的财务风险管理与控制对于企业的健康发展至关重要,它不仅可以帮助企业在面对市场变化和不确定性时保持稳健的财务状况,还可以有效地防范和减少潜在的财务损失。通过科学合理的财务风险管理与控制,企业可以在激烈的市场竞争中保持竞争优势,实现持续稳定的发展。

新质生产力领域的企业面临着复杂多变的市场环境和业务风险。因此,风险管理与控制是财务管理的重要内容。企业应建立完善的风险管理体系,包括风险识别、评估、监控和应对等环节。通过制定风险应对策略和措施,降低企业运营风险,保障企业稳健发展。

财务风险管理与控制的主要目标有三个:(1)保护资金安全;(2)实现资金的有效利用;(3)防控非法资金流动。为了实现这些目标,企业需要对风险点加以辨识,并且通过合理的风险容忍度来确定财务风险的投资范围。之后,企业应根据自身情况制定适当的财务风险投资规划,保证财务资金的安全和有效运用。最后,企业需要对财务风险进行有效的控制,以防止非法资金的流动。

实施财务风险管理与控制通常包括几个步骤:(1)风险识别、分类;(2)风险评估、分析;(3)风险控制、管理;(4)风险监控、跟踪;(5)风险管理优化、防范。

(四)投融资策略制定

投融资策略是企业财务管理的核心。在新质生产力领域,企业应根据自身的业务特点和发展需求,制定合适的投融资策略。在投资方面,企业应关注行业发展趋势和潜力项目,合理配置资金。在融资方面,企业应根据资金需求和市场环境选择合适的融资渠道和方式,降低融资成本。

在制定投融资策略时,企业需要考虑多方面的因素以确保策略的有效性和成功率。制定投融资策略的步骤和要点包括:(1)明确投资目标。企业应该首先明确其投资的目标。这可能涉及确定投资的时间框架(例如短期、中期或长期)，以及所追求的收益类型(如稳定收入或资本增值)。同时，企业需要评估自己所能承受的风险水平，因为这将直接影响投资的选择和分配。(2)市场分析。市场分析对于理解当前经济环境和预测未来趋势至关重要。通过对市场的深入了解，企业可以更好地判断投资项目的风险和收益，并为投融资决策提供依据。(3)项目评估。在制定合理的投资策略之前，企业应对潜在的投资项目进行仔细的评估。这包括对项目的盈利能力、市场前景、风险程度等方面进行综合分析，以确保投资的安全性和盈利性。(4)风险管理。任何投资都伴随着一定的风险，因此，建立一套风险控制机制对于降低风险和保护企业资本至关重要。这可能包括对项目的风险评估、建立风险备选方案以及加强对项目的监督和管理。(5)资金来源。企业需要关注资金来源，确保资金充足以支持其投资活动。这可能需要与银行协商贷款事宜，吸引股东投资，或者寻找合适的合作伙伴和投资者。(6)计划更新。由于市场环境可能发生变化，企业需要定期审视其投融资计划，并根据最新的市场情况作出必要的调整。这有助于保持计划的灵活性和有效性。(7)执行力。制定出有效的投融资策略只是第一步，企业还需要确保策略得到正确的执行，这可能需要强化内部管理，提高团队协作效率，以及建立有效的监控体系。通过精心的策划和严格的执行，企业可以最大化其投资的价值并实现可持续的发展。

（五）成本控制与预算

成本控制与预算是财务管理的基础工作，是企业财务管理中的两个不可或缺的部分。企业应建立科学的成本管理体系，通过精细化管理和成本控制措施，降低产品成本和运营成本。同时，企业应制定合理的预算方案，确保资金的合理分配和使用，避免资金浪费和预算超支。通过有效的成本控制和预算管理，企业可以降低成本、提高效益、提升竞争力，并最终实现长期的发展目标。

实施成本控制与预算管理，企业可以采取的策略有:(1)分析成本构成。了解企业的成本构成，明确各项费用的分类和比例，有针对性地进行成本控制。(2)制定合理的预算计划。基于以往的经验和市场状况，制定合理的成本预算计划，设定具体目标和时间节点。(3)精简运营流程。审视和优化企业的运营流程，减少不必要的环节和资源浪费。(4)加强预算执行和监控。

实施严格的预算执行和监控制度，及时审查并对超支情况进行调整和纠正。(5)关注技术创新和研发投入。持续关注市场动态和行业趋势，积极进行技术创新和产品升级。(6)控制固定成本和费用。仔细评估企业的各项固定成本和费用，并寻求合理降低的方式。(7)增加市场竞争力。关注竞争对手的价格和市场策略，及时调整自身定价和产品优势。通过上述策略，企业可以在竞争激烈的市场环境中保持竞争力，实现可持续发展。

（六）财务决策支持

财务决策支持是企业财务管理的重要职能。企业应建立财务决策支持系统，通过数据分析和预测，为管理层提供有关资金筹集、投资、运营等方面的决策建议。这有助于提高企业决策的科学性和准确性，降低决策风险。

财务决策支持系统(FDSS)是一种在人机交互系统中，为财务决策者提供问题分析、模型构造、决策过程模拟以及决策效果评价的决策支持环境。这种系统可以在进行决策时引入人工智能技术，搜索专家的经验和智慧，利用模型库、推理机制、神经网络技术等，实现决策过程智能化。财务决策支持系统以运筹学等为基础，充分利用提供的各种信息，辅助高级决策者进行决策，如对未来财务状况进行预测等。

财务决策支持系统的主要功能一般包括财务控制功能、财务分析功能、预算功能和决策支持或辅助决策功能。财务控制功能包括费用控制、债权债务实时控制、现金流量控制等；财务分析功能包括比率、结构、比较、趋势、盈亏分析等；预算功能包括成本与费用预算、资本支出预算、预计资产负债表、预计损益表、预计财务指标表等；决策支持或辅助决策功能包括提供智能决策模型、财务决策等。

未来，财务决策支持系统的发展趋势包括基于大数据的预测模型可以帮助企业预测未来的财务状况和市场趋势，提前制定应对策略；人工智能技术可以帮助企业自动化处理财务数据，提供智能化的决策建议，减少人工干预；基于人工智能的风险预警系统可以实时监测财务状况，发现潜在风险，及时发出预警。

（七）合规经营与监管

合规经营与监管是企业财务管理的必要保障。企业应严格遵守国家法律法规和会计准则，确保财务信息的真实、准确和完整。同时，企业应加强与监管机构的沟通与合作，及时了解监管政策的变化，确保企业合规经营。

合规经营是指企业在日常经营活动中，严格遵守国家法律法规、行业规范以及企业内部规章制度的行为。监管则是指监管部门对企业的经营活动进行监督和管理，确保企业合规经营，维护市场秩序和消费者权益。合规经营对于企业来说至关重要。首先，它有助于树立企业形象，有助于提升客户对公司的信任度，从而吸引更多的客户，在业务上可以减少纠纷的发生，促进业务健康、快速发展。其次，合规经营也是企业规避法律制裁、监管处罚、重大财产损失或声誉损失等风险的有效手段。

在金融行业中，合规经营尤为重要。例如，温州银行台州某支行因要求贷款客户支付额外费用用于存款贴息资金，被国家金融监督管理总局台州监管分局罚款100万元，这一事件引发了市场对银行业合规经营的关注。这表明，即使是大型金融机构也可能因为合规问题而遭受严重的经济损失和声誉损害。

企业需要认真对待合规经营，建立健全的合规管理体系；同时，监管部门也需要加强监管力度，确保企业依法合规经营，维护良好的市场秩序和消费者权益。

（八）财务团队建设与培训

财务团队建设是企业战略实施的重要组成部分，团队建设与培训是提升财务管理水平的重要途径。企业应建立专业的财务管理团队，选拔具有丰富经验和专业知识的人才担任关键岗位。同时，企业应定期开展财务培训和学习活动，提高员工的专业素质和综合能力，推动财务管理水平的不断提升。

一个高效的财务团队不仅能够提供准确的财务分析结果和决策支持，还能够促进企业内部各部门之间的沟通与协作，提升企业的整体运营效率。财务团队培训的方法与策略包括：(1)内、外部培训相结合。企业可以通过公司内部专业人员组织培训，开展包括专业知识讲座、经验分享会等形式的培训；也可以邀请专业机构或知名讲师进行外部培训，为员工提供更广泛的学习资源和专业知识。(2)在岗培训与脱产培训相结合。在岗培训结合实际工作任务，可以提高学员的实际操作能力和问题解决能力；脱产培训则提供了一个部分脱离日常工作环境的学习机会，使学员能够更加专注于学习新知识。

(3)培训评估与反馈。企业可以制定评估指标对培训效果进行评估,包括对知识掌握程度、技能运用能力、团队合作效果等方面的评估,也可以通过学员满意度调查等方式,了解学员对培训的意见和建议,及时调整培训计划。

财务团队建设与培训是一个持续的过程,需要企业在日常管理中给予足够的重视。

二、新质生产力领域的财税政策

在新质生产力领域,财税政策作为政府引导和激励企业创新发展的重要政策,发挥着至关重要的作用。通过合理的税收优惠和扶持政策,政府可以有效降低企业成本,提高创新能力,促进产业升级和可持续发展。

(一)科技创新税收优惠

政府针对新质生产力领域的科技创新活动,实施了一系列税收优惠政策。这些政策包括降低企业所得税率、免征或减征部分税收、研发费用加计扣除政策、高新技术企业所得税优惠、技术先进型服务企业优惠政策、创业投资税收优惠政策、个人所得税优惠政策等,旨在减轻企业税负,鼓励企业增加研发投入,提升创新能力和竞争力。

需要注意的是,这些政策通常需要企业经过认定才能享受。例如,国家(深圳)高新技术企业,需要在每年2～3个批次的受理窗口期,向当地的相关部门申报认定,通过后才能享受相关优惠。同时,一些不符合条件的企业享受了高新技术企业所得税优惠,或者不符合规定的企业或项目享受了研发费用加计扣除政策,这些情况在税收、审计监督中多有发现。因此,在享受税收优惠政策时,企业需要仔细了解和遵守相关规定。

(二)研发经费加计扣除

研发经费加计扣除政策自1996年实施以来,经历了多次调整和完善。研发经费加计扣除是指企业为开发新技术、新产品、新工艺而产生的研发费用,可以在计算应纳税所得额时,按照一定比例加计扣除,从而减少应交的企业所得税。这是一种鼓励企业增加研发投入、促进技术创新的税收优惠措施。

研发经费加计扣除政策允许企业将其研发支出按照一定比例在税前加计扣除,进一步降低企业研发成本。这一政策有助于激发企业加大研发投入的积极性，推动科技创新和产业升级。

企业申请研发经费加计扣除需要符合一定的条件，并遵循特定的步骤进行申请，比如：(1)企业必须从事"国家重点支持的高新技术领域"和国家发展和改革委员会等部门公布的"当前优先发展的高技术产业化重点领域指南"规定项目的研究开发活动。(2)研究开发活动应当是为了获得科学与技术新知识、创造性运用科学技术新知识或实质性改进技术、工艺、产品(服务)而进行的具有明确目标的研究开发活动。(3)企业需要准确归集研发费用，并按照规定据实扣除的基础上，进行加计扣除。

研发经费加计扣除政策，不仅有助于减轻企业税负，还能促进企业增加研发投入，推动科技创新。这一政策的实施有利于提升企业的核心竞争力，激发企业的创新能力，进而推动整个社会的技术进步和经济发展。

举例：研发费用税前加计扣除政策。企业开展研发活动中实际发生的研发费用，未形成无形资产计入当期损益的，在按规定据实扣除的基础上，自2023年1月1日起，再按照实际发生额的100%在税前加计扣除；形成无形资产的，自2023年1月1日起，按照无形资产成本的200%在税前摊销。[①]

（三）高新技术企业扶持

高新技术企业扶持政策是国家为了推动科技创新、促进产业升级、增强国际竞争力而制定的一系列优惠政策。这些政策旨在鼓励企业加大研发投入、促进科技成果转化为实际生产力，从而激发企业的自主创新能力和市场活力。

近年来，针对认定为高新技术企业的单位，政府实施了一系列税收扶持政策。这些政策包括减按一定比例征收企业所得税、延长亏损弥补期限等，有助于缓解高新技术企业在初创期和成长期的资金压力，促进其快速成长和发展。

国家对高新技术企业的扶持政策主要包括：企业所得税优惠、研发费用加计扣除、固定资产加速折旧、直接现金奖励及其他补贴。

除了国家层面的政策，地方政府也出台了诸多针对高新技术企业的扶持

① 财政部，税务总局. 关于进一步完善研发费用税前加计扣除政策的公告[EB/OL]. (2023-03-26). https://www.gov.cn/zhengce/zhengceku/2023-03/28/content-5748747.htm.

措施:(1)资金奖励。例如,厦门市对通过国家级高新技术企业认定的企业给予资金奖励,首次认定及重新认定通过的国家级高新技术企业给予10万元奖励。此外,对于上年度营收2 000万元及以上的企业,首次通过国家级高新技术企业认定,叠加后给予30万元奖励,通过重新认定叠加后给予20万元奖励。[①] (2)搬迁奖励。一些地方还鼓励外地国家级高新技术企业的迁入,并为符合条件的企业提供一次性搬迁奖励。例如,福建省厦门市集美区对整体从市域外迁入集美区且迁入后一年内或迁入后的下一个会计年度营收达到2 000万元及以上的国家级高新技术企业给予一次性100万元的区级搬迁奖励。

各地对高新技术企业的认定条件和流程也有具体的规定。例如,要求企业注册成立一年以上、拥有核心自主知识产权、从事研发和相关技术创新活动的科技人员占企业当年职工总数的比例不低于10%等。

国家之所以大力扶持高新技术企业,原因主要有:(1)推动产业转型。高新技术制造业以年均11.7%的增长率井喷式增长,有助于推动国家产业转型和技术进步。(2)提升企业利润。高新技术企业的利润增长显著,能够保持利润增长21%的企业大部分是高新技术企业。(3)优化财政支出结构。加大科研支出向创新驱动倾斜,扶持高新技术企业的发展,有助于加快发展智能产业、拓展智能生活。

国家和地方各级政府都意识到了扶持高新技术企业的重要性,并出台了一系列优惠政策和措施来促进高新技术企业的发展。这些政策不仅有助于减轻企业的税负和财务成本,还能激励企业加大研发投入、加快技术创新和产品升级,进而推动整个产业的技术进步和经济发展。

(四)知识产权税收减免

政府鼓励企业加强知识产权保护和应用,对符合条件的知识产权转让、许可使用等行为实施税收减免政策。这有助于激发企业创新活力,推动知识产权的转化和应用,提升产业核心竞争力。

---

① 厦门市科学技术局,厦门市财政局. 关于进一步优化高新技术企业扶持政策的通知[EB/OL]. (2021-08-31). https://sti.xm.gov.cn/xxgk/zfxxgk/zc/xzgfxwj/202109/t20210901_2579940.htm?eqid=bee0d1d300028957000000006656d491c.

知识产权税收减免政策是一种鼓励创新和保护知识资产的措施，它通过减轻知识产权持有者在税收上的负担来激励创新活动。这类政策可能包括专利申请费用减免、软件著作权税收优惠等多种形式。不同国家和地区根据自身的经济发展策略和税收政策，制定了各自独特的知识产权税收减免政策。

在中国，知识产权税收减免政策主要包括专利申请费用减免、研发费用税前扣除、高新技术企业税收优惠和其他优惠政策，除了具体的税收减免政策外，还有一些其他的优惠政策，如节能减排等各项扶持政策。

全球其他国家和国际组织各有不同的知识产权税收减免政策。比如，卢森堡政府出台了一项新的知识产权税收制度，根据这项制度，纳税义务人从符合条件的知识产权中获得的净收入可以享受80%的税收减免，并且完全免征净财产税。这一政策旨在鼓励创新和知识产权的商业化。再如，欧盟的中小企业在提交知识产权保护申请时可享受到最高1 500欧元的费用减免优惠政策。这一政策有助于减轻中小企业的创新成本，促进其在欧盟境内的创新发展。

知识产权税收减免政策是各国推动科技创新、鼓励知识资产保护的重要手段。这些政策不仅能够减轻企业和个人的税收负担，还能激发创新动力和活力。

（五）绿色生产税收激励

绿色生产税收激励是指政府通过实施一系列的税收优惠政策，鼓励企业采用环保技术和生产方式，从而减少环境污染和资源浪费。这些税收优惠政策包括减免特定税费、提供研发费用加计扣除、享受企业所得税优惠等多种形式，旨在通过财政手段激励企业实现绿色发展。除此之外，这些政策还包括对使用清洁能源、实施节能减排措施的企业给予税收优惠，对高污染、高耗能产业实施税收限制等。这有助于引导企业转变生产方式，降低能耗和排放，实现绿色发展。

绿色生产税收激励的作用机理主要包括正向减排激励机制、绿色税种的调节作用、绿色税制的主体税种和税收优惠政策的精准实施。

绿色生产税收激励的实施可以促进和推动企业转型升级、节能降耗、研发投入、环保税减免、资源综合利用增值税即征即退等。随着绿色生产税收激励政策的不断推进，可以预见，未来将有更多的企业选择绿色生产方式。

政府将继续加强调查研究，结合新情况新问题，进一步完善绿色税收体系，让相关税收政策更加精准有效。同时，企业也将更加主动地寻求绿色转型，以获取税收优惠和其他形式的政策支持。

（六）节能环保投资优惠

节能环保投资优惠是我国政府为了推广绿色环保理念，鼓励企业投资环境保护和节能节水领域而推出的一系列税收优惠政策。政府鼓励企业加大对节能环保领域的投资，对符合条件的节能环保项目和设备实施税收优惠政策。这有助于降低企业投资成本，提高节能环保项目的投资回报率，推动绿色产业发展和技术进步。

具体的优惠政策包括：(1)环境保护、节能节水和安全生产专用设备抵扣；(2)节能节水项目所得减免；(3)节能服务公司合同能源管理项目减免；(4)清洁基金收入减免。

举例：鼓励企业节能减排清洁生产相关政策。纳税人排放应税大气污染物或者水污染物的浓度值低于国家和地方规定的污染物排放标准百分之三十的，减按百分之七十五征收环境保护税。纳税人排放应税大气污染物或者水污染物的浓度值低于国家和地方规定的污染物排放标准百分之五十的，减按百分之五十征收环境保护税。[①]

除了上述税收优惠政策外，还有其他一些针对节能环保领域的投资优惠措施。例如，企业投资公共污水处理、公共垃圾处理、沼气综合开发利用、节能减排技术改造、海水淡化等项目，可以享受一定的财政补贴。这些优惠政策不仅可以减轻企业的负担，还可以激发企业的创新能力和市场活力，推动环保技术的研发和应用。

（七）人才培养与引进政策

人才培养与引进政策是地方政府为了吸引高层次人才和促进本地人才成长而制定的一系列措施。人才是新质生产力发展的关键要素，政府通过实施个人所得税优惠、提供住房补贴等措施，吸引和留住高端人才。同时，地方政府加大对人才培养的投入，支持企业与高校、科研机构合作培养创新人才，

---

① 《中华人民共和国环境保护税法》(中华人民共和国主席令第 61 号)。

为新质生产力领域提供有力的人才保障。

人才培养与引进政策通常包括提供住房补贴、安家补贴、购房补贴、生活补贴等，以减轻人才的生活压力，鼓励他们在当地就业和创业。此外，还包括提供学历提升支持、科研启动经费、职业技能培训等，以提升人才的专业技能和创新能力。

人才培养与引进政策是地方政府吸引和留住人才的重要手段。不同地区的人才培养与引进政策会有所差异，具体政策需要参照当地政府的相关规定。

（八）税收优惠监管与评估

为确保财税政策的有效实施和公平性，政府加强了对税收优惠政策的监管和评估工作，通过建立健全税收征管机制、加强税务稽查和信息共享等方式，防范税收漏洞和滥用优惠政策的行为。同时，政府定期对财税政策进行评估和调整，确保其与新质生产力领域的发展需求相适应。

在税收优惠中，比例原则的应用体现在：(1)优惠程度与政策目标的关系；(2)优惠范围与受益群体的关系；(3)优惠力度与可持续性的关系；(4)税收优惠评估的主要内容。

税收优惠监管与评估是指政府为实现特定经济和社会目标，对给予特定纳税人或征税对象的特殊待遇进行规范审查和实施效果评估的过程。这一过程旨在确保税收优惠的合理性和有效性，防止滥用和违规行为，同时确保政策的公平、透明、高效实施。

税收优惠监管的主要内容包括：(1)确定税收优惠的范围和形式；(2)分析税收优惠的政策目标和实现方式；(3)依据比例原则，分析税收优惠的合理性。

税收优惠评估的主要内容包括：评估税收优惠的实际效果和贡献、分析税收优惠的可持续性。

政府为了确保税收优惠的长期有效性，必须对其可持续性进行分析，包括是否符合国家长期发展目标、优惠政策的调整与完善、财政承受能力等。

税收优惠监管与评估是一个复杂且重要的过程，涉及政策的制定、实施、监控和效果评估等多个环节。通过有效的监管和评估，可以确保税收优惠政策能够更好地服务于经济和社会发展目标。

新质生产力领域的财税政策涵盖了多个方面，政府通过税收优惠和扶持政策的综合运用，为企业的创新发展提供了有力支持。未来，随着新质生产力领域的不断发展和变化，政府应继续完善和优化财税政策，以适应新的发展需求和挑战。

三、新质生产力的发展离不开税务政策的支持和引导

税收支持政策是发展新质生产力的重要手段，近年来政府出台了一系列税务政策，以鼓励科技创新、优化资源配置、激发市场活力，进而推动新质生产力的快速发展。

（一）鼓励科技创新优惠

为激发企业创新活力，提升核心竞争力，税务政策对科技创新给予了重点支持。企业在进行新产品、新技术、新工艺的研发过程中，可以享受研发费用加计扣除、税收减免等优惠政策。这些政策有助于降低企业的创新成本，提高创新投入的积极性。

（二）设备更新改造减免

设备更新改造减免政策，是中国政府为了支持企业技术进步和产业升级，推出的一系列财政贴息和税收优惠措施。这些政策旨在激励企业增加设备更新改造投资，促进经济高质量发展。设备更新改造是企业提升生产效率、降低能耗的重要手段。税务政策对设备更新改造给予了一定的税收减免，以鼓励企业加大设备投入，推动产业升级。企业购买符合条件的先进设备或进行技术改造，可以享受相应的税收优惠。

设备更新改造减免政策包括：

1. 财政贴息政策

(1) 中央财政贴息：中央财政对 2022 年 12 月 31 日前新增的部分领域设备更新改造贷款贴息 2.5 个百分点，期限 2 年。这一政策覆盖了教育、卫生健康、文旅体育等多个领域，重点支持设备购置与更新改造。(2)地方级财政贴息：一些地方政府也出台了相应的财政贴息政策，比如天津市在国庆假期期间连续落地三笔设备更新改造贷款，支持相关主体融资 2 100 万元。

2. 减税降费政策

(1) 节能节水税收优惠:加大对节能节水、环境保护、安全生产专用设备税收优惠支持力度,落实数字化智能化改造优惠政策。(2)技术改造补贴:广东省企业购买新机械设备,可申报技术改造补贴(新设备补贴),最高补贴高达5 000万元。

3. 其他税收优惠政策

企业购置并实际使用符合规定的环境保护、节能节水、安全生产等专用设备投资额的10%,可以从企业当年的应纳税额中抵免。

企业在申请这些政策时,应仔细研读相关政策文件,确保符合申请条件,并及时申报,以便充分利用这些支持措施。

(三) 技术成果转化优惠

技术成果转化优惠指的是政府为了促进科技创新和经济发展,对技术转让、技术开发以及相关服务提供的税收优惠和其他财政支持措施。这些优惠旨在降低企业和科研机构在成果转化过程中的税费负担,激发其研发和转化科技成果的积极性。技术成果转化是科技创新的重要环节,也是推动新质生产力发展的关键。税务政策对技术成果转化给予了税收优惠,以鼓励企业加快技术成果的转化和应用。企业出售或转让技术成果,可以享受税收减免或税收递延等优惠政策。

技术成果转化优惠政策如:(1)高新技术成果转化项目可以获得财政补贴,具体包括税收减免和贷款贴息政策。例如,拥有授权的发明专利或进入实审阶段发明专利的企业,研发该专利的项目所产生的增加值、利润总额、营业收入享受上海市地方财政部分总计8年的税收减免政策。(2)科技成果转化还可以享受贷款贴息政策。在认定后的三年内,企业以项目为单位取得银行贷款的,享受不超过基准利率50%的贷款贴息。

除税收优惠和金融支持外,政府还有一些其他的政策和措施来促进科技成果转化。例如,国家设立了科技成果转化引导基金,用于支持转化利用财政资金形成的科技成果。此外,还有关于科技成果认定与税收优惠享受条件、加计扣除政策分析与建议等方面的政策研究。

技术成果转化优惠包括多个方面的政策措施,旨在降低企业和科研机构在成果转化过程中的税费负担,促进科技成果的转化和应用。这些优惠措施有助于激发科技创新活力，推动经济社会发展。

（四）领军人才个税减免

领军人才是指那些在某一领域或者行业中具有卓越成就，能够引领行业发展，具有明显引领性和示范性的高层次人才。这类人才通常具有坚定的理想信念、优良的道德素养、过硬的业务能力、显著的专业贡献、突出的团队建设和明显的引领作用。领军人才在社会和经济发展中扮演着重要角色，是新质生产力发展的重要支撑。为吸引和留住高端人才，税务政策对领军人才个人所得税给予了一定的减免。符合条件的领军人才可以享受个人所得税优惠，降低其税负，提高其收入水平。

领军人才个税减免政策是各地区为了吸引和留住高层次人才而制定的一项税收优惠政策。一些地方政府和区域为了吸引领军人才，可能会提供个人所得税补贴。

举例：2020 年 5 月 6 日成都高新区对外发布的《关于加快金融业高质量发展的若干政策》中提到，对成都高新区法人金融机构总部及省级分支机构高管个人所得税税率超过 15%的税额部分进行补贴，每年最高 15 万元。这样的政策旨在降低领军人才的税负，从而吸引其在特定区域工作。

举例：2020 年 6 月 23 日，财政部、税务总局颁发的《关于海南自由贸易港高端紧缺人才个人所得税政策的通知》规定，在海南自由贸易港工作的高端人才和紧缺人才，其个人所得税实际税负超过 15%的部分，予以免征。同样，财政部、税务总局《关于粤港澳大湾区个人所得税优惠政策的通知》规定，对在大湾区工作的境外（含港澳台）高端人才和紧缺人才给予补贴，该补贴免征个人所得税。

（五）增值税留抵退税政策

增值税留抵退税政策是政府为了减轻企业税收负担、促进经济平稳运行而实施的一项税收优惠政策。该政策主要针对那些由于进项税额大于销项税额而导致留抵税额形成的企业，允许将未能抵扣的部分进项税额提前全额退还给纳税人。

举例：先进制造业企业增值税加计抵减政策。自 2023 年 1 月 1 日至 2027 年 12 月 31 日，允许先进制造业企业按照当期可抵扣进项税额加计 5%

抵减应纳增值税税额。[①]

举例：符合条件的制造业等行业企业增值税留抵退税政策。符合条件的制造业等行业企业，可以向主管税务机关申请一次性退还存量留抵税额和申请退还增量留抵税额。[②]

增值税留抵退税政策，是新质生产力领域税务政策的重要组成部分。对于符合条件的企业，其增值税留抵税额可以予以退还，以缓解企业的资金压力，提高其经营效益。这一政策有助于促进企业加大投入高科技生产，推动产业升级和科技创新。增值税留抵退税政策的实施，有利于缓解企业资金压力，增加企业现金流，提高企业的经营效率。特别是对于小微企业和部分先进制造业企业来说，这一政策的实施可以有效促进消费投资，支持实体经济高质量发展，推动产业转型升级和结构优化。企业在关注增值税留抵退税政策时，应注意退税的对象和条件、退税的方式和计算方法、退税的流程和时间。

（六）优化税费服务举措

税费服务的优化是提升政府治理能力和服务水平的重要方面，它直接关系到企业和人民群众的获得感和满意度。

为提高税务服务效率和质量，政府不断优化税费服务举措。通过简化办税流程、推行电子税务局、加强纳税辅导等方式，为企业提供更加便捷、高效的税务服务。这些举措有助于降低企业办税成本，提高纳税遵从度，为新质生产力的发展营造良好的税收环境。

税务部门通过加强对纳税服务人员的培训和教育，提高纳税服务人员的专业水平和服务意识。同时，建立健全信息交互和共享机制，实现纳税信息的及时更新和共享，避免纳税人因为信息不准确或过时而受到影响。此外，还可以通过建立纳税服务热线和在线客服平台等渠道，及时回答纳税人的疑问和解决问题。

深化税企共治服务新模式。例如，北京市海淀区税务局第二税务所探索涉税诉求“主动治理”新路径，与美团等平台企业共同组建联合处理专班工作

① 《关于先进制造业企业增值税加计抵减政策的公告》（财政部 税务总局公告 2023 年第 43 号）。

② 《关于进一步加大增值税期末留抵退税政策实施力度的公告》（财政部 税务总局公告 2022 年第 14 号）。

专区。通过税企联动，税务部门能够对平台企业的涉税投诉订单信息开展联合分析，从业务侧角度对消费者诉求进行细致梳理，持续关注诉求动态变化，共同探讨如何从平台优化角度采取有效措施，减少涉税争议。

以上这些措施体现了税务部门在提升服务质量方面的决心和努力。通过这些举措的实施，企业和个人有望获得更加便捷、高效、贴心的纳税服务。

（七）税务政策宣传普及

税务政策的宣传普及对于企业和个人了解政策、享受政策具有重要意义。政府通过举办税务政策宣讲会、发布政策解读文件、利用媒体宣传等方式，广泛宣传新质生产力领域的税务政策，帮助企业和个人更好地理解和运用政策，发挥政策的最大效应。

在推进新质生产力的过程中，我国的税务机关一直在努力通过各种方式加强对税收政策的宣传和普及工作，从而提高纳税人的税法遵从度和满意度。随着时间的推进，可以预见税务政策的宣传普及工作将会更加精细化和个性化，以更好地服务于广大的纳税人。我国的税收策略在支持新质生产力的发展方面发挥了重要的作用，新质生产力领域的税务政策在鼓励科技创新、优化资源配置、激发市场活力等方面发挥了重要作用。未来，随着新质生产力领域的不断发展和变化，税务政策将继续优化和完善，以更好地适应和推动新质生产力的发展。

第五章

加快培育、发展新质生产力的方法、路径

第一节　大力发展新质生产力的创新环境

2024 年 3 月 5 日，习近平总书记在参加十四届全国人大二次会议江苏代表团审议时强调，要因地制宜发展新质生产力，进一步指明了加快发展新质生产力的方法和路径。除了因地制宜，首要的就是要创造大力发展新质生产力的创新环境，而大力发展新质生产力的创新环境是一个长期、复杂而系统的艰巨任务，涉及多个层面和因素。

大力发展新质生产力的创新环境需要政府、企业、科研机构和社会各界的共同努力。通过优化政策环境、营商环境、市场环境、技术环境、人才环境和文化环境，社会各界可以为新质生产力的蓬勃发展提供有力支撑和保障。

图 5-1 中的六个关键方面，有助于营造有利于新质生产力发展的创新环境：

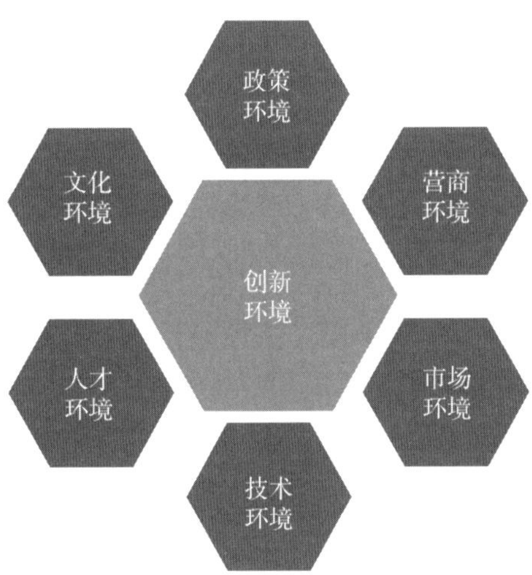

图 5-1　发展新质生产力所需主要创新环境

一、政策环境

新质生产力的发展环境，需要科技创新和产业政策共同作用。我国过去已经出台了很多推动战略性新兴产业发展的政策，总体来说行之有效，相关产业发展速度显著加快[①]。未来产业布局和科技创新政策结合更加紧密，针对科研阶段出现的问题，党中央从十八大以来积极推进科技体制改革，在2023年3月中旬组建了中央科技委员会这一中央层面的科技决策机构，同时按《党和国家机构改革方案》重新组建了科技部，改革力度前所未有。这一系列举措都表现出我国已经认识到科技创新方面政策存在的不足，正在通过调整科技管理体制推动相关政策发生改变。政府应制定和实施一系列支持新质生产力发展的政策措施，包括财政支持、税收优惠、人才引进和培养等。这些政策旨在降低创新成本，激发创新活力，为新质生产力的培育和发展提供有力保障。

二、营商环境

习近平总书记强调，“发展新质生产力，必须进一步全面深化改革，形成与之相适应的新型生产关系”，“要扩大高水平对外开放，为发展新质生产力营造良好国际环境”。在全球化竞争当中，营商环境是国际竞争力的重要体现，良好的营商环境会吸引投资、发展经济、改善就业，促使投资率增长、提升GDP增长率。优化营商环境是全面深化改革的重要组成部分，形成与新质生产力相适应的新型生产关系必须进一步全面深化改革，打造向“新”而优的一流营商环境。

营商环境建设是一项系统工程，需要完善一流的法治环境、政务环境、市场环境、创新环境和要素环境，这就必然涉及法治政府建设、服务型政府建设、创新政府建设，涉及市场监管、生态环境保护、政务服务改革等重要内容。

近年来，我国出台先进制造业企业增值税加计抵减政策，将符合条件的集成电路和工业母机企业研发费用税前加计扣除比例提高至120%，将符合条件行业企业研发费用税前加计扣除比例由75%提高至100%，支持集成电路等关键产业发展的产业基础再造和制造业高质量发展专项资金稳步增长，足额保障关键核心技术攻关资金需求，优化新能源汽车车辆购置税减免政

① 雷晨.着力推动“数实融合”向纵深发展布局“人工智能＋”赋能产业升级实施制造业数字化转型行动[N].21世纪经济报道，2024-03-07.

策、支持充换电基础设施建设运营，推动了有效市场和有为政府更好结合，极大促进了新质生产力发展所需要的研发投入增长①。

三、市场环境

政府应当建立健全的市场机制，促进公平竞争和优胜劣汰，有利于新质生产力的快速成长。同时，还应加强市场监管，防止不正当竞争和侵权行为，保护创新成果的合法权益。近十年来，在全球化和技术革新的双重作用下，国内市场环境发生了深刻的变化。一方面，全球供应链和产业链的重组使得市场竞争更加激烈；另一方面，人工智能、大数据、绿色低碳等新技术的应用正在重塑商业模式。为了适应上述市场环境的变化，许多企业开始进行战略性调整。例如，苹果公司就通过不断创新产品设计来保持其在全球智能手机市场的领先地位。同时，华为也在面临美国制裁的情况下，加大研发投入，成功推出了自家的操作系统以及其他多项新产品和服务。新质生产力的发展需要一个良好的市场环境作为支撑。政府应当制定相应的政策来鼓励和支持企业进行创新活动，为企业提供更多的资源和平台，让它们能够实现从量变到质变。对于企业来说，则应该不断加强自身的创新能力并积极应对市场的各种挑战。

四、技术环境

发展新质生产力的技术环境，包括科技创新、数字技术、知识产权安全和开放共赢等方面。同时，新兴产业、领域的技术创新以及节能减排方面的技术进步，也是不可忽视的部分，这些技术环境共同促进了新质生产力的发展，并为其提供了坚实的技术支撑。今后，应加大对科技创新的投入，推动技术突破和产业升级；加强产学研合作，促进科技成果的转化和应用。此外，还应关注国际技术发展趋势，积极参与国际科技合作与交流，提升国家的整体创新水平。

五、人才环境

人才是新质生产力发展的关键。因此，应重视人才培养和引进工作，建

---

① 李军鹏.打造向“新”而优的一流营商环境[N].大众日报，2024-05-28(6).

立完善的人才培养和激励机制。同时,加强人才的国际交流与合作,吸引更多优秀人才参与新质生产力的研发和创新活动。新质生产力的发展需要充分发挥科技人才的创新潜力,这就要求深化科技体制改革,加大人才研发成果的激励力度。

近年来,我国中央本级基础研究支出稳步增长,政府支持实施一批科技重大项目,支持科研人员开展前沿探索,极大地促进了新质生产力发展所需要的创新性人才队伍建设。在过去的科技政策、人才吸引工作中,人才和教育协调程度不足,科技创新中科技成果转化不够顺畅。近年,我国已经在出台新政策鼓励科研人员进行创新,推动科技成果的转化,各地也在积极打造吸引人才、留住人才的城市氛围。今后,我国可能还需要持续加强引导金融创业环境、风险投资环境的建立,建立像美国硅谷这类具有科研实力与金融支持的产业集群,逐步形成良好的人才环境温床。近年,我国也有一些城市的创业环境建设良好,在吸引创业者和核心人才方面产生了世界级的影响力,但是,东部、中部、西部地区间仍存在显著差异,应当成为下一步人才建设的重点关注点。

六、文化环境

新质生产力强调创新驱动,这意味着在文化环境中要鼓励创新思维和创新行为。这种文化环境应该支持人们尝试新的想法和技术,不怕失败,而是从失败中学习和进步。这样的文化环境可以激发个人和组织的创造力,推动社会生产力的发展。

发展新质生产力的文化环境,应该:(1)支持文化产业数字化转型。数字化转型是新质生产力发展的重要趋势。在这种文化环境下,政府应该支持文化产业的数字化转型,包括企业的核算方式、管理方式、生产组织方式、营销模式的彻底变革。这不仅改变了生产工艺,也改变了生产方式和人类思维方式。(2)以法治保障来保障文化环境。新质生产力的发展离不开制度保障和法治引领,要用高水平法治来保障新质生产力发展的正确方向。例如,以法治保障党对发展新质生产力的领导,保障新质生产力发展以人民为中心,以及保障新质生产力发展的前瞻性、战略性需求导向。要营造良好创新环境,政府不仅应加大对创新文化的宣传力度、提高全社会的创新意识和创新能力，同时，还应加强知识产权保护，完善创新服务体系，为新质生产力的培育提供良好的法治保障和服务支持。(3)促进文化科技融合。文化与科技的融合是新质生产力的重要特征，要鼓励文化和科技的深度融合，推动科技成果的转化和应用；营造鼓励创新、宽容失败的文化氛围，激发全社会的创新热情和创造力；加强科普教育和宣传，提高公众对科技创新和新质生产力的认识和理解。

以上是发展新质生产力所需的一些创新环境，这些环境共同构成了一个有利于新质生产力发展的社会背景与变革基础，为科技创新、企业创新等提供了有力的保障、支持。

第二节 大力发展新质生产力的人才战略

信息时代，新质生产力代表着产业变革的新趋势和生产力发展的新方向，而人才引领和人才驱动是发展新质生产力的本质要求。新质生产力的发展需要战略科学家、领军人才、卓越工程师和优秀青年创新人才等不同类型的人才群体，特别是那些能够进行原创性发现、颠覆性创新和技术突破的战略科学家、研究者、实干家。此外，还需要掌握技能和工艺诀窍的大国工匠和高技能人才。大力发展新质生产力的人才战略，是提升国家竞争力和实现可持续发展的关键所在。以下一些建议，有助于制定和实施有效的人才战略来推动新质生产力的发展。

一、营造良好的人才生态环境

在大力发展新质生产力所需新型的人才生态环境打造上，政府应该在全社会营造尊重科学、尊重人才、鼓励创新的文化氛围。政府可以通过组建跨学科团队等方式，促进不同领域人才的交流和合作，激发创新灵感和创造力；同时，要用创新文化激发创新精神、推动创新实践、激励创新事业，引导人民群众特别是青年学生立志学榜样、干实事。所以，发展新质生产力之前和发展过程中，应当做到以下几点：(1)畅通教育、科技、人才的良性循环。大力培育国家关键战略人才力量，完善科学家本位的科研组织体系。这意味着要从全局视角看待大系统的总价值，增强教育、科技、人才适配性，实现教育、科技、人才“三位一体”良性循环。具体来说，可以通过改革和完善教育机制，以产业行业需求为核心，以龙头企业和产业联盟为辅助，聚焦“高精尖缺”发展重点，瞄准关键核心技术，加强产学研一体化建设，为战略性新兴产业、未来产业构建可持续发展人才梯队。(2)营造包容开放的文化氛围。倡导包容开放的文化氛围，鼓励人才敢于尝试、勇于创新，为人才的成长和发展提供良好的社会环境。(3)优化人才服务体系。完善人才服务体系，提供一站式的人才服务，包括职业规划、就业指导、人才评估等，提高人才满意度和归属感。(4)加强知识产权保护。加大对知识产权的保护力度，严厉打击侵权行为，维护创新成果的合法权益，激发人才的创新动力。

通过实施这些人才战略措施，政府可以培养和吸引更多的优秀人才参与新质生产力的研发和创新活动，为新质生产力的发展提供强有力的人才保障和支撑。

二、加强人才培养与人才引进

人才是新质生产力发展的重要支撑，要积极吸引国内外优秀人才，特别是具有创新能力和实践经验的高端人才。同时，加强人才培养和教育培训，提高劳动者素质和技能水平，为新质生产力的发展提供有力的人才保障。新质生产力的发展需要大量高素质的人才，尤其是技术、管理、金融、研发等方面的专、精、特、尖类人才。因此，应加大对人才培养的投入，建立完善的人才培养体系，包括高等教育、职业教育、培训等多个层次。同时，积极引进海外高层次人才，为新质生产力的发展提供智力支持。

要大力发展新质生产力，在人才引进与激励政策上，应该:(1)加强人才培养。人才是构成新质生产力的核心，需要加强人才培养，提高劳动者的素质和技能，培养高素质、高技能的人才队伍。政府可以出台相关政策，鼓励企业提供更多的培训机会，提高员工的综合素质。(2)制定优惠政策。为吸引国内外优秀人才，政府应制定具有竞争力的引才政策，包括提供优厚的薪酬待遇、工作条件和生活保障等。(3)建立人才库与信息共享机制。建设新质生产力领域的人才库，实现人才资源的有效整合和共享。同时，加强与国际人才市场的联系，拓宽人才引进渠道。(4)实施人才激励计划。设立专项奖励和荣誉制度，建立健全人才激励机制，激发人才的创新潜能和创造力，对在新质生产力领域取得突出成就的人才给予及时的表彰、奖励，激发其创新热情和积极性。

三、进行教育与培训体系改革

人才是发展新质生产力中最富有弹性的要素，必须重视人才教育、培养、培训和合理流动，要持续深化以社会需求为导向的教育供给侧结构性改革，注重人才本土培育和多元化教育、跨学科培训，加强产学研深度合作，特别是国际交流与合作，推动人才培养与产业需求无缝对接。具体建议：(1)优化专业设置与课程设置。高等教育机构应根据新质生产力的发展趋势和未来需求，调整和优化专业设置，增设与新质生产力相关的学科和课程，培养具备创新能力和专业技能的人才。(2)加强实践教育与实习机会。强化实践教学环节，为新质生产力所需紧缺专业的学生、骨干等人员提供更多的实习和实训机会，使他们能够在实践中学习和掌握新质生产力的核心技术和知识。(3)推广终身学习理念。建立灵活多样的学习机制，鼓励和支持在职人员通过自我学习、继续教育、在线学习等方式不断提升自身能力和技能素质，以尽快适应新质生产力的发展需求。

四、优化产学研合作与创新创业平台

可以通过建立前沿项目、人才发现机制，构建新型人才培养机构和服务平台，建立政府部门、产业企业、社会组织、行业院校联动机制，通过搭建产业人才开发基础工作协作平台，实现培养方案制定、专业教材编写、师资队伍培养、实习实训基地建设等各方面深度融合。具体来说有以下几点做法：(1)加强产学研合作。推动高校、科研机构和企业之间的深度合作，共同开展新质生产力的研发和创新活动，促进科技成果的转化和应用。(2)建设创新创业平台。搭建创新创业孵化器、加速器等服务平台，为创业团队和初创企业提供资金、技术、市场等方面的支持，降低创新创业风险，提高成功率。(3)举办创新创业大赛与活动。定期举办新质生产力领域的创新创业大赛和论坛等活动，为人才提供展示才华和交流合作的平台，推动创新成果的转化和落地。

五、注重人力资源投入

人力资源与资本投入是发展新质生产力的基础。发展新质生产力的关键一环是最大限度激发劳动者的积极性和创造性，消除新型劳动者在产业创新中的后顾之忧，保障新型劳动者的合法权益，并在此基础上平衡劳动关系双方的利益。此外，发挥好新型劳动者在生产、研发、创新活动中贡献的体力、智力和生产技能的作用，是落实政府工作报告中部署和要求的重要渠道。要为新型劳动者投入资本参与生产经营活动创造有利条件，就要建立健全相关的新质生产力所需人才特别政策，聚焦重点产业、重点项目，大力引进“专、特、高、精、尖、缺”人才群体，并通过完善薪酬制度、设立奖励基金、提供晋升机会等措施，激发劳动、知识、技术等生产要素活力。

图 5-2 中这些人才术语，虽然其内涵在一定程度上有所重叠，但它们各自强调了不同类型人才的特点和重要性。

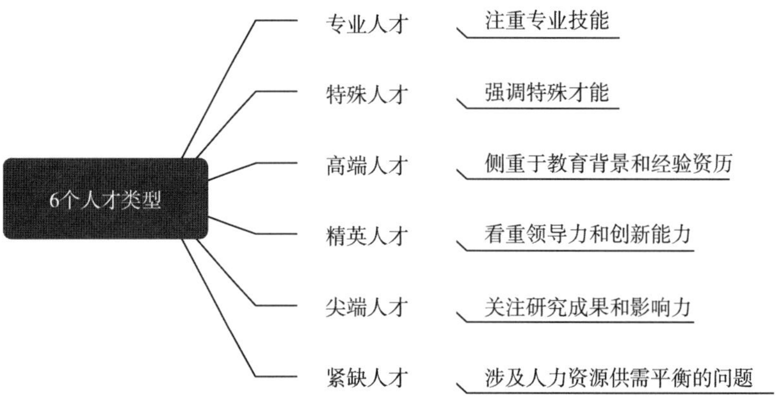

图 5-2　专业、特殊、高端、精英、尖端、紧缺人才的区别

以上这些措施可以有效地培育和发展新质生产力所需的人才资源，为实现高质量发展提供强有力的支持。

第三节 新质生产力的科技创新与产业结构优化

科技创新与产业升级是新质生产力的两大核心要素，其深度融合对于推动社会经济的持续健康发展与高质量发展都具有重要现实意义。科技创新不仅推动了新兴产业、新兴技术领域的崛起、壮大，如人工智能、大数据、云计算、新能源技术等，也推动了传统产业的转型、升级。通过引入新思维、新技术、新工艺，传统产业实现了生产效率的提升和产品质量的提高。

一、新质生产力科技创新：动能

新质生产力是科技创新在其中发挥主导作用的新兴生产力，是以高新技术应用为主要特征、以新产业新业态为主要支撑、正在创造新的社会生产时代的一种生产新动能。当前，世界正处于百年未有之大变局，新一轮科技革命和产业变革正在深入发展，更需要通过改革启动创新的引擎，释放发展的动能。

新质生产力是过去工业文明中出现的生产力的又一次质的升华，进入知识经济、信息时代以来，人类社会在信息化、智能化生产条件下因科技持续创新、突破与产业不断升级发展，衍生了新的质与态。当前，新一轮科技革命和产业变革正在重构全球创新版图、重塑全球经济结构。以人工智能、量子科技、移动通信、物联网、区块链等等为代表的新一代信息技术加速突破、深入应用，以合成生物学、基因编辑、脑科学、再生医学等等为代表的生命科学领域孕育着新的革命，以清洁高效可持续为目标的能源技术加速发展引发全球能源变革，各国之间围绕产业、技术的竞争日趋激烈。加快形成新质生产力，推动以数字化、智能化、绿色化为代表的新技术与产业深度融合，倒逼国内的产业升级、技术升级、竞争方式升级，让企业和行业不得不思考如何才能打造发展国际贸易、国际竞争的新优势。加快培育、发展新质生产力，必须要整合科技创新资源，引领发展战略性新兴产业和未来产业。

目前，世界各国纷纷抢占世界科技革命和产业变革的先机，加紧对数字技术创新进行战略规划和超前布局。

举例：美国发布了一系列文件，包括：(1)2020年美国参议院提出的《无尽前沿法案》；(2)2020年10月15日美国白宫发布的《关键和新兴技术国家战略》；(3)2023年9月美国商务部发布、实施的《芯片和科学法案》等一系列战略规划，不断加大对关键数字技术的支持力度[①]。

举例：德国主要以"工业4.0"为核心开展数字技术领域攻关；2021年3月欧盟委员会正式发布了"数字罗盘"计划以实现数字主权；日本聚焦"超智能社会"推进科技创新。

面对这些科技领域的纷争、制衡与打压，新质生产力中的科技创新就好比一股新动能，注入了我们的神经系统，我们有能力，并且有信心、毫不动摇地通过数字创新、信息技术等深层次革新，找到新的封锁突破口，绕开这些壁垒，走出自己的强国之路。

二、科技创新是发展新质生产力的核心要素

习近平总书记指出，科技创新能够催生新产业、新模式、新动能，是发展新质生产力的核心要素[②]。现代科学技术的快速发展，带来了生产力水平的大幅提高，引发了一次次产业革命。当前，新一轮科技革命和产业变革深入发展，学科交叉融合不断推进，科学技术和经济社会发展加速渗透融合。人工智能、量子信息、基因技术、新能源等前沿科技，成为引领产业变革的重要力量。

量子是一个物理量存在最小的不可分割的基本单位，量子信息（Quantum Information）是指一个量子化的系统所带有的各种量的信息，在量子力学中称为"态"。通过量子系统的各种相干特性（如量子并行、量子纠缠和量子不可克隆等），将"态"进行计算、编码和信息传输就是量子通信。量子信息最常见的单位是量子比特（qubit）。

科技创新要引领新质生产力的发展，就必须明确两点：一方面，科技创新必须依靠市场化的创新，就是企业家群体、科学家群体的组合创新；另一方面，科技创新必须依靠政府主导的、举国体制推进的运作机制的创新。

---

① 陈新光. 以科技创新为引领，加快形成新质生产力[N]. 中国日报，2023-10-08.

② 李晓红. 科技创新是发展新质生产力的核心要素[J]. 求是，2024(11)：27-31.

在国家、政府层面，要牢牢把握高质量发展这个首要任务，因地制宜发展新质生产力，必须充分发挥科技创新的引领作用，让科技创新塑造发展新动能新优势，促进社会生产力实现新的跃升。可施行的措施包括：(1)加大科技研发投入。通过增加对科技研发的投入，推动科技创新，提高产业技术水平。政府可以提供科技创新引导基金，鼓励企业加大研发力度，促进科研成果的转化和应用。(2)加强知识产权体系的建设。科技创新必然需要对围绕新质生产力所形成的新成果、新发明专利等进行有效保护，科学完善的知识产权体系建设，是保障新质生产力新成绩、新突破的重要保障。(3)建立健全科技创新激励机制。鼓励和支持科研人员和企业创新的决心、信心，为新质生产力的发展提供源源不断的创新动力。

在企业、公司层面，要在发展新质生产力方面采取多元化的策略，通过科技创新、数字化转型、组织形式创新、绿色发展、人才培养和营商环境优化等多个维度的工作，不断提升企业的核心竞争力。可施行的举措有：(1)加大科技创新力度。新质生产力的发展离不开科技创新的支撑，新质生产力的核心是创新，特别是科技创新。应加大对科技研发的投入，加强基础研究和应用研发，特别是针对新质生产力的核心技术、关键设备和材料等方面的研发。同时，企业应建立研发机构，与高校、科研机构等建立产学研合作关系，推动产学研深度融合，形成以创新为主导的产业发展模式，共同推动科技创新。企业还应当引进和培育高端人才，建立创新团队，提升自主创新能力。(2)注重科技成果的转化与应用。企业在新领域、新兴产业进行科研投入、时间和精力投入、资源和资金的投入，就是为了研发出新的科技成果。因此，企业必须加强市场调研，加强与国际技术市场领域的合作，重构自身的综合实力与竞争能力。

近年来，我国在科技创新领域取得了越来越多的成果，一些关键核心技术实现了重大突破。但与新质生产力发展的迫切需求和世界先进水平相比，我国科技创新基础还不牢，自主创新特别是原创力还不强，必须加强基础学科的研究。基础学科，是以学科知识本身为研究对象的，偏学术性的学科，例如数学、物理、化学、哲学、生物、历史等都是基础学科。加大对原创技术、前沿技术、颠覆性技术创新的支持，努力实现高水平科技自立自强，打好关键核心技术攻坚战，使原创性、原始性、颠覆性科技创新成果得到深入应用。

科技创新是新质生产力的核心动力，它通过不断地突破旧技术与传统技术的瓶颈，引领社会经济发展的新潮流、新方向。科技创新不仅带来了新的产品、新的工艺，更重要的是，它改变了我们的生产方式和生活方式，提高了生产效率和生活质量。

新质生产力的科技创新是一个复杂的系统工程，需要政府、企业和科研机构等多方共同努力，通过科技创新推动产业创新，发展新质生产力，以实现经济高质量发展。

三、新质生产力产业结构创新：势能

发展新质生产力不是忽视、放弃传统产业，而是要根据本地的资源禀赋、产业基础、科研条件等，有选择地推动新产业、新模式、新势能发展，用新技术改造提升传统产业。适宜的产业结构，就像是优化新质生产力的一种势能，要根据不同社会时期、不同发展阶段的市场需求和资源禀赋，科学规划生产力布局，促进生产要素的优化配置。同时，推动传统产业转型升级，加快新兴产业培育和发展，形成多元化、高端化的产业结构。此外，还应加强区域间的合作与协同，推动生产力的均衡发展和优势互补。

要因地制宜发展新质生产力，产业创新是新质生产力发展的重要载体。当前，数字技术、新能源技术、生物基因技术等技术的突破性创新表现出很强的产业联动性，基础研究、应用研究和产业化的边界进一步模糊，各国纷纷建立高效的体制机制，通过产学研融合发展使技术创新迅速转化为生产力。我国要抓住新一轮科技革命和产业变革的机遇，坚持创新在现代化建设全局中的核心地位，加快实施创新驱动发展战略，围绕发展新质生产力布局产业链，发挥产业结构升级、产业间协同、产业布局优化等方面的综合效应，促进数字技术和实体经济深度融合，有效催生新质生产力。

在新质生产力过程中，产业结构创新必须注重产业政策优化的能量，因此，产业政策的重要性在于：(1)产业政策致力于优化产业结构和布局，以适应新质生产力的发展。政策倡导发展战略性新兴产业和未来产业，如半导体和芯片、电子信息制造业、软件与互联网、绿色环保产业、储能、电池和高端装备产业等。这些产业的发展都需要创新作为驱动力，因此政策通过提供资金支持、优化营商环境等方式，促进这些产业的快速发展。(2)产业政策鼓励科技创新，推动技术革命性突破，重塑生产力基本要素，催生新产业、新模式、新动能。此外，产业政策还支持科技自强，通过财政支持、税收优惠等手段，促进科研机构和科技型企业的技术研发和成果转化。(3)加强基础设施建设和协调发展。为了支持新质生产力的发展，产业政策通常很强调基础设施建设的重要性。产业政策还能推动基础设施的协调发展，例如通过促进创新链、产业链、供应链的高效联动，推动区域一体化发展。(4)产业政策上，鼓励企业增加固定资产投资和研发投资。这对于新质生产力的形成和发展具有重要意义，可以为企业高质量技术创新提供持续内生动力，并充分利用政府财政政策，对新质劳动者、新质生产资料和新质劳动对象提供强大支撑。

四、产业结构优化是发展新质生产力的关键要素

产业结构布局的合理性直接影响新质生产力发展的速度和质量。要根据国内外市场需求和资源条件，调整和优化产业结构，推动产业向高端化、智能化、绿色化方向发展。发展新质生产力需要统筹相关的政策举措，在加快发展的同时，促进区域经济协调发展，形成具有特色的产业集群资源优势。有关部门应该以建设全国统一大市场为契机，做好优化新质生产力布局的顶层设计，引导地方因地制宜有序发展新质生产力，畅通新质生产力在地区间的流动，避免地区间新质生产力重复建设、资源浪费以及由此产生的不良竞争、区域冲突。

调整产业结构，可以推动传统产业转型升级，培育新兴产业和未来产业，加快传统产业向高端化、智能化发展，推动新兴产业崛起，形成具有竞争力的产业集群。政府可以通过制定相关政策，引导企业加大对新兴产业的投资，推动传统产业向新兴产业转型。同时，加强产业链协同发展，促进上下游企业之间的合作与共赢，提升整个产业链的竞争力。此外，还应关注新兴产业的培育和发展，积极布局未来产业，抢占发展先机。

在产业结构优化过程中，要推进绿色发展理念。绿色发展是新质生产力发展的重要方向，要坚持生态优先、绿色发展的原则，推动经济发展与环境保护相协调。政府要加强生态文明建设，推动绿色低碳循环发展，提高资源利用效率，降低能源消耗和污染物排放。同时，还应引导企业和社会公众树立绿色发展理念，形成绿色生产和消费方式，为新质生产力的发展提供可持续的生态环境。

五、产业升级应以数字技术创新为主攻方向

信息时代，数字经济是新质生产力的重要组成部分。应该加快发展数字经济产业，推动互联网、大数据、人工智能 AI 等新一代信息技术与实体经济的深度融合，实现产业升级、产业优化。同时，加强数字经济基础设施建设，提升数字技术的应用水平和普及率。另外，应当培育数字经济新业态新模式，推动数字经济在各个领域的广泛应用和创新发展。我们知道，新质生产力以新技术新应用为主要特征、以新产业新业态为主要支撑，新质生产力形成的过程，就是对产业体系进行系统性重塑的过程。培育和发展新质生产力，是一项长期的系统工程，在互联网、信息技术、大数据、人工智能 AI 等的推动与融合发展下，实现数字技术自立自强，就能实现“弯道超车”，提升国家竞争力。

新质生产力以数字技术创新为引擎，必须牵住数字关键核心技术自主创新这个“牛鼻子”，实现关键核心数字技术的突破。数字技术本身就是颠覆性创新的结果，后发国家或企业应当致力于新一代颠覆性技术，通过迅速采用新技术，实现技术逆袭、赶超。

在市场经济条件下，产业是生产力变革的主要载体和实现形式。新质生产力形成过程的落脚点和突破口需放在产业升级上，应紧抓新一轮科技革命和产业变革机遇，坚持数字技术创新驱动，发挥数字技术的高链接性、强渗透性，加快数字技术与传统产业的深度融合、交叉互进，推动新质生产力向高质量、高效率、可持续方向前进、进化，最终赋能产业转型升级和有力支撑现代化产业体系。

第四节　新质生产力的制度创新与法治建设

一、制度创新是新质生产力发展的坚强保障

制度是推动经济社会发展的基础和保障，当前为适应新质生产力发展要

求，需要深化深层次改革，完善制度环境。

深化制度改革是促进新质生产力发展的重要举措之一。与时俱进的制度可以为新质生产力的形成和发展提供良好的政策环境、体制机制和法律法规支持。深化制度改革，可以促进市场的开放和竞争，推动简政放权与优化营商环境，推动金融体制和人才机制的进一步改革，为新质生产力的加快形成提供良好的发展环境。

因此，我们认为应当做到以下几点：(1)完善制度体系建设。优良的制度体系是新质生产力发展的重要保障。应进一步深化经济体制、科技体制等改革，加快形成支持全面创新的基础制度体系，在创新资源配置、要素流动、科技供给、创新激励和知识产权保护等方面提供公正、合理、有效的制度创设，形成政府、行业组织、高校院所、代表企业等共同发挥作用的创新生态系统。(2)创新知识产权制度。完善的知识产权制度是发展新质生产力的重要保障。它不仅是创新成果的保护网，也是新质生产力的催化剂。知识产权制度通过赋予权利人对其创新成果在一定时间内的独占权来保护和激励创新，进而推动生产力不断发展。从世界范围来看，得益于相关制度的早期搭建与布局，自第一次工业革命以来，知识产权制度在历次重大科技创新中都发挥了重要的作用。中国浦东干部学院金融创新研究中心主任柯迪提出，要加强知识产权法律体系建设，加大知识产权保护力度，激励创新和知识产权的有效运用，推动新技术、新产品和新服务的发展，激发企业的创新活力和生产力。① (3)创新科技成果赋权制度。科技成果赋权制度创新，旨在加大对科技成果创造者、发明发现者、研究者的激励力度，为发展新质生产力提供持久动力。通过将科技成果赋权改革融入创新生态链，加大赋予科技人员职务科技成果所有权或长期使用权试点力度，完善职务科技成果转化收益分配机制，广大科技工作者的积极性、主动性与创造性就可以被更充分地调动。(4)创新政府采购制度。将采购程序规则与研发创新过程进行有机融合，创设订购和首购两方面的制度安排，这是具有重要的制度创新价值的。政府采购制度的创新也是制度保障的重要组成部分，《政府采购合作创新采购方式管理暂

① 柯迪.10问新质生产力——如何以制度建设保障新质生产力发展[N].成都日报，2024-02-28(6).

行办法》的出台，为新时代培育新质生产力提供了更强的制度动能。(5)扩大高水平的对外开放，加强国际科技交流合作。通过深度参与全球科技治理，充分吸收借鉴世界各国有益于生产力发展的制度创新成果，为新质生产力发展营造良好国际环境。

发展新质生产力是一项长期而艰巨的任务，需要在多个方面制定并实施切实可行的制度、战略对策。通过加强科技创新引领、优化生产力发展路径、引进与培养人才、调整产业结构布局、推进绿色发展理念、发展数字经济产业、深化国际交流合作以及完善制度体系建设等措施的综合施策，一定能推动新质生产力的快速发展，为实现国家强盛和民族振兴奠定坚实基础。

二、法治在新质生产力发展中的作用

法治是促进和保障科技创新的重要力量，在激发创新活力、完善科技体制机制、保护创新成果等方面发挥着重要作用。发展新质生产力需要更好发挥法治对改革发展的稳定、引领、规范、保障作用，健全完善科技创新法律法规，全面提高知识产权创造、运用、保护和服务水平。

法治在新质生产力发展中的作用(图 5-3)，具体来说表现在：(1)法治对新质生产力的引领作用。法治作为上层建筑，是党治国理政的基本方式，能够反作用于经济基础，推动形成优质生产关系。全面推进依法治国、建设高水平的法治环境是构建新型生产关系的重要方面，要着力建设稳定、公平、可预期的法治化治理体系和法治化环境，更好发挥高水平法治对新质生产力的固根本、稳预期、利长远的作用，推动党中央的决策部署有效实施以及经济社会高质量发展。(2)法治对新质生产力的规范作用。法治是随着经济活动发展而发展的制度力量。习近平总书记指出，社会主义市场经济本质上是法治经济[①]。这一论断深刻揭示了经济规律与法治规律的内在一致性，法治的核心功能之一就是为经济发展提供稳定可预期的制度保障。要依靠法律法规来规范新技术的研发、应用、推广，规范生产过程的价值创造、权属边界、利益分配，规范不同市场主体之间的商品交换关系，护航新经济新业态的健康发展。(3)法治对新质生产力的保护作用。面对日益激烈的全球科技竞争带来

① 张文显.法治经济是我国经济现代化的鲜明特征[N].人民日报，2023-04-03(9).

的冲击，新质生产力发展面临巨大挑战。在这种情况下，尤其需要法治化治理体系创造安全、稳定、和谐的发展环境，让法治成为发展新质生产力的“安全阀”“压舱石”。要实现这一目标，需要将法治思维与创新思维、发展思维与治理思维相融合，真正以高水平法治保障、规范和促进新质生产力发展。

（4）法治对新质生产力的保障作用。以法治“铠甲”护航新质生产力高效发展。以科技创新推动产业创新，特别是以颠覆性技术和前沿技术催生新产业、新模式、新动能，发展新质生产力，就是要为高质量发展提供强劲推动力、支撑力。这就必须进一步全面深化改革，特别是法治领域改革，形成与高质量发展相适应的法治上层建筑，以高水平法治服务保障因地制宜发展新质生产力。

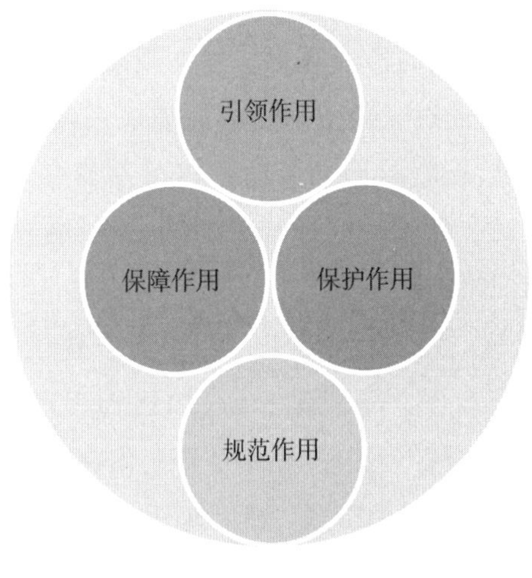

图 5-3　法治对新质生产力的四个作用

三、发展新质生产力的法治策略

法律法规与政策支持是制度保障的重要组成部分，是推动新质生产力加快发展不可或缺的力量。例如，劳动法是“人法”属性强烈的法律，通过保护作为法律主体中弱势一方的劳动者的合法权益，使构建和谐劳动关系的立法目的得以实现。因此，劳动法的价值理念与发展新质生产力的关键要素在本质上是相互促进的，应当通过发挥劳动法的规制功能，助推新质生产力的快速发展。

要加强法治建设，就需要完善相关法律法规和政策措施，为新质生产力的发展提供有力的制度保障，这需要做到以下几点：(1)科技创新法律制度的完善。科技创新法律制度已融入政治、经济、文化、社会、生态文明建设等各个领域，发展新质生产力就要适应高质量发展的新形势新要求，坚持创新驱动发展，健全完善科技创新法律法规。(2)知识产权保护的加强。全面提高知识产权创造、运用、保护和服务水平，塑造新质生产力发展的新动能新优势。加大对科研创新成果的保护力度，完善相关法律规定，修订和细化《中华人民共和国反不正当竞争法》，制定出台商业秘密保护法，明确侵犯商业秘密的情形，扩大侵权主体范围，强化法律责任，加大对侵权行为的惩处力度，形成保护科研创新成果的法律体系。(3)完善劳动法律法规体系。在面对新质生产力的新兴劳动者时，劳动法也需要进一步改革创新，才能符合当前发展新质生产力的实际，劳动法的价值理念与发展新质生产力的关键要素在本质上是相互促进的。可以通过完善劳动法律法规体系，在保障劳动力市场健康运行、劳动者股权激励、新就业形态劳动者权益保障三个层面服务于发展新质生产力。(4)网络安全建设的高标准。网络安全、数据安全是国家安全的基石，是一切科技链、创新链、产业链的底板。网络安全、数据安全、信息安全是数字创新的发展基础，要以高标准进行网络安全建设，全面建立完善的碳足迹管理体系、碳足迹数据共享机制。(5)加强知识产权司法与行政保护。为了应对知识产权侵权假冒行为呈现出的产业化、跨区域、链条化的复杂特点，要建立健全知识产权大保护格局，完善知识产权公益诉讼、调解、仲裁、公证、鉴定和维权援助体系，形成多方参与、协同共治的严保护、大保护、快保护、同保护知识产权保护格局。此外，加强执法力度和惩治力度，以儆效尤。

第六章

建筑工程中新质生产力的发展应用

第一节　建筑工程中新质生产力的创新应用技术

随着科技的不断进步和建筑行业的创新发展，新质生产力在建筑工程建设中的应用日益广泛。在建筑工程建设中，新质生产力的应用是推动行业发展的重要动力。

一、智能化设计与制造技术

智能化设计与制造是将现代信息技术、人工智能、自动化技术等深度融合到设计和制造过程中的新型制造模式。它旨在通过高度数字化、网络化和智能化的技术手段，实现生产过程的优化、产品质量的提升和生产效率的大幅提高。

智能化制造系统与设备是实现智能化设计与制造的重要载体。这些系统通常集成了数字孪生技术、物联网技术、自动化技术等，能够实现生产过程的智能化监控和控制。

智能化设计的核心在于利用先进的计算机辅助设计（CAD）软件和计算机辅助工程（CAE）软件工具，创建产品的数字模型，并在此基础上进行性能分析和优化。此外，数据驱动的智能化设计方法也非常重要，它可以通过收集和分析产品的实时运行数据，利用大数据分析和机器学习技术来改进和优化设计方案。

智能化设计的方法包括：（1）参数化设计与几何建模。参数化设计使得设计过程中的修改变得更加便捷高效，而几何建模则是利用计算机图形学技术创建三维模型的基础。（2）设计优化与仿真。设计优化可以利用优化算法来寻找最佳设计方案，而仿真和模拟则可以通过计算机预测产品性能和行为，从而提前发现和解决问题。（3）逆向工程与数字孪生。逆向工程能够将现有产品或部件转化为三维模型，以便进行再设计和分析。数字孪生技术通过创建物理实体的虚拟模型，实现实时数据同步和反馈，提供全生命周期管理。这种技术已经被众多知名企业广泛应用在产品设计、加工、装备服务等方面。在工业产品研发领域，企业通过构建工业产品与装备的数字孪生，可以实现产品装备的服役监测和健康管理。例如，当航空飞行器在天上飞行时，地面的数字孪生系统可以通过采集的飞行器实时传感数据精确模拟飞行器的运行状态，预测飞行器的未来性能和潜在故障等，甚至可以提前预知、判定一些潜在的故障。数字孪生深刻改变了未来产品的形态，未来企业交付给客户的产品将不仅仅是物理实体，还是虚实共融的孪生形态产品。(4)自动化和机器人技术。自动化和机器人技术是提高制造效率的关键，尤其在执行重复性任务和实现人机协作方面发挥了重要作用。新质生产力推动了建筑工程生产自动化升级，通过引入机器人、自动化设备等智能化技术，实现了建筑构件的高效、精准制造。这种自动化生产方式不仅提高了生产效率和质量，还降低了人工成本和错误率。同时，自动化生产还能够适应复杂多变的建筑构件需求，为建筑工程提供定制化的解决方案。(5)大数据分析与云计算。大数据分析能够处理和分析生产数据，发现问题，分析未来趋势，帮助企业实现预测性维护和质量控制。云计算则提供了强大的计算资源和存储空间，支持设计、仿真和优化等计算密集型任务。

许多高层建筑的施工项目采用了智能化设计与制造技术。企业通过应用建筑信息模型(BIM)技术，实现了建筑设计的三维可视化、碰撞检测以及施工模拟等功能。这不仅提高了设计的精度和效率，还降低了施工过程中的错误率和返工率。同时，利用智能制造设备，实现了建筑构件的精准制造和快速装配，大大提高了施工速度和质量。在实施智能化设计与制造时，企业需要遵循先进性、灵活性、高效性、冗余性和稳定性的原则。同时，设计依据应包括工程概况、被批准的设计方案文件、相关专业的控制需求以及相关的规范标准。在新质生产力背景下，智能化设计与制造代表了制造业的未来发展方向。通过深度融合智能技术和传统制造工艺，企业可以大幅度提高生产效率、产品质量和工业竞争力。随着技术的不断发展和应用，智能化设计与制造将持续推动制造业向着更智能、更高效和更可持续的方向发展。

新质生产力借助互联网技术，实现了建筑工程的智能管理。通过互联网平台，企业可以实时监控工程进度、材料使用情况、人员配置等信息，实现数据的实时共享和协同管理。这种智能管理方式能够提高管理效率，减少资源浪费，优化资源配置，为建筑工程的高效运行提供有力支持。

二、模块化集成建筑技术

模块化集成建筑(Modular Integrated Construction，MiC)技术是一种新型的建筑建造技术，它将建筑过程中的设计、生产和施工整合在一起，通过标准化、自动化设备在工厂批量生产建筑模块，然后在现场进行组装。这种建筑方式能够大大提高建筑的装配化程度，能够提高建造效率，节约建筑材料，减少废弃物的产生，并且具有许多其他优势。这种建筑方式实现像造汽车一样造房子的效果。

模块化集成建筑能充分利用工厂的精密设备和科学技术，确保每个模块的尺寸、重量、力学性能等都符合标准。政府对装配式建筑给予了大力支持，出台了一系列鼓励政策以发展装配式建筑。在未来，随着工业化、绿色化、数字化融合的高质量发展方向的推进，模块化集成建筑有望成为主流的建筑方式之一。某些住宅项目的建设采用了模块化集成建筑技术，这种技术不仅缩短了施工周期，降低了成本，还提高了建筑的质量和性能。同时，模块化建筑还具备更好的适应性和灵活性，能够满足不同客户的需求。

举例：山东省首个采用模块化集成建筑(MiC)技术建造的学校——济南市市中区泉海九年一贯制学校扩建项目于 2023 年 7 月顺利完成结构封顶。项目采用中建海龙科技原创研发的钢结构模块化集成建筑体系建造，共使用 174 个钢结构模块单元，将智能化、数字化技术应用在项目建设的全过程，建成后将成为山东省建设速度最快的模块化学校。模块化集成建筑是一种集结构、建筑内装与外饰、机电、给排水与暖通等建筑全要素于一体、高度集成、新型高效的建筑形式。传统的装配式建筑，零部件是在工厂完成，而模块化集成建筑可以将 90%以上的施工作业在工厂完成，现场只需完成吊装、处理模块拼接处的管线接驳及装饰等少量工作，是目前工厂完成率最高的一种建筑形式。中建海龙科技将工厂的设计生产流程高度集中化，彻底减少现场的各部门作业量，保证施工模块的干净整洁、施工工艺的有序，有效降低环境污染及对周边影响，实现建筑的可腾挪、可再生、可循环利用，更加低碳、高效。

模块化集成建筑是一种高效、绿色、节能的建筑方式，它通过工厂化生产、预制装配的方式提高了建筑的建造效率和质量，并且能够有效地减少施工对环境的影响。随着政策的支持和技术的发展，模块化集成建筑的应用将会越来越广泛。

模块化集成建筑和装配式建筑，都是现代建筑领域的重要发展方向，它们各有特点，并在一定程度上有所区别，见表 6-1。

表 6-1 模块化集成建筑与装配式建筑的区别

	模块化集成建筑	装配式建筑
构建方式	将建筑物的结构、功能、形式、美学等元素分解为独立的、可重复使用的模块，强调灵活性和可扩展性	减少施工现场的工作量，提高施工质量和效率
施工周期和成本	能够缩短施工周期，具有更好的灵活性和可扩展性	能够缩短施工周期，节约其建造时间和成本
适用范围	适用于那些功能空间具有相对多的重复模块化单元的建筑类型，如宿舍、公寓、学校等	更为广泛，适用于多种类型的建筑物

虽然模块化集成建筑和装配式建筑在某些方面有相似之处，但它们在构建方式、主要目的、施工周期和成本以及适用范围等方面都有所区别。这两种建筑方式的选择取决于具体的项目需求、预算以及建设目标。

三、智慧工地技术应用

“智慧工地”是一种建筑工地综合管理模式，通过深度利用传感器、物联网、RFID（射频识别）、云计算、大数据等新一代信息技术，改变了传统施工现场涉及各方现场管理的交互模式、工作模式和管理模式，实现了项目管理的可视化、智能化。

智慧工地与传统工地在管理方式与效率、数据管理、安全管理等方面存在显著差异。表 6-2 是两者的详细对比分析。

表 6-2 智慧工地与传统工地的主要区别

	智慧工地	传统工地
管理方式与效率	信息化手段、智能化管理	人工管理、粗放式管理
数据管理	· 采集、分析和管理，实现施工过程的可视化和智能化 · 自动统计数据，效率高且错误率低	· 工地的数据管理相对简单，缺乏精细化和实时性 · 依赖人工统计，效率低下且失误率高
安全管理	· 对施工现场的全方位实时监控，更加精细和高效 · 可以及时发现安全隐患并进行整改	· 工地安全管理相对简单，主要依靠工人自觉性和安全意识 · 安全隐患难发现，安全治理难考量

续表

	智慧工地	传统工地
工作协同与信息透明度	统一的平台和实时同步的操作，有利于工作协调和各参与方实现信息共享	信息传递不及时和协同难度较大而导致效率低下

由表 6-2 可看出，智慧工地凭借在多个方面的优势，逐渐成为建筑行业的发展趋势。它不仅提高了施工效率和工程质量，还加强了安全管理，并促进了信息透明度的提升。这些优势使得智慧工地在现代社会建筑行业中占据越来越重要的地位。

智慧工地技术是一种集成了物联网、大数据、云计算等先进技术的智能化施工管理方式，它可以有效提升建筑施工的效率与安全性。智慧工地技术包括实时监测与预警系统。通过安装在工地各个角落的传感器和监测设备，智慧工地可以实时收集工地的各项数据，如温度、湿度、风速、噪声等环境参数，以及人员、车辆等活动轨迹和状态信息。这些数据可以通过云端存储和分析，实现对工地各项指标的实时监控和管理。例如，当发现温度过高或湿度过大时，系统会自动启动空调或通风设备进行调节；当发现有人员进入危险区域或车辆超速行驶时，系统会自动发出预警并提示相关人员采取措施。

智慧工地技术可以实现对施工过程的自动化管理，包括物料配送、设备维护、质量检测等方面。例如：(1)通过安装在塔吊上的传感器和控制系统，可以实现对塔吊的高度、倾斜角度等参数的自动控制和监测；(2)通过安装在混凝土搅拌机上的传感器和控制系统，可以实现对混凝土配比、搅拌时间等参数的自动控制和监测；(3)通过安装在钢筋加工机械上的传感器和控制系统，可以实现对钢筋长度、直径等参数的自动控制和监测。

智慧工地技术可以利用虚拟现实技术，为设计师和工人提供更加直观、真实的施工场景模拟和培训体验。例如，设计师可以通过虚拟现实眼镜参观整个工地的三维模型，了解各个部位的结构和布局；工人可以通过虚拟现实培训系统学习安全操作规程和技能要求。

尽管智慧工地技术的应用前景广阔，但也面临着一些挑战。其中最大的挑战之一是保证数据的安全性和隐私性。由于智慧工地技术涉及大量的敏感信息，如人员身份信息、设备运行数据等，如果这些数据被黑客攻击或泄露出去，将会给企业和个人带来巨大的损失。因此，必须采取一系列的安全措施来保障数据的安全性和隐私性，如加密传输、身份认证、访问控制等。另一个挑战是平衡效率和安全之间的关系。虽然智慧工地技术可以提高施工效率和安全性，但同时也需要投入大量的人力、物力和财力来建设和维护这些系统。此外，一些传统的施工方式可能并不适合使用智慧工地技术，需要进行相应的调整和改进。因此，在应用智慧工地技术时，必须综合考虑效率和安全等因素，找到一个平衡点。还有一个挑战是适应不断变化的市场需求和技术发展。智慧工地技术也需要不断地更新和完善，以适应市场的需求和技术的发展。只有充分认识到这些挑战，并采取相应的措施来应对，才能更好地发挥智慧工地技术的优势，提高施工效率和安全性，推动建筑行业的可持续发展。

某大型基础设施项目在施工中采用了智慧工地技术。通过应用物联网、大数据等技术，企业实现了对工地环境的实时监测和预警，以及对施工设备的远程监控和调度。比如智能化防尘天幕系统，在建筑施工现场，为了解决传统施工时扬尘污染、裸土暴露、高温无法作业、安全文明形象差等一系列问题，该系统实现了无痛施工，极大降低了环境污染。这有助于及时发现和解决施工过程中的安全问题，提高施工管理的效率和质量。同时，智慧工地技术还能够优化资源配置，降低能耗和排放，促进绿色施工。

可见，新质生产力的应用，有助于提升智慧工地的安全生产水平和质量控制能力。例如，利用智能监测系统和预警机制，可以实时监测施工现场的安全状况，及时发现并消除安全隐患。同时，通过引入先进的质量检测设备和工艺，可以确保建筑工程的质量符合相关标准和要求。还有多种技术应用于智慧工地中，例如：(1)人脸识别技术是智慧工地安全管理的重要手段之一。通过在工地出入口安装人脸识别设备，可以实现对工地人员的身份认证和进出记录的自动化管理。人脸识别技术还可以应用于工地考勤、工资发放、人员追踪等方面，提高工地管理的精细化和智能化水平。(2)机器人技术是智慧工地的另一项重要技术。目前，智慧工地中应用较多的机器人包括无人机、巡检机器人、清洁机器人等。(3)视频监控技术是智慧工地安全管理的另一种重要手段。通过在工地各个关键区域安装摄像头，可以实现对工地各个环节的实时监控和数据采集。视频监控技术还可以应用于工地施工进度监控、质量检测、现场协调等方面，提高工地管理的效率和质量。

四、绿色能源与节能技术

绿色能源通常指的是那些对环境影响较小，能够可持续利用的能源形式。绿色能源主要包括太阳能、风能、地热能、水能和生物质能源技术等。这些能源的开发利用，可以减少化石燃料的使用，降低温室气体排放，有助于实现节能减排的目标。

节能技术是指通过改进设备和工艺，提高能源利用效率，减少能源消耗的一系列技术和措施。节能技术在建筑、交通、工业等领域都有广泛应用。例如，在建筑领域，可以通过改进照明系统、空调系统和围护结构等来实现节能。此外，节能技术还包括能源计量、能源审计、能源管理系统等，这些技术可以帮助企业和建筑管理者更好地监控和控制能源使用，从而实现节能减排。

绿色能源与节能技术是当前全球关注的热点话题，它们涉及可再生能源的开发利用以及传统能源的高效利用。新兴技术如新能源车辆、智能家居系统、智能电网等都在推动绿色能源与节能技术的发展。这些技术可以通过提高能源转换效率、优化能源消费模式等方式，进一步促进节能减排。例如，某商业综合体的建设大量运用了绿色能源与节能技术。项目采用了太阳能光伏板、地源热泵等可再生能源系统，实现了对可再生能源的有效利用。同时，采用节能门窗与保温材料，提高了建筑的保温隔热性能，降低了能耗。这些技术的应用不仅减少了项目的碳排放，还提高了建筑的舒适性和经济性。

绿色能源与节能技术的发展是实现可持续发展目标的关键。开发利用绿色能源可以减少对环境的破坏，同时节能技术的应用，可以提高能源利用效率，降低能源消耗。这些技术的发展和应用需要政府、企业和公众共同努力，通过政策支持、技术创新和公众参与，推动绿色能源与节能技术的进一步发展和普及。

五、核心技术集成创新

新质生产力在建筑工程建设中的应用还体现在核心技术的集成创新上，核心技术集成创新对于国家和企业的发展至关重要。核心技术集成创新是指将多种技术集成到一个系统中，以实现更高效、更可靠的性能。这种创新方式可以提高整体性能，降低成本，提高可靠性和安全性。在全球化复杂竞争的今天，科技竞争日益激烈，掌握核心技术是国家和企业发展的重要保障。集成创新可以实现技术的综合优势，提高产品的竞争力。同时，核心技术的自主掌控也能避免外部风险，保障国家经济安全。实施核心技术集成创新需要从几个方面着手：(1)加强基础研究，引导鼓励有条件的企业增强自主创新能力、解决技术短板问题；(2)发挥企业家和科技人才的作用，引进培养一批具有国际水平的战略科技人才、科技领军人才、青年科技人才和高水平创新团队；(4)推进产学研深度融合，形成产学研协同创新的新模式；(5)健全社会主义市场经济条件下新型举国体制，打好关键核心技术攻坚战。

通过将多个先进技术进行融合和创新，可以形成更具竞争力的建筑工程解决方案。例如，某绿色建筑项目集成了 BIM 技术、绿色建材、节能技术等多种先进技术，实现了建筑的高效、绿色、可持续发展。BIM 技术在智慧工地数字化建设中扮演着重要角色，它可以应用于工地进度控制、施工协调、资源管理等方面，提高工地管理的智能化和精细化水平。BIM 技术利用数字化技术，为模型提供完整的、与实际情况一致的建筑工程信息库，大大提高了建筑工程的信息集成化程度。

核心技术集成创新不仅能够提高产品的性能和竞争力，还能保障国家经济安全和技术自主掌控。在未来的发展中，应该更加重视核心技术的集成创新，并采取有效的实施策略，以推动科技创新和经济发展。

六、数据驱动与决策分析

数据驱动与决策分析是指企业利用数据、信息和洞察力来制定营销策略、优化营销活动和提升客户体验。这种方法能帮助企业更好地理解市场和消费者，提高营销效果和客户满意度。

数据驱动与决策分析是现代企业不可或缺的一部分，数据驱动决策广泛应用于企业运营、市场营销、产品研发、风险控制等诸多领域。通过合理利用数据资源，企业可以更有效地制定策略、优化运营并提高客户满意度。同时，企业也需要认识到数据驱动决策的局限性，并采取适当的措施来应对这些挑战。

在建筑工程建设中，数据驱动与决策分析的应用越来越广泛。通过收集和分析施工过程中的各种数据，如进度、质量、成本等，可以为管理者提供决策支持。在某大型公共建筑项目中，管理者利用大数据和人工智能技术对施工数据进行挖掘和分析，帮助项目团队及时发现和解决问题，优化施工计划和资源配置。

数字化关键技术是新质生产力在建筑工程中的重要应用之一。通过应用数字化技术，如3D打印、激光扫描、虚拟现实等，可以实现对建筑设计和施工的精准控制和优化。数字化技术不仅提高了建筑工程的精度和效率，还降低了施工风险和成本。同时，数字化技术还能够模拟建筑运行和性能，为建筑的可持续发展提供有力支持。

举例：深圳土筑虎网络科技有限公司。该公司致力于通过新质生产力改变建筑行业的现状。其通过集成国家级数据中心，完成了整个数据模型的搭建，把原来传统各省各域的招投标通过平台一站合成，有效地降低信息查询时间、提高了查询效率。"土筑虎平台"通过大数据招中标的信息数据集成，解决了招中标信息分散、分布不聚焦等问题，改善了全国信息各自为战的现状。

七、BIM（建筑信息模型）技术

BIM（建筑信息模型）技术，其英文全称为Building Information Modeling，是一种应用于工程设计、施工和管理的数据工具。通过建筑数据和信息模型的集成，企业可以在项目规划、运营和维护的整个生命周期中共享和传输信息，使工程和技术人员能够正确理解和有效响应各种建筑信息，并为设计团队和所有施工实体提供协作工作的基础。

BIM技术是新质生产力在建筑工程中实现信息统一的关键技术。BIM技术能够将建筑设计的各个阶段和各个环节的信息整合到一个模型中，实现信息的共享和协同。通过BIM技术，可以实现设计、施工、运营等各阶段的无缝对接，提高建筑工程的整体效率和质量。

BIM技术具有五个核心特点：（1）可视化。BIM提供的可视化是一种能够同构件之间形成互动性和反馈性的可视化，整个过程都是可视化的，可视化的结果不仅可以用效果图展示及报表生成，更重要的是，项目设计、建造、运营过程中的沟通、讨论、决策都在可视化的状态下进行。（2）协调性。BIM

的协调性服务可以帮助处理建筑项目实施过程中可能遇到的问题，例如碰撞检测和协调不同专业之间的冲突。(3)模拟性。BIM不仅可以模拟设计出建筑物模型，还可以模拟不能在真实世界中进行操作的事物，如节能模拟、紧急疏散模拟等。(4)优化性。BIM模型提供了建筑物的实际存在的信息，包括几何信息、物理信息、规则信息，还提供了建筑物变化以后的实际存在信息，使得复杂的项目得以优化。(5)信息集成。BIM技术利用数字化技术，为模型提供完整的、与实际情况一致的建筑工程信息库，大大提高了建筑工程的信息集成化程度。

BIM技术作为一项革命性的技术，正在推动建筑行业的变革。它不仅提高了建筑运作的效率，还能够更精确地掌握建筑的结构，从而更好地应用各类建筑技术，降低施工的风险。随着技术的不断发展和完善，BIM技术将成为建筑设计、施工和管理不可或缺的一部分。

八、研发创新材料技术

在建筑工程中，新质生产力通过研发创新材料技术，推动了建筑材料的升级换代。这些新材料具有更好的性能、更高的强度和更低的能耗，为建筑工程提供了更加可靠和环保的材料支持。例如，高性能混凝土、自修复材料、轻质复合材料等创新材料的应用，不仅提高了建筑结构的稳定性和耐久性，还降低了建筑能耗和环境污染。

建筑行业在不断地推动技术创新，特别是在新材料研发领域。例如新材料技术研发平台，该平台通常以特定的研究方向为基础，如燃煤锅炉飞灰灰粒研究、粉煤灰分选指标研究等。这些研究结合了石材锯泥、橡胶轮胎、道路铣刨料等再生技术，旨在研究粉煤灰在水泥砂浆、水泥混凝土、沥青路面基层、面层中的应用，期望能够制备出环保节能、节约成本、性能优良的固废再生材料。再如新型建筑材料的研发和推广，新型建筑材料的研发和推广是建筑行业的重要课题。这些材料以其独特的性能和优势引领着建筑科技的转型和进化。研究人员、工程师、科学家们投入大量的时间和精力进行实验和测试，分析市场需求和前沿科技，确定研发方向，并利用先进的材料和工艺技术进行材料合成、结构设计和性能优化。此外，科学家们还需要与工程师、设计师和建筑师等专业人士紧密合作，共同探讨如何将新型材料应用于实际建筑项目中。

建筑研发创新材料技术是一个复杂而多元的过程，涉及多个方面的合作和创新思维。这需要综合考虑科技研发、市场需求、项目合作、营销策略和政策引导等多个方面。只有多方面的合作和创新思维才能推动新型建筑材料的突破和创新，实现其在建筑行业中的广泛应用。

九、高效施工与运营管理技术

高效施工与运营管理是施工企业提高竞争力的关键。高效施工的实现路径，包括施工组织优化、施工成本控制、提高施工效率、利用现代技术和工具（例如使用建筑信息模型）、加强沟通和协调等。有效的运营管理实现方法包括：项目管理与进度控制、资源优化与成本管理、质量控制与安全措施、供应链管理与风险管理、项目后评估与持续改进等。

6S 精益建造管理体系是一种全新的建筑施工管理模式，包括优质建造、安全建造、快速建造、低成本建造、绿色建造、智慧建造 6 个方面，旨在提高建筑工程的质量和效率。6S 管理体系（图 6-1），从优质、安全、快速、低成本、绿色及智慧 6 个维度落实精益建造，从设计优化、工艺优化、措施优化等方面集成，提高产品质量，致力实现“六零”目标。

图 6-1　6S 管理体系

例如，某公共设施项目的建设注重高效施工与运营管理的实践，通过优化施工流程、提高机械化程度、减少人工干预等措施，实现了施工效率的大幅提升；同时，在运营管理方面，采用了智能化管理系统，实现对建筑设施、能耗、安全等方面的实时监控和智能调控。这有助于提高建筑的使用效率和舒适性，降低运营成本。

新质生产力关注施工安全技术的创新，通过研发和应用先进的施工安全技术和设备，提高施工现场的安全防护能力和应急救援能力。同时，加强施工安全管理和监管，确保施工过程的安全可控，保障施工人员的生命安全和身体健康。

随着科技的不断进步和创新驱动的发展，新质生产力在建筑工程领域得到了广泛应用。这些创新应用不仅提高了建筑工程的效率和质量，还推动了建筑行业的可持续发展。

第二节　建筑工程中绿色低碳建筑及技术应用

一、绿色建筑与低碳建筑

（一）绿色建筑

绿色建筑是指在建筑材料、设备制造、建筑施工和建筑物使用的全生命周期内，最大限度地节约资源（节能、节地、节水、节材）、保护环境和减少污染，为人们提供健康、适用和高效的使用空间，与自然和谐共生的建筑。

绿色建筑的概念最早可以追溯到1970年代的美国，在石油危机后，社会意识到不能依赖单一能源，而建筑能耗在整个社会总能耗的比重超过40%，受其影响的建筑学家开始从建筑角度寻找节能方法，而最初的绿色建筑由此应运而生，并逐渐发展成为一种全球性的趋势。如今，绿色与高效能建筑是指通过有效运用再生资源和智能生态系统设计，以减少制造废物、消耗水资源与能源的建筑。它具有可持续性、高效能、用户舒适度高，以及室内环境健康等优势，并为整个建筑生命周期带来积极影响。另外，对于绿色建筑的评定，国际上认可度较高的绿色建筑认证体系是LEED认证，它被认为是指导绿色建筑设计、施工和运行过程最佳的认证体系。LEED（Leadership in Energy and Environmental Design）认证，是一个评价绿色建筑的工具，由美国绿色建筑委员会建立并于2003年开始推行，在美国部分州和一些国家已被列为法定强制标准。

绿色建筑的节能技术，主要包括被动优先设计、主动优化设计、节能绿色建筑技术等。这些技术的应用不仅可以减少建筑物自身的能耗，还可以优化环境和资源利用。“绿色建筑”这一概念，不仅仅在于建筑的外观绿化，更重要的是在建筑设计和建造过程中充分考虑环境保护和资源节约，以实现人与自然和谐共生的目标。随着科技的进步和社会的发展，绿色建筑的重要性愈发凸显，其市场前景也呈现出一片光明。

此外，还有一些成功的绿色低碳建造的项目案例，见表 6-3。

表 6-3 国内成功的绿色低碳建造项目

序号	案例名称	项目简介
1	南京国际青年文化中心	南京的新地标建筑，采用了绿色屋顶、太阳能发电和雨水收集系统，实现了高效的能源利用和低碳排放
2	上海世博园中国馆	中国参与 2010 年上海世博会的主要场馆之一，采用了太阳能光伏发电、雨水收集和绿色屋顶等技术，实现了零碳排放
3	北京绿色金融街	中国首个获得 LEED 铂金认证的综合体项目，采用了多种绿色建筑技术，如雨水收集、太阳能光伏发电和地热供暖，实现了高效能源利用和低碳排放
4	成都天府国际机场	中国西南地区的重要交通枢纽，采用了高效的能源管理系统、绿色屋顶和雨水收集系统，实现了低碳运营
5	深圳平安金融中心	中国最高的绿色建筑之一，采用了高效的能源管理系统、太阳能面板和雨水收集系统，实现了能源自给自足
6	杭州国际会议中心	杭州的标志性建筑之一，采用了太阳能光伏发电、绿色屋顶和雨水收集系统，实现了高效的能源利用和低碳排放
7	昆明滇池国际会展中心	昆明的一个重要会议和展览设施，采用了绿色屋顶、太阳能发电和雨水收集系统，实现了低碳运营

这些案例不仅在设计、施工和运营阶段体现了绿色低碳理念，而且在实践中取得了显著的环境效益和社会认可，为其他项目提供了宝贵的学习和借鉴经验。

随着全球气候变化的加剧和技术的进步，绿色建筑已经成为未来建筑发展的必然趋势。未来的绿色建筑将更加注重可持续建筑材料的使用，例如可降解、可回收的材料。此外，零能耗技术也将得到更广泛的应用，如利用太阳能、风能等可再生能源为建筑提供电力和空调需求。绿色建筑还将通过使用高性能门窗及遮阳措施来实现建筑节能。

绿色建筑不仅代表了一种环保的理念，更体现了对未来可持续发展的追求。随着技术的不断创新和政策的支持，绿色建筑在国内的发展前景将更加广阔。

（二）低碳建筑

低碳建筑是指在建筑材料与设备制造、施工建造和建筑物使用的整个生命周期内，减少化石能源的使用，提高能效，降低 CO_2 排放量的建筑。这种建筑模式已经成为国际建筑界的主流趋势，因为建筑行业在 CO_2 排放总量中占据了近乎 50％的比例，这一比例远高于其他工业领域。因此，低碳建筑的发展、应用对于碳中和、碳达峰具有重大意义。

低碳建筑的重要性在于减少碳排放，对抗全球气候变暖。城市碳排放的 60％来源于建筑维持功能本身，因此，建设绿色低碳住宅项目，实现节能技术创新，建立建筑低碳排放体系，对于中国房地产行业的健康发展至关重要。

低碳建筑主要分为两方面：一方面是低碳材料的使用，另一方面是低碳技术的应用。

在低碳建筑中使用的低碳材料有很多。例如，外墙节能技术以及墙体的复合技术会使用内附保温层、外附保温层和夹心保温层。我国采用夹心保温层做法较多；在欧洲各国，大多采用外附发泡聚苯板的做法。

低碳技术的运用，是实现低碳建筑的关键。例如，利用地源热泵采集地下热能、雨水收集综合利用、利用光伏发电系统发电照明等。此外，还有新能源的开发和利用，如太阳能热水器、光电外墙板、光电遮阳板以及光电玻璃幕墙等。

低碳建筑评价标准是衡量建筑行业环保性能的重要工具。这些标准旨在通过评估建筑物在其整个生命周期内的碳足迹，从设计、建造、运营到最终拆除，鼓励业界采取更加环保的设计和施工方法。在 2023 年发布的《低碳建筑评价标准》（Assessment standard for low-carbon building）[①]（T/CSUS 60—2023）文件中，强调了全生命周期的原则，并指出低碳建筑的评价应包括建筑设计、建筑材料、建筑建造和建筑运维全过程和全要素。此外，该标准还提出了因地制宜的原则，强调在进行低碳性能评价时，需要考虑项目所在地

① 中国城市科学委员会. 低碳建筑评价标准：T/CSUS 60—2023[S]. 北京：中国建筑工业出版社，2023.

的气候、地理、环境、经济、文化和可再生能源资源等方面的特征。另外,《碳中和建筑评价标准》(T/CECS 1555—2024)的推行,也表明了建筑行业正在向更加环保的方向发展,追求碳中和的目标。

低碳建筑是建筑行业重要的发展方向,它不仅有助于减少碳排放,还能促进可持续发展。随着人们环保意识的增强,低碳建筑将在未来的建筑设计和施工中占据更重要的地位。国内低碳建筑代表案例,包括当代集团的MOMA系列、北京电视台高楼以及大连太平湾合作创新区、英歌石科学城等项目。这些项目在低碳建筑的设计和实施方面体现了国际主流趋势,并且在中国建筑行业中起到了示范作用。

二、绿色低碳建筑及评价标准

绿色低碳建筑是指在建筑材料、设备制造、建筑施工和建筑物使用的整个生命周期内,减少石化能源的使用、提高能效、降低二氧化碳排放量的建筑。[①] 这种建筑模式不仅涉及建筑物自身,还包括建筑物包含的生态构建、安全舒适的生活环境等。绿色低碳建筑强调在建筑全生命周期内,通过提高能源利用效率、降低能源消耗、减少环境污染等方式,实现可持续发展和生态保护。随着全球气候变暖问题的日益严峻,绿色低碳建筑成为建筑行业发展的必然趋势。新质生产力作为一种以创新驱动、绿色高效为核心的生产方式,为绿色低碳建筑的实现提供了有力支撑。绿色低碳建筑体现了"科学发展观""以人为本""和谐社会"等多重理念,符合人类社会发展要求,顺应了时代潮流。

绿色低碳建筑的意义在于:(1)它能够创造舒适、健康、安全的生活空间,使建筑和使用过程遵循"科学恰当选址、循环利用资源、高效节约能源、建筑环境安全、降低废气排放、建筑合理实用"等建设特征。(2)绿色低碳建筑技术的应用,有助于降低建筑碳排放、提高建筑能效,同时也有利于推动绿色建筑产业的发展。(3)绿色低碳建筑能够在很大程度上节约环境资源与天然能源,促进建筑业可持续发展。

国内绿色低碳建筑的代表案例有:(1)深汕特别合作区中建绿色产业园

① 傅温.建筑工程常用术语详解[M].北京:中国电力出版社,2014.

办公楼，是全球首个运行的“光储直柔”建筑，由中建科技研发实施；(2)上海瑾璨城市零碳建筑展示中心，是中国首个模块化零能耗建筑；(3)宁波中加低碳新技术研究院有限公司的全CLT公共居住建筑；(4)岳阳城陵矶老港绿色低碳改造项目，是湖南省2021年绿色低碳典型案例之一。这几个项目案例都是国内绿色低碳建筑的代表案例，它们在节能减排、可持续发展等方面取得了显著成效，且在行业内树立了良好的榜样。

2019年3月13日，中华人民共和国住房和城乡建设部(以下简称住房城乡建设部)发布了公告，批准《绿色建筑评价标准》(GB/T 50378—2019)为国家标准，自2019年8月1日起实施。该标准提道：(1)绿色建筑评价应以单栋建筑或建筑群为评价对象。评价对象应落实并深化上位法定规划及相关专项规划提出的绿色发展要求；涉及系统性、整体性的指标，应基于建筑所属工程项目的总体进行评价。(2)绿色建筑评价指标体系应由安全耐久、健康舒适、生活便利、资源节约、环境宜居5类指标组成，且每类指标均包括控制项和评分项；评价指标体系还统一设置加分项。(3)申请绿色金融服务的建筑项目，应对节能措施、节水措施、建筑能耗和碳排放等进行计算和说明，并应形成专项报告。①

2023年7月19日，住房城乡建设部办公厅发布国家标准《零碳建筑技术标准(征求意见稿)》，向社会公开征求意见。

2023年9月25日，住房城乡建设部发布了国家标准《建筑与市政工程绿色施工评价标准》(GB/T 50640—2023)，自2024年5月1日起实施。该标准提道：(1)工程项目绿色施工评价应在绿色施工影响因素分析的基础上，依据绿色施工策划文件，对工程实施过程进行评价。(2)绿色施工评价框架体系应由基本规定评价、指标评价、要素评价、批次评价、阶段评价、单位工程评价及评价等级划分等构成，绿色施工评价依此顺序进行。②

绿色低碳建筑的评价标准，综合考虑了建筑在其生命周期内的资源节约、环境保护以及降低碳排放等方面的表现，通常包括这几个方面：资源节

① 中华人民共和国住房和城乡建设部. 绿色建筑评价标准：GB/T 50378—2019[S]. 北京：中国建筑工业出版社，2019：3.

② 中华人民共和国住房和城乡建设部. 建筑与市政工程绿色施工评价标准：GB/T 50640—2023[S]. 北京：中国计划出版社，2023：5.

约、环境保护、碳排放减少、健康舒适的室内环境、高效的设备系统、可持续的运营管理等。

绿色低碳建筑是未来建筑行业的重要发展方向。它不仅有助于缓解气候变化和资源紧张问题，还能促进新能源和新材料的发展，提高建筑的舒适度和健康性。随着技术的进步和政策的支持，绿色低碳建筑将成为推动全球经济发展的新动力。

三、绿色低碳建筑中的技术应用

（一）绿色建材应用

建设绿色低碳建筑的首要任务是选择环保、节能的建筑材料。研发和应用绿色建材，可以减少对自然资源的消耗，降低环境污染。同时，绿色建材还具备更好的隔热、保温性能，有助于提高建筑的能源利用效率。

新质生产力与绿色发展相互促进、协同共进。新质生产力是绿色发展的重要支撑，践行绿色发展理念为培育发展新质生产力提供了持续动力。绿色低碳建筑正是这一理念的具体实践。它不仅符合绿色发展的要求，还通过科技创新和产业转型升级，推动了经济社会的高质量发展。

在绿色建材应用中，绿色建材标准是最关键的。绿色建材标准是一系列规范和指南，用于评价和认定建筑材料在生产、使用和处置过程中对环境的影响程度。这些标准通常涵盖了原材料的选择、生产过程的环保性、产品的环保性能以及废弃后的回收利用等多个方面。绿色建材标准的制定和实施旨在促进建材行业的可持续发展，减少对自然资源的依赖，降低环境污染，并提高建筑的能效和健康安全性。绿色建材标准对于推动建筑行业的绿色发展至关重要。它们不仅能够引导建材生产企业采用清洁生产技术，减少能源消耗和污染物排放，还能够帮助消费者识别环保性能优异的建材产品，从而在建筑市场中形成良好的环保导向。此外，绿色建材标准也是推动建材产品创新和升级的重要动力，促使企业开发更多环保、节能、高效的建筑材料。

绿色建材的评定通常需要通过一系列严格的评价标准和认证过程，例如 ISO 14025 和 LEED 等。其中，ISO 14025 与中国Ⅲ型环境标志强调产品质量指标与环境指标的双优，它对产品和服务的各个阶段（如设计、生产、使用、废弃等阶段）按照生命周期评价理论进行系统的分析，开列出所有与产品和服务有关的环境影响清单，并检测和计算出相应的量化结果，向消费者、经销商提供产品和服务的可比环境信息，同时在市场上树立企业的绿色形象。ISO 14025 标准中Ⅲ型环境声明提供了两种方法：一种是生命周期清单(LCI)方法，另一种是生命周期影响评价（LCIA）方法。ISO 14025 是一项重要的环保标准，它不仅帮助企业提升了产品的环保性能，还增强了消费者的环保意识。随着全球环保政策的不断推进，越来越多的企业开始重视并实施 ISO 14025 认证，以适应市场需求和保护地球环境。

绿色建材标准是一个复杂的体系，涉及原材料选择、生产过程、环保性能、健康与安全、可回收与再利用等多个方面。这些标准不仅有助于推动建材行业的绿色发展，还能够促进建筑行业的转型和升级，最终实现可持续发展目标。

（二）节能技术应用

节能技术是绿色低碳建筑实现高效能源利用的关键。采用先进的节能技术，如太阳能利用、地源热泵、节能门窗等，可以有效降低建筑能耗，提高能源利用效率。此外，节能技术还可以为建筑提供舒适的室内环境，提升居住体验。

绿色低碳建筑通过提高能效和降低碳排放来实现其绿色低碳的目标。这包括采用高效的建筑材料和设备，优化建筑设计和施工过程，以及加强建筑物的能源管理。

在建筑行业中，新质生产力表现为绿色建筑和零碳办公大楼的设计与建造。例如，贵州首座“零碳大楼”采用了地源热泵装置等环保节能技术，通过使用绿色能源和电力储蓄等方式，基本实现大楼电力运行的自给自足，每年可节约大量电费，并降低耗能 30%～50%。这样的建筑不仅节约了能源，还减少了环境污染，符合新质生产力的绿色、高效能特征。

（三）高效施工管理技术

高效施工管理是绿色低碳建筑实现质量提升和成本降低的重要手段。通过引入现代化施工管理理念和手段，如精益管理、信息化管理等，企业可以实现对施工过程的精准控制和优化。这不仅可以提高施工效率，还可以减少资源浪费和环境污染。

绿色低碳建筑的高效施工管理措施主要是:(1)组织管理与规划。建立绿色施工管理体系,并制定相应的管理制度与目标。项目经理为绿色施工第一责任人,负责绿色施工的组织实施及目标实现,并指定绿色施工管理人员和监督人员。(2)材料选择与管理。在施工过程中,应尽量使用能效高、CO_2 排放量低的材料。例如,选择环保型材料,如不含甲醛的地板,避免甲醛污染,更保障了人们的身体健康与生命安全。(3)环境保护措施。施工现场应采取有效措施降低环境负荷,如制订环境管理计划及应急救援预案。同时,在施工现场应尽量避免或减少施工过程中的光污染、噪声污染和水污染等。(4)节约材料资源。在施工过程中,应尽量减少资源的消耗,保护环境,减少对附近居民生活的影响。例如,在施工中要选用节能型的设备,尽量利用可循环材料等。(5)能源管理。在建筑的施工管理中涉及的能源有水资源、电力资源、煤气资源和柴油等。做好能源的管理是减少能源消耗的有力手段。在具体的管理中,可以采取以下方式:在施工前期进行设备的选用时,要充分考虑它的能源利用率和功能效果,选择可以获得最大效益的设备;在施工中要节约水、电,合理地进行时间的安排,对设备加强管理,工作结束的时候确保设备的断电。(6)实施管理与评价。企业应对整个施工过程实施动态管理,加强对施工策划、施工准备、材料采购、现场施工、工程验收等各阶段的管理和监督,还应结合工程项目的特点,有针对性地对绿色施工作相应的宣传,通过宣传营造绿色施工的氛围。

绿色低碳建筑的高效施工管理技术是一个复杂的系统工程,需要从多个方面进行综合考虑和管理。通过采用这些技术措施,可以有效地降低建筑施工对环境的影响,实现可持续发展的目标。

(四)智能化技术应用

智能化技术是提高绿色低碳建筑运行效率和管理水平的重要工具。通过引入智能化系统,如智能照明、智能空调等,可以实现对建筑内部环境的精准控制和调节,提高居住者的舒适度。同时,智能化技术还可以对建筑运营过程中的各项数据进行实时采集和分析,为管理者提供决策支持,优化建筑运营管理。

绿色低碳建筑是建筑材料、设备制造、建筑施工和建筑物使用的整个生命周期内，减少石化能源的使用、提高能效、降低 CO_2 排放量的建筑。在这一过程中，数字技术发挥了重要作用。例如，BIM 技术可以实现建筑设计的可视化、协同化和优化，提高设计质量和效率，为建筑施工和运维管理提供精准的数据支持，降低资源浪费和能耗。此外，大数据、人工智能等数字技术与交通、物流、建筑等领域融合，推动了经济社会发展绿色化、低碳化。

（五）创新设计理念

创新设计理念是绿色低碳建筑实现创新的灵魂。通过引入创新设计理念，如绿色建筑生态系统、模块化设计等，可以打破传统建筑设计的局限，实现建筑与环境、人与自然的和谐共生。这不仅可以提升建筑的美学价值，还可以为建筑带来更好的使用性能和舒适度。

在实践中应用绿色低碳建筑的创新设计理念，要注意：(1)绿色低碳建筑的设计应考虑到建筑的全生命周期影响。这意味着在设计、施工、运营乃至拆除阶段，都应追求资源的最大化利用和环境的最小化影响。要依据绿色低碳的理念，设计相应的建筑物，对太阳能、风能等可再生能源进行充分利用，最大限度地节约能源，保护人类赖以生计的环境，实现人类社会的可连续发展。(2)绿色低碳建筑的核心在于节能减排。在设计阶段，建筑师应充分考虑建筑所在地的地理位置、气候特点、能源利用等因素，以最小的能耗实现建筑的功能和美观。例如，通过合理规划建筑的朝向和布局，可以最大限度地利用自然光和风力，从而减少对人工照明和空调的依赖。(3)绿色建筑材料的选择是实现低碳目标的关键。新型的绿色建材如再生木材、低挥发性有机化合物(VOC)涂料，以及高效能的保温材料等，不仅能减少建筑过程中的环境污染，还能提高建筑的能源效率。(4)考虑智能化技术在绿色低碳建筑中的广泛应用。通过安装能源管理系统、自动化控制系统和能源储存系统等智能设备，可以实时监控和调节建筑的能源使用，进一步提升能源的利用效率。

绿色低碳建筑的创新设计理念要求建筑师在设计时既要考虑建筑的环境效益，也要追求经济效益和社会效益的平衡。随着科技的进步和人们环保意识的增强，绿色低碳建筑必将成为未来建筑业的主要发展方向。

（六）科技创新引领

绿色低碳建筑的建设需要一系列的新技术和新工艺，这就推动了相关产业的升级和发展。例如，新能源产业的发展，包括光伏、核能等，已成为中国经济转型升级的重要驱动力，也是中国实现“双碳”目标的重要路径。在这一过程中，科技创新是发展新质生产力的核心要素。通过不断的科技创新和产业转型升级，绿色低碳建筑能够实现更高水平的可持续发展。

科技创新是绿色低碳建筑践行新质生产力的关键驱动力。持续投入研发和创新可以推动绿色建筑技术的不断进步和应用。例如，利用物联网、大数据等先进技术，实现对建筑能源、环境等信息的智能感知和调控，提高建筑的智能化水平。同时，科技创新还可以推动绿色建筑产业链的发展和完善，为绿色低碳建筑的实现提供有力支撑。

（七）标准化与监管

标准化与监管是确保绿色低碳建筑质量和效益的重要保障。制定和完善绿色建筑相关标准和规范，可以为绿色低碳建筑的设计、施工、运营等提供明确的技术指导和要求。同时，加强监管力度，对绿色建筑项目进行严格把关和验收，可以确保绿色建筑的质量和效益达到预期目标。

标准化是推动绿色低碳建筑发展的重要手段之一。确立统一的标准和规范，可以使相关行业和企业在发展中更加注重环保和节能减排。绿色低碳标准化的基本原则包括科学性和可操作性，以及公平性和可持续性。核心内容涉及能源消耗和排放标准、资源利用效率标准和环境保护标准等。

2019 年 1 月 24 日，《近零能耗建筑技术标准》（GB/T 51350—2019）发布，这一标准规范了与“近零能耗”相关的定义方法和技术路径，激励建筑开发单位利用技术实现减碳目标，有效指导了建筑全过程。

2020 年 9 月 22 日，在第七十五届联合国大会上，中国首次提出“双碳”目标，习近平主席郑重宣布：“中国将提高国家自主贡献力度，采取更加有力的政策和措施，二氧化碳排放力争于 2030 年前达到峰值，努力争取 2060 年前实现碳中和。”“30・60”双碳目标，是指未来 30 年内将大气中碳排放减半，碳汇总量在 60 年内控制在全球温室气体排放水平上，从而实现 2050 年达到净零排放的目标。“30・60”双碳目标的提出，是 2021 年的第 26 届联合国气候变化大会（COP26）上讨论的重要议题之一，是世界各国尤其是发达国家努力实现气候变化新安排的重要支柱，也是改变碳污染产生模式的重要契机。

2021 年 4 月 9 日，国家标准《零碳建筑技术标准》启动会在中国建筑科学研究院召开，该标准的制定是住房和城乡建设领域积极落实“30·60”双碳目标的重要工作，将对建筑领域减碳目标进行分解落实，对引导强制性标准提升具有重要支撑作用。

《近零能耗建筑技术标准》《零碳建筑技术标准（试行）》的施行，为各省地方规定提供了参考，我国不同气候区的不同建筑类型的低碳进程都在加速发展。以江苏省为例，江苏省住房和城乡建设厅在2020年和2021年分别印发了《江苏省超低能耗居住建筑技术导则（试行）》和《江苏省“十四五”绿色建筑高质量发展规划》，要求城镇新建建筑全面执行绿色建筑标准，指导超低能耗建筑发展，提升建筑能效。标准化作为建筑减碳过程中的重要手段，也是各国的普遍经验，我们国家绿色建筑经过多年的实践发展已经证明，将技术转化为标准，再通过标准来指导和约束、规范市场的发展和建筑更迭，对节能减碳具有显著作用。所以，用标准推动建筑减碳也要求标准编制需更加合理、科学有效。标准既要体现技术，也要强调经济投入成本。

监管是确保绿色低碳建筑标准得到有效执行的关键。政府应发挥主导作用，通过政策引导、法律法规和经济激励等方面的支持，促进行业积极参与监管。此外，社会各方的合作也至关重要，监管需要包括学术界、科研机构、咨询公司、行业协会等的参与和支持。绿色低碳标准化的评估和认证体系对于提升企业和行业的竞争力具有重要作用。

绿色低碳建筑的标准化与监管是实现建筑业可持续发展的关键。通过制定科学合理的标准和规范，并建立起有效的监管体系，可以确保绿色低碳建筑的质量和效果，从而推动整个建筑业向更加环保和高效的方向迈进。

（八）可持续运营维护

可持续运营维护是绿色低碳建筑长期发挥节能减排效益的重要保障。通过制订合理的运营维护计划，采用先进的设备监测和维护技术，可以确保建筑在长期使用过程中保持良好的性能和状态。同时，还可以实现对建筑能源使用、环境状况等信息的实时监测和调控，提高建筑运营管理的智能化水平。推动绿色低碳建筑的快速发展和普及，可以为应对全球气候变暖问题贡献力量。

绿色建筑的维护与管理是为了保证建筑的长期高效运行。维护与管理的办法包括建立健全的建筑运营管理体系，采用智能化管理技术，提高建筑维护和管理效率。同时，还需要加强建筑使用人员的培训和管理，提高建筑的使用效益。此外，要注意做到以下几点：(1)在绿色建筑运营阶段要进行材料管理和维护，确保满足材料的长寿命和低维护需求，减少更换和修复的频率。(2)结构的维护是保证建筑安全的关键。这包括定期检查建筑结构的安全性，及时发现并修复任何潜在的问题。在结构维护过程中，应尽可能采用非破坏性的方法，以减少对环境的影响。(3)在维护阶段，对于任何损坏或老化的部分，都应该采用环保的方式进行维修和翻新，确保这些活动不会对环境造成负面影响。例如，可以使用可再生或可回收材料进行修复工作。(4)加强建筑废弃物的管理和回收利用，减少废弃物的产生和排放，降低建筑对环境的影响，提高能源利用效率。

第七章

能源工程建设中新质生产力发展的研究

第一节　新质生产力对能源工程建设的影响

新质生产力作为现代经济社会发展的强大驱动力，正在对能源工程建设产生深远影响。这种影响不仅体现在技术水平的提升和能源效率的优化上，还深刻推动着可持续发展、产业结构升级、创新能力增强、能源安全保障以及节能减排的实现。

一、促进能源领域革命性变革

新质生产力的发展，促进了能源领域的革命性变革。在能源生产领域，它增强了化石能源兜底保障能力，同时推动了油气勘探开发与新能源融合。在能源消费领域，新质生产力推动了工业、交通、建筑、农业等重点领域节能降碳更新改造，加快了碳捕集、利用与封存等减碳、负碳技术应用。

在能源领域，新质生产力的发展能够推动能源产业的技术进步和效率提升，对应对能源安全、环境保护和气候变化等全球性挑战具有至关重要的作用。

新质生产力在能源领域的应用与发展表现为对传统能源生产和消费模式的深刻革新。它致力于引导和促进新技术、新业态和新模式等新型生产要素向能源领域流动并融合发展，促进能源的高效使用、绿色低碳转型和可持续发展。具体来说，包括了太阳能、风能、生物质能等可再生能源技术的发展与应用，化石能源清洁高效利用技术的提升，以及智能电网和能源互联网的构建等。

新质生产力的推进发展，将加快推动能源领域核心生产要素的形成，并构建新的多元化的生产要素系统和生产关系，具有变革性、颠覆性。新质生产力在促进能源领域变革过程中，其核心要素包括技术创新、资本投入、政策支持、产业结构升级、制度优化、人才培养和国际合作等多个维度，技术创新是新质生产力的核心，也是能源转型发展的核心；资本投入为能源领域技术创新发展提供必要的财务保障；政策环境包括制定鼓励新能源发展的法律法规、提供税收优惠、设立绿色信贷和保险产品、实施碳交易和排放配额制度等。

新质生产力的主要特征体现在创新，包括科技创新、制度创新、管理创新。这是新质生产力的内在要求，也是实现现代能源高质量绿色低碳、清洁高效发展目标的主要路径。强化能源领域的新型要素供给，也是夯实新质生产力发展基础的重要举措。

为了加快推进新质生产力在能源领域的应用与发展，我们要采取一系列具体举措，包括：(1)创新能源领域的产业政策机制，是营造新质生产力发展有利环境的关键；(2)加强智能化、信息化、绿色化的能源技术研发投入，加快满足构建新型能源体系及新型电力系统的基础理论研究，这是推动新质生产力发展的基础；(3)加快能源基础材料的研发，深入分析在不同环境下硅基、薄膜光伏、钙钛矿材料的转换效率及成本，探索风力发电的叶片设计、材料选择和控制系统优化，不断提高转换效率和降低维护成本，进一步巩固我国在新能源领域的国际领先地位；(4)突破追踪高级计量基础设施(AMI)、需求响应(DR)、分布式能源资源(DER)的集成和高级配电管理系统(ADMS)等智能电网关键技术，促进能效提升和系统的可靠性和弹性。

新质生产力在促进能源领域革命性变革方面发挥着至关重要的作用。通过技术创新、制度创新和管理创新，可以推动能源行业的转型升级，实现能源的高效利用、绿色低碳转型和可持续发展。同时，还需要加强国际合作，共享研发成果，共同解决技术难题，促进先进技术和管理经验的传播，以共同推动全球能源革命。

二、推动能源绿色低碳转型

在全球碳中和进程加速、清洁能源产业竞争加剧的背景下，新质生产力成为推动能源绿色低碳转型的关键力量。新质生产力带来的变化，体现在以新技术、新平台为代表的创新模式，它在能源工程建设中的应用极大地推动了能源的绿色低碳转型。

新质生产力在能源绿色低碳转型中扮演着至关重要的角色，它通过技术创新推动规模能源清洁化、清洁能源规模化、能源体系智能化，助力新型能源体系建设和能源绿色低碳转型。具体来说，新质生产力可以通过几种方式推动能源绿色低碳转型：(1)技术创新。新技术的应用可以大幅度提高新能源、可再生能源的效率，降低其成本，从而推动清洁能源规模化。(2)清洁利用传统能源。新质生产力可以推动煤炭等传统化石能源的清洁化利用，降低污染物排放。(3)能源体系智能化。通过打造多种能源耦合互补、高效利用的智能能源系统，新质生产力可以提高能源系统的效率和灵活性。

在新质生产力的推动下，我国在能源绿色低碳转型方面取得了一系列具体的实践成果。

举例：国投集团雅砻江水电项目，以新质生产力为突破口和着力点，全面推进世界最大清洁能源基地建设和国家重大科技基础设施运行。雅砻江流域水风光一体化基地利用自然资源形成全流域梯级电站，通过光伏风电资源丰富的特点，形成了总规模超1亿千瓦的水风光互补绿色清洁可再生能源示范基地。雅砻江流域水风光一体化基地，将成为全球最大的绿色清洁可再生能源基地。这一发展模式，不仅提高了能源利用效率，还最大限度地减少了对环境的影响，符合全球碳达峰碳中和的进程。

举例：国家能源集团独创国能e购电子商务平台，探索数字经济和能源经济融合发展，2020年完成采购订单13万单、采购金额600亿元，采购成本平均降幅15%。在煤炭行业，数字化转型带来的改变同样不可小觑。山东能源集团建成山东省管企业首个全流程业务财务一体化经营管控平台，山西省潞安集团新元煤矿落成“5G智慧矿山”。这些数字化转型的成果，都是数字经济助推煤炭企业转型的案例典型。随着煤炭企业数字产业化发展持续提速，煤炭业数字化转型趋向以数据价值为驱动，煤炭行业百万传统矿工将向“新型矿工”转型，促进煤发电传统模式低碳化的早日实现。

三、提升能源工程技术水平

新质生产力是一种以创新起主导作用的生产力形态，它强调通过科技创新、制度创新和管理创新来提高生产效率、优化资源配置、促进产业升级和形成新的增长点。新质生产力带来的最直接影响就是能源工程技术水平的提升，这种生产力质态的提升对于能源工程技术水平的提升具有重要意义。

随着科技创新的不断突破，新能源技术、智能电网技术、储能技术等不断涌现，为能源工程建设提供了更先进的技术手段和解决方案。这些技术的应用不仅提高了能源工程的建设效率和质量，还大大提升了能源利用效率和可靠性。新质生产力的特性与能源工程技术的结合，使得新质生产力具有的高科技、高效能、高质量、高维度特征，与能源工程技术的需求更加高度契合。在能源领域，新质生产力的发展能够推动能源产业的技术进步和效率提升，对应对能源安全、环境保护和气候变化等全球性挑战具有至关重要的作用。

在能源领域，新质生产力表现为对传统能源生产和消费模式的深刻革新甚至是替代，包括促进新能源技术的研发和推广，如太阳能、风能、生物质能等可再生能源技术，以及化石能源清洁高效利用技术。此外，还包括智能电网技术、能源存储技术、碳捕捉与封存(CCS)技术等的发展与应用。

新质生产力的提升对于能源工程技术水平的提升具有深远的影响。它通过技术创新、资本投入、政策支持、人才培养和国际合作等多个维度推动能源领域的革新和发展，从而实现能源工程技术水平的全面提升。

四、实现能源效率优化

新质生产力是指通过技术创新、产业升级、管理优化等方式，提高生产效率、降低成本、增强企业竞争力的一种生产力形式。在能源效率优化方面，新质生产力发挥着重要作用。

新质生产力通过推动能源技术的创新和应用，实现了能源效率的优化。高效的能源利用不仅能够减少能源消耗和浪费，降低能源成本，还能够提高能源供应的稳定性和安全性。这对于保障国家能源安全、促进经济社会发展具有重要意义。

新质生产力借助于物联网、大数据、云计算、人工智能、智能电网等数字技术，实现能源生产消费过程智能化管理，提升能源利用效率。这些技术的应用激活了虚拟电厂、能源大数据平台等新业态、新模式。

新质生产力推动传统能源清洁利用，提高能源利用效率，加快能源绿色低碳转型。比如，光伏成本的大幅下降为其替代传统石化能源打下了坚实基础。新材料的应用形成了新能源产业，如人工合成的钙钛矿太阳能光伏面板材料，它的转换效率已达到25.2%，被用于制造下一代太阳能电池板，具有巨大的长期价值。

新质生产力在环境保护和资源节约方面发挥着至关重要的作用。例如，清洁能源技术的发展减少了对化石燃料的依赖，从而降低了温室气体排放。

智能电网和能源管理系统能够更有效地分配和使用能源，减少浪费。

新质生产力在实现能源效率优化方面，具有巨大的潜力和作用。持续投资新技术的研发、推广可持续的业务模式，并制定相应的政策支持，可以确保经济的长期健康发展，同时也能够保护我们的自然资源和环境。

五、升级能源产业结构

新质生产力的崛起带动了能源工程相关产业的结构升级，新质生产力促进了能源结构优化。随着新能源、智能电网等领域的快速发展，传统能源产业正逐步向高端化、智能化、绿色化方向转型。同时，新质生产力还催生了新的产业形态和商业模式，为能源工程产业链上下游的协同发展提供了新机遇。

新质生产力的发展，促进了能源结构的优化。例如，在浙江，随着新能源的大规模接入，电网运行机理发生了颠覆性改变，传统的“源随荷动”单向计划转为“源网荷储”多元协同互动。这样的变化，使得能源系统的灵活性和响应速度得到了大幅提升，也为能源保供稳价等工作提供了有力的支持。[①]

新质生产力通过对传统能源产业的转型升级、引领能源行业的创新和智能化管理，以及赋能新能源产业的发展，全面提升了能源产业结构的水平和质量。这些变化不仅是技术进步的结果，也是我国经济高质量发展的内在要求和重要着力点。

六、增强能源工程创新能力

新质生产力鼓励和支持创新，为能源工程建设提供了强大的创新动力。通过加强产学研合作、推动科技成果转化应用等措施，新质生产力不断提升能源工程领域的创新能力。这不仅推动了能源技术的进步和发展，还为能源工程建设提供了更多具有自主知识产权的技术储备。

新质生产力的发展离不开基础科学研究的重大突破和对原有技术路线的根本性颠覆。例如，在油气开采领域，基于人工智能技术的石油机械装备已经开始应用于实际操作中，这不仅提高了油气开采的效率和安全性，也为

① 陈丽莎. 从能源视角看新质生产力——国网浙江电力锚定创新助力高质量发展[N]. 中国电力报，2024-03-27(1).

能源工程的技术创新提供了新的思路。

能源工程领域的创新能力，是推动该行业发展的重要驱动力。它涉及新技术的研究、开发和应用，以及如何通过这些技术提高能源的利用效率，减少对环境的影响。

经过多年的发展，中国的能源科技创新能力已经从全部"跟跑"提升到部分"并跑"。化石能源资源深度勘探和绿色开采应用技术取得进展，页岩气勘探开发、大型天然气液化、超低排放火电等领域的技术攻关和装备研发工作取得了重大突破。这都离不开新能源工程的核心源动力——创新，各种先进技术的应用，促进了能源的科学合理利用，减少了对环境的不利影响。

无论是能源工程领域还是能源工程、产业实践，创新能力在能源工程中的重要性不言而喻。随着技术的进步和社会的发展，能源工程的创新能力将在推动能源转型和可持续发展中发挥越来越重要的作用。

七、推动能源工程可持续发展

新质生产力强调绿色、低碳、循环的发展理念，推动了能源工程的可持续发展。通过发展可再生能源、推动能源消费方式转变、加强能源与环境的协调发展等措施，新质生产力有效促进了能源工程建设与生态环境的和谐共生。

新质生产力的发展，对于推动可持续发展具有重要意义。它通过提高能源效率和优化资源配置来实现环境保护。在资源节约方面，新质生产力通过采用先进的制造技术和材料，大幅度降低生产过程中的资源消耗。

在能源工程领域，新质生产力推动着企业采用先进的科学技术，提高能源转换和利用的效率，同时减少对环境的影响，确保能源供应的安全性和可持续性。新质生产力强调科技创新在推动高质量、可持续发展中的重要作用。在清洁能源技术的研发与推广方面，例如太阳能光热发电、绿色制氢技术等，都是新质生产力的具体体现。这些技术的应用不仅能够减少温室气体排放，还能促进能源结构的优化升级。利用物联网技术、大数据技术、生物质能技术、云计算、人工智能、智能电网等新兴技术，企业能够实现能源生产消费过程智能化管理，提升能源利用效率，激活虚拟电厂、能源大数据平台等新业态、新模式。这样的转型有助于构建更加灵活、高效、可靠的能源系统，从而支持能源工程的可持续发展。新质生产力的发展强调了环境、社会和公司治理(ESG)的重要性。在能源工程实践中,这意味着要将环境保护和资源节约放在重要位置,通过制定和执行严格的环境标准和管理措施,确保能源项目的实施不会对环境造成不可逆转的损害。

随着全球碳中和进程的加速和清洁能源产业竞争的加剧,新质生产力将在能源工程领域发挥越来越重要的作用。未来的能源工程将更加注重科技创新和绿色发展,通过不断推动新质生产力的发展,实现能源系统的全面升级,为经济社会的可持续发展提供强有力的支撑。

八、保障能源安全

新质生产力的发展对于保障能源安全具有重要作用,通过发展新能源产业,可以减少对传统化石能源的依赖,从而提高能源安全。过去几年,我们通过多元化能源供应、加强能源基础设施建设、提高能源供应的可靠性和稳定性等措施,有效提升了国家能源安全保障水平。这不仅有助于应对能源供应风险和挑战,还能够为经济社会发展提供坚实的能源支撑。

能源安全是一个涉及国家安全和对外战略等多层面的问题,也是一个关乎国际能源供应和能源地缘政治的问题。能源安全不仅与能源供应的稳定性和可靠性有关,还包括了能源的价格稳定、环境安全以及应对能源危机的能力等。能源安全的基本概念包括五个方面:能源供应安全、能源价格安全、能源环境安全、能源治理安全、能源国家安全,如图 7-1 所示。

当前世界所面临的能源安全问题呈现出与历次石油危机明显不同的新特点和新变化,它不仅是供应安全问题,还是包括能源供应、能源需求、能源价格、能源运输、能源使用等安全问题在内的综合性风险与威胁。因此,能源安全应该遵循四项原则:国际化、市场化、多元化和低碳化。

能源安全的判定标准主要有可靠的供应、合理的价格、充分的石油战略储备、可靠的运输通道和合理的能源结构,这些因素共同构成能源安全的基础。可靠的供应主要包括国际供应和国内供应。在国际能源供应方面,能源安全供应主要是油气的安全供应。

中国作为一个能源消费大国,也在积极推进能源安全战略。中国正处于工业化、城镇化进程加快的时期,能源消费强度较高。随着经济规模进一步扩大,能源需求还会持续较快地增加,对能源供给形成很大压力,供求矛盾将

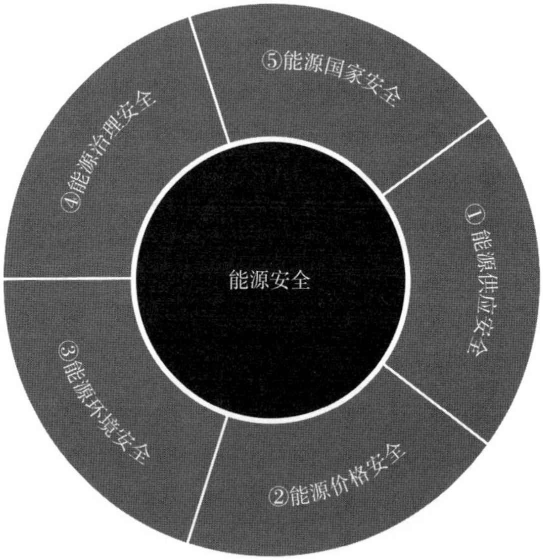

图 7-1　能源安全的内涵构成

长期存在，石油天然气对外依存度将进一步提高。因此，我国提出了“立足国内为主”的能源安全战略①，并强调通过技术创新搞活市场，用好多种能源，将能源的饭碗牢牢端在自己手上。具体措施包括构建完善的煤炭供需预测预警体系和调节机制，完善煤炭产供储销体系，落实新一轮定价机制等。

可以看出能源安全是一个复杂的系统工程，需要从多个角度和层面进行综合考量和布局。各国应根据自身的国情和国际形势，制定出适合自己的能源安全战略，并通过实际行动来不断提升自身的能源安全保障能力。

九、实现节能减排

新质生产力致力于推动能源消费的绿色低碳转型，从而实现节能减排的目标。通过推广节能技术、提高能源利用效率、加强能源管理等措施，新质生产力有效降低了能源工程建设和运营过程中的能耗和排放。这不仅有助于改善环境质量、保护生态环境，还能够为经济社会发展创造更多的绿色财富。随着技术的进步和社会的发展，新质生产力将在节能减排方面发挥更大的

① 王铁辰. 能源安全必须立足国内为主[N]. 经济日报，2022-08-11(6).

作用。

新质生产力鼓励企业采用节能减排技术，新质生产力在实现节能减排方面有着多方面的应用和实践。例如：(1)中移在线以精细化节能为管理核心，在淮安和洛阳的数字园区内实施了一系列节能减排措施，显著提升了园区的管理水平。中移在线在景观设计中特别引入了高效节能的膜生物反应器(MBR)平板膜工艺中水处理站，使出水质量达到生活杂用水标准，可被用于园区厕所的冲洗。此外，中移在线赋予淮安、洛阳数字园区智能化管理。淮安园区部署了冰蓄冷中央空调系统，利用电网峰谷荷电力差价，降低空调运行费用，还实现了大温差、低温送风，从而显著提升能源利用效率。(2)沃顿科技的循环发展。沃顿科技通过蒸馏回收、冷却回收、变频控制等技术手段，提升原材料的回收利用率，节约生产用水、用电成本，延伸完善绿色产业链条。(3)节能减排创新大赛。中国科学技术大学自2015年起举办中国科大节能减排创新大赛，通过举办节能减排创新大赛，鼓励大学生积极参与社会实践和科技创新，促进节能减排技术的创新和发展。

新质生产力对能源工程建设产生了广泛而深远的影响。这种影响不仅体现在技术、效率、可持续发展等方面，还深刻改变了能源产业的格局和发展方向。因此，应积极拥抱新质生产力，加强技术创新和产业升级，推动能源工程建设实现更高质量、更可持续的发展。

第二节　新质生产力在能源工程中的创新成果

随着科技的不断进步和创新发展的推动，新质生产力在能源工程领域得到了广泛的应用和实践。这些创新应用不仅推动了能源工程的快速发展，还为实现能源的高效利用、清洁环保和可持续发展提供了有力支撑。

一、新能源技术突破

新质生产力在能源工程领域的应用首先体现在新能源技术的突破上。随着太阳能、风能、生物质能等新能源技术的不断发展，其在能源工程中的应用越来越广泛。通过技术创新和研发,新能源技术的转换效率和稳定性得到了显著提升,为能源供应提供了更加可靠和可持续的选择。新能源技术的应用是新质生产力在能源领域的重要体现。

举例:天能集团利用数智化手段,打造了生产、销售、回收、循环利用为一体的电池全产业链,正在加速培育新质生产力,推动新能源产业绿色高质量发展。天能集团成立于1986年,总部位于"中国绿色动力能源中心"——浙江长兴。天能集团通过传统产业转型升级,加快新兴产业发展,利用"实业、资本、科技"三轮驱动,"数智化、平台化、国际化"三化联动,加快形成具有天能特色的新质生产力,为国家双碳战略贡献力量。天能集团的发展实践表明,新质生产力可以通过科技创新和数字化转型,推动传统产业升级和新兴产业发展,实现绿色高质量发展。

举例:南京依维柯的技术创新和研发能力。南京依维柯作为一家有着三十余年深厚经验的商用车制造企业,在新能源纯电动技术领域取得了显著的突破。他们坚持量产一代、开发一代和预研一代的三步走战略,以纯电动为主,致力于打造行业标杆级的超高续航、极速充电、长寿命、高集成化、V2X专用化的纯电商用车。此外,南京依维柯还在燃料电池和纯电动换电物流车产品的研发上发力,持续拓宽新能源领域的新赛道。

举例:依维柯桥林基地的智能制造和绿色工厂建设。南京依维柯的桥林基地是一座集环保与智能化于一体的花园式工厂,其建设和运营充分体现了新质生产力的理念。冲压车间、新焊装车间和涂装车间等各车间的建设采用了先进的自动化技术和智能化生产线,实现了生产的高效和自动化。

在2019年前后,中国在新能源汽车领域已经取得了不俗的发展成果。宁德时代在动力电池技术和市场应用方面都已具备相当大的优势,在国产汽车智能芯片领域,地平线、华为等品牌已经赢得了不少车企的信赖。同时在智能座舱方面,华为鸿蒙座舱、魅族车机系统Flyme Auto、小米澎湃OS等等陆续上车,给全球智能汽车消费者带来更出色的体验。同时在智能驾驶技术方面,不少品牌的高端车型正逐步向L3级(有条件)自动驾驶进发。

新质生产力在新能源技术领域的突破表现在技术创新和研发能力的提升、智能制造和绿色工厂的建设、产业深度转型升级以及数字化智能制造的应用等方面。这些突破不仅提升了企业的综合竞争力,也为整个行业的可持续发展提供了强有力的支撑。

二、智能化能源管理

智能化能源管理，是新质生产力在能源工程中的重要创新应用之一。借助大数据、云计算、物联网等先进技术，能源系统的智能化监控、分析和优化得以实现。通过对能源数据的实时采集和处理，企业能够精准掌握能源使用情况，制定科学的能源管理策略，提高能源利用效率和管理水平。

新质生产力智能化能源管理是指利用创新技术，特别是人工智能(AI)、大数据、云计算和物联网(IoT)，来优化和改进能源的生成、转换、分配和使用过程。这种管理方式旨在提高能源效率，降低能耗，同时促进可持续发展。

智能化能源管理的解决方案、创新成果有:(1)智能电网技术。智能电网是智慧能源的核心，通过信息化技术，实现了对电力系统的全面监控和管理。智能电网能够提高电网的稳定性和可靠性，同时鼓励分布式能源的接入，如太阳能、风能等。智能电网技术的应用，使得能源资源得以高效利用，减少了能源浪费。(2)融平台。施耐德电气推出的全新能源管理软件融平台系列，通过融合四维价值、融贯三大层级、融惠全生命周期的一站式管理能力，将分散式的运维全面转向高专业性、高便捷性、高经济性的全场景、全生命周期一体化智慧运维。(3)工业智能软硬件产品体系。某些公司结合能源行业智能化的发展趋势及自身优势业务特点，融合5G、UWB、高精度定位、惯导、自动化、AI、大数据、云计算等技术，打造形成完整的工业智能软硬件产品体系，以满足客户不同的定制化需求。(4)能源管理系统与物联网的融合。通过将能源管理系统与物联网技术相结合，可以实现对能源的实时监测、分析和优化，从而提高能源利用效率，降低能源消耗。物联网技术在智慧能源系统中发挥着重要作用。通过物联网技术，可以实现对能源设备的实时监控和管理，提高能源系统的运行效率和安全性。物联网技术还可以帮助实现能源系统的智能化调度和优化管理，提高能源利用效率。(5)"鑫翼连"App。由协鑫新能源运营科技公司自主研发的"鑫翼连"综合能源管理平台，可以通过对光伏系统各个环节进行数据整理筛选、数据挖掘，形成数据模型，将各种行业的标准、制度规程、规定、管理办法、知识进行融合固化，对管理行为进行数字画像，模拟管理模型，形成数据系统、管理系统、AI中心和知识库等四个模块。

(6)能源综合管理系统。这类系统基于大数据、人工智能、云计算、物联网、数据孪生等现代化信息技术，通过对能耗监测点的能耗和运行信息进行采集和分析，形成能耗的分类、分项、分区域统计分析，从而实现能源的统一调度、优化能源介质平衡、提高环保质量、降低企业综合能耗和提高劳动生产率等目标。(7)区块链技术。区块链技术在能源交易和管理中也有重要应用。通过区块链技术，可以实现能源交易的透明化和可追溯性，提高能源交易的安全性和效率。区块链技术还可以促进能源市场的去中心化，推动分布式能源的发展。

在新能源和智慧能源领域，科技创新已经成为推动能源转型和可持续发展的重要动力。新技术在能源领域的应用正在不断推动能源的高效开发和利用。通过智能电网、能源互联网、能源存储技术、太阳能技术、风能技术、生物质能技术、水伏发电技术、人工智能技术、区块链技术和物联网技术等的应用，不仅可以提高能源利用效率，减少能源浪费，还可以推动能源转型和可持续发展。在未来的发展中，新技术将继续在能源领域发挥重要作用，助力实现能源的高效开发和利用，推动社会的可持续发展。

新质生产力智能化能源管理中的这些技术，可以帮助我们更好地理解和控制能源系统，从而提高能源利用效率，降低成本，并推动清洁能源的应用和发展。

三、清洁能源应用推广

清洁能源是新质生产力推动能源工程发展的重要方向。在能源工程中，推广清洁能源的应用可以减少对传统化石能源的依赖，降低碳排放和环境污染。同时，清洁能源的应用还能促进能源结构的优化和升级，为经济社会可持续发展提供有力支撑。

清洁能源技术的进步，是新质生产力提升能源效率的重要成果之一。以碲化镉(CdTe)光伏技术为例，相较于传统的晶硅光伏技术，碲化镉光伏拥有弱光发电性能好、产品面积大、温度系数低等优势，这些优势使其能更好地应对能源紧缺问题。

新质生产力的发展促进了清洁能源技术的创新与应用。例如，中国天楹风光储氢氨醇一体化项目是氢能产业的重要组成，是战略性新兴产业和未来产业,也是发展新质生产力的重要举措。该项目利用风光发电与电解水制氢相结合,进而与下游生物质合成绿色甲醇生产相结合,打造绿色能源生产基地和零碳产业体系结构及生产模式,实现绿电就地消纳与绿色减排双重目标。

四、能源效率优化提升

新质生产力在能源工程中通过技术创新实现能源效率的优化提升。通过采用先进的节能技术和设备,优化能源生产和消费流程,降低能源消耗和浪费。同时,加强对能源使用的精细化管理和调控,提高能源利用效率,为经济社会发展提供更加高效、清洁的能源保障。

新质生产力作为一种以科技创新推动产业创新的新型生产力,其在能源效率提升方面的成果体现,包括:(1)煤炭产业的智慧化转型。煤炭是我国能源结构中的主体和支柱,国家能源集团通过对煤炭产业的智慧化转型,实现了能源效率的显著提升。例如,朔黄铁路作为我国第一条采用移动闭塞系统的重载铁路,运用“移动闭塞”这项先进技术后,一列货车的平均发车间隔由原来的 11 分钟缩短至 7.3 分钟,不仅降低了信号系统设备的综合维修成本约 20%,还减轻了行车人员的安全压力和维护人员的劳动强度。(2)港口能源效率的提升。黄骅港作为占我国北方煤炭下水量近三分之一的战略要地,通过智能化建设和技术升级,实现了煤炭港口绿色化发展。黄骅港率先在国内实现码头高低压岸电综合布局全覆盖,使得靠港停泊船舶作业实现零碳排放。此外,黄骅港还在散货码头全流程粉尘治理技术研发与应用方面取得了创新,建立了生态环境智能管控平台。(3)新能源产业的发展。新质生产力在推动新能源产业发展方面也取得了显著成果。比如,中移物联依托自研芯片、模组等定制化硬件和 5G 轻量化(RedCap)能力,打造了智慧双碳能耗解决方案,助力可持续发展。在新能源电站领域,中移物联通过 5G+无人机技术实现了光伏发电组件缺陷自动识别与高精度定位,提升了发电效率约 2%,减少了约 36.1 吨/年的碳排放。

五、能源储存技术创新

能源储存技术的创新是新质生产力在能源工程中的又一重要应用。随着新能源的大规模应用,能源储存技术的突破成为关键。通过研发高效、安全、可靠的能源储存系统，实现对新能源的有效利用和稳定供应。同时，能源储存技术还能为能源系统的平衡调节和应急保障提供有力支持。

新质生产力在能源储存领域技术创新成果的主要体现有：(1)高效储能产品的研发。厦门海辰储能科技股份有限公司通过技术创新，开辟了储能新赛道。他们自主研发的MIC 1 130 Ah电池，循环寿命高达15 000次，系统寿命可达25年，降低了储能全生命周期成本。此外，他们的产品已广泛应用在世界各地。(2)新型储能技术的实际应用。武汉黄陂区临空产业园50 MW/100 MWh集中式(共享式)储能电站，是武汉市首个大规模液冷型储能电站。电站储能电池选用磷酸铁锂电池，可为周边重大项目及机场提供重要供电保障。该电站的主要作用是增强武汉地区电源支撑能力及系统灵活调节能力，提高能源利用效率。

新质生产力在能源储存技术创新方面的这些成果，不仅提高了储能产品的性能和可靠性，也为新型电力系统的构建提供了有力的支持。

六、智能电网技术融合

智能电网技术，是新质生产力推动能源工程智能化的重要手段。通过将智能电网技术与能源工程相结合，实现对能源系统的智能化监测、控制和管理。智能电网技术能够提高能源系统的安全性、稳定性和可靠性，降低能源损耗和运营成本，为能源工程的高效运行和可持续发展提供有力保障。

在智能电网技术领域，新质生产力的引入意味着更加智能化、自动化的技术和设备被广泛应用，从而大幅提升电网的运行效率和可靠性。

举例：2024年4月28日，由中国电机工程学会电力信息化专业委员会主办，华为技术有限公司、四川华鲲振宇智能科技有限责任公司等协办的“新质生产力与电网数字化”专题研讨会在海南琼海召开。华鲲振宇智能科技有限责任公司在该专题研讨会上展示技术成果，该公司聚焦于AI技术和数字孪生技术在配电网数智化转型中的应用，推动电力行业向更高效、绿色、智能的方向发展。该会议讨论了如何利用AI技术和数字孪生技术进行配电网的智能化管理，以及如何通过云—边—端融合提升电力系统的整体效能。此外，会议还介绍了华为公司的“天智”系列AI服务器在电力业务场景中的应用，这种服务器能够为各种电力业务场景提供训练和分析功能，实现变电站等边端侧的智能监管和实时分析。

举例：四川雅安的一个500千伏变电站，通过使用智能巡检机器人和AI服务器，实现了无人值守的运维模式。在这种模式下，机器人可以进行精确的红外测温和油位巡检，工作人员在室内即可完成过去需要多人户外作业的任务，大大提高了运维效率和数据准确性。

总之，新质生产力与智能电网技术的融合正在产生深远的影响。这些技术的发展不仅提升了电力供应的质量和效率，也为实现碳达峰、碳中和目标提供了有力支持。随着数字化转型的深入，我们期待看到更多这样的创新成果涌现出来，为经济社会的可持续发展奠定坚实基础。

七、节能减排技术应用

节能减排是新质生产力在能源工程中关注的重要方向。通过应用先进的节能减排技术，降低能源消耗和排放，实现能源的绿色低碳发展。这些技术包括节能设备的应用、余热余压利用、排放治理等方面，企业通过综合施策，有效减少能源工程建设和运营过程中的能耗和排放。

举例：能源互联岛作为一种创新的能源管理模式，通过厂区内的能源互联系统降低了区域内的水污染，实现了雨水的合理化利用。

陕西鼓风机（集团）有限公司在互联岛上引用了“海绵城市”理念，通过厂区内的能源互联系统，进一步降低了区域内的水污染，削减了区域内雨水峰值流量，实现了雨水的合理化利用。陕鼓集团的能源互联岛中水利用率达到了100%，每年可节约自来水8.85万立方米，新水节水率52.75%。此外，布局的雨水过滤净化和收集回用系统可以净化雨水，给园区用来冲厕、洗车、绿化，资源得到了最大化利用。这种模式展示了新质生产力在循环经济中的应用。

八、能源循环利用实践

能源循环利用是新质生产力在能源工程中实践可持续发展的重要体现。通过采用先进的能源循环利用技术，实现对能源资源的最大化利用和废弃物的减量化处理。这不仅能够降低能源消耗和排放，还能提高资源利用效率，为构建循环经济体系和推动绿色发展提供有力支持。

举例:海尔家庭循环能源中心采用了独创的循环能源技术,使得1度电能产生传统家电7度电的能量。这一技术不仅提高了能源利用率,还创造了一种全新的低碳生活方式。

举例:陕西鼓风机(集团)有限公司在其临潼制造园区实现了能源系统的供给和循环利用。陕鼓集团的能源互联岛是一个全球运营中心,它能够调控园区的能源资源,实现园区冷、热、电、风、水、废等循环梯级利用,减碳发展。可见,科技创新在能源循环利用中发挥着至关重要的作用。

以上这些创新应用不仅推动了能源工程的快速发展,还为实现能源的绿色低碳和可持续发展提供了有力支撑。

第三节　能源工程建设中如何践行新质生产力

能源工程作为现代工业和社会发展的重要支柱,其践行新质生产力对于提升能源利用效率、推动产业转型升级、实现绿色低碳发展具有重要意义。

一、科技创新驱动,技术突破引领

在能源工程领域,科技创新是新质生产力的核心驱动力。通过加强基础研究和应用研发,推动能源技术的突破和创新,提高能源利用效率和可持续性。加强产学研合作,促进科技创新成果的转化和应用,推动能源工程技术的不断进步。

新质生产力是以科技创新为要义的先进生产力。在能源工程建设中,要进行技术的革命性突破,整合优化创新资源,持续加大研发投入,增强原始创新,突破更多颠覆性技术和前沿技术。例如,华阳集团与中国联通联合完成全国首个井工矿 RedCap 商用测试,成功打造了 RedCap 矿用专网的商用解决方案,助力煤矿 5G 智能化建设。

新质生产力的形成不仅仅是单一技术创新的结果,它涉及整个产业体系的系统性重塑。这包括对新兴产业和未来产业的前瞻性布局,开辟新的发展领域和道路,创造全新的发展动力和竞争优势。新质生产力的构成要素主要包括产业升级、科技创新和人力资本的跃升。

技术突破是新质生产力形成的重要途径，技术的革命性突破是新质生产力形成的技术基础。企业通过加大对新产品、新技术、新工艺的研发力度，提升研发设计水平，推动数字化升级及精智运管，就可以不断推动公司高质量可持续发展。同时，技术创新也是企业应对数字时代产业数字化转型升级和数字产业化创新的必然选择。

二、顺应产业发展趋势，积极推动产业升级转型

能源工程需要顺应产业发展趋势，积极推动产业升级转型。通过优化能源产业结构，发展高效、清洁、低碳的能源技术，替代传统的高污染、高能耗的能源方式。同时，加强能源产业链上下游的协作，形成产业协同发展的良好局面。

举例：国能宁夏灵武发电厂对传统能源的升级改造，实现了新质生产力在能源领域的重要应用。该发电厂通过对 4 台空冷机组的供热改造，在宁夏区域实施“东热西送”重大集中供热工程，展示了新质生产力在提升能源效率和环保水平方面的价值。灵武电厂的 4 台机组中，2 台是西北首台(套)60 万千瓦空冷机组、2 台是世界首台(套)100 万千瓦空冷机组，是宁夏乃至西北区域装机规模最大的电厂之一。能效、环保、可靠性等都处在全国前列的空冷技术，是这座标杆电厂“三改联动”中节能改造方面的一项重要成果。灵武电厂通过技术创新和设备改造，实现了能源的高效利用和环保目标。灵武发电厂的升级改造项目表明，新质生产力可以通过科技创新和数字化转型，推动传统能源企业的转型升级，实现经济效益和环保效益的双重提升。

三、加快、加深能源工程的数字化转型应用

数字化转型是能源工程践行新质生产力的重要手段。通过应用大数据、云计算、人工智能等先进技术，实现能源系统的智能化管理和优化调度。利用数字化技术对能源设备进行远程监控和维护，提高能源设备的可靠性和运行效率。同时，加强能源数据的采集和分析，为能源管理和决策提供有力支持。

新质生产力强调创新，这在能源工程数字化转型中体现为新技术的应用

和新模式的探索。例如，中国能建湖南火电在数字化建设方面取得了诸多成效，通过构建主数据共享服务体系确立了统一的数据管理规范，真正打通了企业内部的信息壁垒，实现数据互联互通，有力推动了流程简化和优化，显著提升了业务处理速度与响应效率。

能源工程类企业，作为新质生产力的响应者与实践者，要致力于为千行百业的绿色低碳转型不断探索。围绕绿色化与数字化发展方向，持续加大对技术创新的投入，通过数字化运维、绿色低碳产品、专业化团队建设多举措激活新质生产力，加大力度推动中国能源行业绿色低碳高质量发展。

数字化转型可以提高资源利用效率，减少能耗和污染排放，推动工程行业向绿色、低碳的可持续发展方向转变。

四、坚持绿色低碳发展、可持续发展

能源工程应坚持绿色低碳发展的理念，推动能源消费方式的转变。通过发展可再生能源、提高能源利用效率、推广节能减排技术等措施，降低能源消耗和碳排放，实现能源与环境的协调发展。同时，加强能源与环境政策的制定和实施，推动能源工程的绿色转型。

绿色发展是高质量发展的底色，新质生产力本身就是绿色生产力。在能源工程建设中，我们需要注重经济效益与环境效益协调统一，以新质生产力塑造城市轨道交通发展新动能新优势，推动未来城轨交通行业生产力实现新的跃升。

举例：常州地铁 5 号线是常州市城市轨道交通线网骨干线路，全长 30.9 千米，总共设车站 25 座。5 号线将首次采用全自动运行技术，构建 BIM 一体化建设和城轨云平台，组建线网指挥中心，实现建设、运营智能化；同时，积极探索开展 TOD 综合开发，加快构建“地铁＋公交＋慢行”绿色交通系统。

五、提质增效，高效利用能源

高效能源利用，是能源工程践行新质生产力的关键。随着全球碳中和进程的加速，清洁能源产业竞争加剧，全球能源供应链快速重构，能源安全风险依然存在。因此，加快发展新质生产力，推动能源领域革命性变革，助力经济高质量发展变得尤为重要。通过采用先进的节能技术和设备，企业能够优化能源生产和消费流程，降低能源消耗和浪费；加强能源计量和管理，实现能源使用的精准控制和优化调度；同时，推动能源的综合利用和梯级利用，提高能源的整体利用效率。

新质生产力的“质”，可以从两个方面理解：其一是质态，其二是质效。从质效看，新质生产力的内涵包括提升生产工艺和产品品质，使产品迈向产业链和价值链的高端，提高经济社会发展的质量和效益。在能源工程建设中，我们需要提高生产效率、降低生产成本、提升产品质量、减少能源消耗和环境污染、拉长产业链条、提高产品附加值、提升产业竞争力。

能源利用效率，是衡量能量利用技术水平和经济性的一项综合性指标。对能源利用效率进行分析，可以有助于改进企业的工艺和设备，挖掘节能的潜力，提高能量利用的经济效果。同时，高效利用能源不仅是新质生产力的要求，也是全球经济可持续发展的必要条件。

六、加强智能电网建设

加强智能电网建设是我国能源发展的重要战略之一，自 2009 年国家电网公司提出“坚强智能电网”的发展规划以来，智能电网逐渐成为我国电网建设未来的发展方向。智能电网建设，是能源工程践行新质生产力的重要举措，通过构建智能化、网络化的能源系统，实现能源的可靠供应和高效利用。在智能电网建设中，新质生产力的体现主要是通过采用前沿的技术，如 5G、物联网、大数据等，来提升电网的智能化水平和运行效率。

为了加快智能电网的建设，我国需要加大在新能源、新材料、新设备和先进传感技术、信息技术、控制技术、储能技术等方面的研发投入。同时，还需要加强智能配电设备的发展，提高电网系统的智能化管理水平。

智能电网的核心技术包括传感技术，智能电网利用传感器对关键设备的运行状况进行实时监控，然后把获得的数据通过网络系统进行收集、整合，最后通过对数据的分析、挖掘，达到对整个电力系统的优化管理。智能电网的发展不仅能提高电网的运行效率和供电可靠性，还能减少用户停电时间，提升供电质量和终端电能质量。

电网数字化是新型电力系统与新型能源体系建设的核心环节。数字化、智能化技术的深度采用，将打破传统电力系统“源随荷动”的强计划属性，未来电力供需将变得越来越透明、灵活和弹性。今后，要加强电网基础设施的升级改造，提高电网的承载能力和稳定性。同时，推动电网与可再生能源、储能技术等的深度融合，提升电网的智能化水平和自适应能力；还需要不断完善电力系统调峰能力考核制度，统筹推进全国电网调峰、储能和智能化调度能力建设，组织相关机构对各地及电网企业的实施方案开展评估，持续完善相关政策和标准体系。

七、重视人才培养创新

人才是能源工程践行新质生产力的核心要素。政府和企业通过加强人才培养和引进力度，构建一支高素质、专业化的能源工程人才队伍；加强高校和科研机构的学科建设和人才培养体系建设，培养具备创新意识和实践能力的人才；同时，加强与国际先进企业和科研机构的交流与合作，引进国外先进的技术和管理经验，提升能源工程领域的国际竞争力。

在能源产业方面，技术革命不仅能够促进产业升级，还是维护国家能源安全的关键。因此，发展新质生产力在能源领域显得尤为重要。要实现这一目标，首先需要重视能源人才培养和创新。这意味着需要加强对基础学科的研发投入，培养具备前瞻性和创新精神的人才。此外，产学研用的联合创新模式也至关重要，通过这种模式可以加速技术的产业化进程，推动新技术在实际应用中的落地生根。

新质生产力的发展离不开能源产业的创新，而人才培养则是这一切的基础。只有拥有了高素质的人才，才能推动能源技术的不断创新，进而带动整个社会向更加低碳、绿色、智能的方向转型。

八、突出合作共享机制

合作共享机制是一种创新的合作模式，它通过资源共享和合作创新来实现创新的加速。这种机制打破了传统的知识壁垒，促进了知识的创造和转化，并且鼓励跨学科的合作，促进不同领域之间的交叉融合。合作共享机制对于未来智慧发展具有重要的赋能作用，不仅能够促进经济的创新和转型，还能促进经济的协同与合作。此外，共享协作还能够促进经济的可持续发展，减少资源的浪费和环境的污染，实现经济的绿色化和可持续发展。

合作共享机制是能源工程践行新质生产力的重要保障。政府和企业通过加强政府、企业、高校和科研机构等各方的合作与协同，形成合力推动能源工程的发展；加强政策协调和资源整合，推动能源工程项目的顺利实施和成果的广泛应用；同时，加强国际交流与合作，共同应对全球能源挑战，推动全球能源工程的可持续发展。

能源合作共享机制有助于形成统一的市场标准和规则，促进公平竞争，从而激励企业提高创新能力，追求更高水平的生产力。在这个过程中，政府的角色非常重要，它可以制定相关政策来引导和支持这种合作共享机制的建立和发展。

这些举措的实施将有力推动能源工程领域的发展和创新，为构建绿色低碳、高效可持续的能源体系做出重要贡献。

第八章

绿色低碳建造的推进

第一节 绿色低碳建造的定义、特点、内容

绿色低碳建造作为一种先进的建造理念和策略，近年来得到了广泛的关注和推广。在实践中，绿色低碳建造的案例层出不穷。例如，上海中心大厦，北京中信大厦，杭州市富阳区博物馆、美术馆、档案馆“三馆合一”，国贸三期B工程，苏州现代传媒广场，中国中医科学院广安门医院扩建门诊楼，南昌西站站房，上海丁香路778号商业办公楼，哈尔滨万达文化旅游城产业综合体——万达茂，百色干部学院，上海深坑酒店11个项目，代表了不同自然地理条件、地质环境条件、建设规模与建筑类型，充分体现了绿色创新技术的地域差异性以及技术发展重点的区域性。这些项目的成功实施，为绿色低碳建造技术的应用提供了宝贵的经验。

一、绿色低碳建造的定义

绿色低碳建造，是在建筑材料、设备制造、建筑施工和建筑物使用的整个生命周期内，采取减少石化能源的使用、提高能效、降低 CO_2 排放量的一种建筑建造方式，可以实现建筑的环保和可持续发展目标。绿色低碳建造这种建造方式强调“适用、经济、绿色、美观”的建筑方针，为人们提供健康、舒适和高效的使用空间；同时强调节约资源、保护环境，并且在满足人们对美好生活环境追求的同时，注重建筑全生命周期的绿色性和低碳性。在中国式现代化过程中，绿色低碳建造在未来很长一段时间里，都将面临产业结构、政策或技术方面的调整。

随着“双碳”目标的提出，绿色低碳建造的发展趋势越来越明显。超低、近零能耗建筑因其高效的节能减排优势，逐渐成为我国建筑节能发展的趋势。在未来，绿色低碳建造将成为建筑业高质量发展的主要方向，有助于推动建设工程绿色低碳与智能建造的发展。

绿色低碳建造的核心目标是节能、减排。根据联合国环境规划署的数据，建筑行业消耗了全球超过30%的能源，占全球碳排放总量的近40%。因

此，发展绿色低碳建筑不仅能够促进城乡建设走上绿色、循环、低碳的科学发展轨道，还能有效促进节能环保、新能源等战略性新兴产业发展。

二、绿色低碳建造的特点

绿色低碳建造是当前建筑业发展的重要方向，它的特点主要体现在：(1)环保性。绿色低碳建造注重减少污染、保护环境和节约资源，使用的材料和方法都力求对环境影响最小。(2)可持续性。绿色低碳建造不仅关注当前的建筑使用需求，还考虑未来的可持续性，致力于实现建筑的长久利用和循环发展。(3)高效节能。通过优化建筑设计和采用先进的节能减排技术，绿色低碳建造可以大幅度降低能源消耗，提高能源利用效率。(4)科技创新。绿色低碳建造往往伴随着建筑技术的创新和发展，如装配式建筑等，这些新技术有助于推动建筑业的转型升级。

这些特点体现了建筑业是应对气候变化、实现可持续发展的重要角色。绿色低碳建造是一种以环保和可持续发展为目标的建造方式，它涉及建筑材料的选择、建筑设计的优化、节能减排技术的应用以及全生命周期的管理等多个方面，具有明显的环保性、可持续性、高效节能性和科技创新性等特点。

三、绿色低碳建造的内容

绿色低碳建造是一个综合性的概念，它涉及建筑材料的选择、建筑施工的方法、建筑物使用的效率等多个方面。绿色低碳建造的内容主要包括以下几个方面：

（一）低碳建筑设计理念

低碳建筑设计理念，包括提高建筑围护结构保温隔热性能、优化建筑形体和朝向、利用自然风压和热压作用实现建筑内部空气的自然流动、充分利用自然光减少人工照明的使用、采用热工性能良好的建筑材料和构造做法减少室内外热交换等。这些设计理念旨在降低建筑能耗，提高建筑的保温隔热性能和室内环境质量。

绿色低碳建筑注重设计的优化。通过科学合理的规划设计方案，利用自然采光、自然通风、低碳建筑材料、新型能源等模式来建设建筑物，以创造舒适、健康、安全的生活空间。

例如，高效节能的照明系统的低碳设计理念。高效节能的照明系统，是绿色低碳建造中的一个重要组成部分。它可以通过采用高效节能的照明设备和智能照明控制系统，降低照明能耗，提高照明质量。这种方法不仅能够节约能源，还能减少环境污染。

例如，建筑结构设计将更多地考虑可持续性和环保因素，包括使用可再生或可回收材料，以及采用节能和减少废物排放的设计方案。新型建筑材料的可持续性、强度和稳定性、多功能性都是创新的重点。

建筑设计理念的创新，是建筑领域创新发展的重要方面。例如，可持续设计理念是指在设计过程中考虑环境、经济和社会影响，以实现建筑的长期可持续发展。此外，用户体验设计强调以用户为中心，关注用户在建筑空间中的感受，满足用户的心理和行为需求。参数化设计是一种基于参数控制的数字设计方法，通过对参数的调整，可以实时生成不同的设计方案。

（二）绿色低碳建筑材料的选择

建筑材料是绿色建筑的基础，低碳排放的建造方式正成为业内关注的重点。优先选择无污染、无放射性的环保型材料，这些材料在成为废弃物时能够回收、分类、再生产循环利用。在绿色低碳建造中，优先选择的是那些能够减少石化能源的使用、提高能效、降低 CO_2 排放量的建筑材料。例如，使用木材等可再生材料，这些材料在生产和运输过程中产生的碳排放相对较低。

绿色低碳建筑材料的选择与应用，是绿色低碳建造的关键环节。这类材料通常具有节能、环保、无毒无害等特点。例如，再生材料、低挥发性有机化合物（VOC）材料、无毒无害材料等都是绿色低碳建筑材料。此外，还有一些高性能建筑材料和传统建筑材料，它们在特定的气候、文化和资源条件下，能够更好地适应环境，传承和发扬传统建筑技艺。绿色低碳建造中，建筑材料的选择非常重要，使用绿色建材，可以有效地降低建筑施工阶段的碳排放。此外，还可以利用有机的回收材料，将其变成建筑的材料，这样既减少了碳排放，又节约了资源。

绿色低碳建造强调绿色建材的广泛应用，包括使用环保、节能的建筑材料，以及建立绿色建材认证制度，以确保建材的质量和环保性能。

（三）绿色低碳建造施工方法及技术

绿色低碳建造强调在整个建筑生命周期内的节能减排。这包括在规划、设计、建造、运维、消纳利用等各个环节采用先进的绿色低碳技术。例如，加快发展装配式建筑，积极推广装配化装修，支持绿色建材推广应用，推广节能型施工设备，推进建筑垃圾分类处理和资源化利用。再如，采用新型绿色低碳建筑技术，如超低能耗建筑、近零能耗建筑、零碳建筑等，降低能源使用率，减少电能使用量，减少用地面积，节约水资源。

绿色低碳建造的发展离不开科技创新和新技术的应用，绿色低碳建造中采用了许多先进的绿色低碳技术，这些技术包括节能环保、清洁生产、清洁能源、宜居技术、生态保护与修复、城乡绿色基础设施、生态农业等。例如，超高热工性能幕墙体系、地源热泵系统和光伏发电系统等，这些技术的应用大大降低了建筑的碳排放。再如，宜居技术是一种能够提高居住舒适度和便利性的技术，如智能家居系统、高效的废物处理系统等，这些技术的应用可以使建筑物更加适应人类的生活需求。

绿色低碳建造施工方法及技术，主要包括节能施工技术、高效保温隔热技术、高效节能窗户技术、高效空调采暖技术、废弃物回收利用技术和建筑废弃物分类处理技术等。这些技术能够在施工过程中减少能源消耗、污染和碳排放，提高废弃物的再生利用率，还改善了生态，促进了生态文明建设，实现了人与自然和谐共生。

（四）建筑全生命周期的管理

绿色低碳建造不仅关注建筑的建造阶段，还要考虑到建筑的全生命周期，即建筑的规划、设计、建造、运维和消纳利用等全生命周期环节，都要遵循绿色低碳的原则。

绿色低碳建造注重建筑活动全生命周期的绿色化，这涉及从项目立项、规划、设计、施工、监理到竣工验收阶段的绿色审查机制，建立各环节连贯、闭合的管理机制，以确保建筑在实际运行中符合绿色标准。在整个过程中，都需要尽可能地减少对石化能源的依赖，提高能效，降低 CO_2 排放量。

绿色低碳建造的核心理念是节能减排，降低建筑在全生命周期内的能源消耗和碳排放量。这涉及建筑材料的选择、建筑施工的过程以及建筑物使用的各个环节。例如，使用木材等可再生材料，采用高效的施工技术和设备，以及在建筑物使用过程中提高能源利用率等。

（五）数字化与智能化

在绿色低碳建造中，数字化和智能化技术也发挥着重要作用。通过数字化技术，可以提高全要素生产率，提升工程投资、建设与运营管理水平，从而实现绿色低碳发展的目标。智能化技术则可以帮助企业实现高质量发展，通过智能设计、智能施工、智能运维等方式，赋能绿色低碳智能建造。

在绿色低碳建造中，科技创新是推动绿色低碳建造发展的重要力量。比如，应用 BIM 技术进行精细化管理，运用智慧工地云平台实时监控工程安全、质量、进度等，以及采用新型技术、工艺、建材等。

（六）利用可再生能源

绿色低碳建造大力推广利用可再生能源的技术，如：(1)太阳能热水器、太阳能光伏发电等技术，将太阳能转化为热能或电能供建筑使用；(2)地源热泵技术则利用地下浅层地热资源，通过输入少量的高品位能源（如电能），实现低品位热能向高品位热能转移，为建筑供暖、制冷和提供生活热水等。

（七）建筑物使用效率

绿色低碳建造不仅仅关注建筑本身的建造过程，还在于使用建筑的人。这意味着要提高建筑物的能源效率，例如，通过优化建筑设计，如设计好遮阳面、考虑风向等，达到冬暖夏凉的效果，减少对空调等设备的依赖。

（八）金融工具的支持

绿色低碳建造的发展离不开金融工具的支持。这包括大力发展绿色信贷、绿色基金、绿色债券、绿色保险等金融工具，为企业提供有针对性的资金支持和风险管理。

绿色信贷（green-credit policy）来源于绿色金融（green finance）。近年来，国内绿色信贷规模稳步增长。根据中国人民银行发布的金融机构贷款投向统计报告，截至 2022 年二季度末，全国外币绿色贷款余额 19.55 万亿元，同比增长 40.4%，高于同期各项贷款 29.6 个百分点。其中，投向具有直接和间接碳减排效益项目的贷款分别为 8 万亿元和 4.93 万亿元，合计占绿色贷款的 66.2%。中国的商业银行是绿色信贷的投放主体，在过去几年里不断加大绿色信贷的投放。以国有四大行之一的中国建设银行为例，根据中国人民银行的相关规定，建行会在自身 ESG 框架下定期做出碳减排贷款信息披露。此外，建设银行创新推出的“碳惠贷”产品，是将企业碳排放强度与银行贷款利率挂钩，碳排放强度越低或降幅越大，贷款利率就越低，在碳交易市场迅速发展的情况下为客户提供了创新融资模式。

（九）绿色低碳建造评价标准及认证体系

国内外都建立了绿色低碳建造的评价标准及认证体系，如美国绿色建筑委员会（USGBC）开发并推广的 LEED 认证体系、我国的绿色建筑评价标准等。这些标准和认证体系为绿色低碳建造提供了明确的方向和目标。而且，国际上的 LEED、BREEAM、DGNB 等认证体系，以及我国的绿色建筑评价标准、绿色工业建筑评价标准等，都在不断完善，以适应绿色低碳建筑的发展需求。

截至目前，全球绿色低碳建筑评价标准及认证体系不断发展和完善。表 8-1 是一些主要的认证体系介绍：

表 8-1　一些主要的认证体系介绍

序号	认证体系	简介
1	LEED（Leadership in Energy and Environmental Design）	LEED 是世界上最广泛使用的绿色建筑认证之一，由美国绿色建筑委员会（USGBC）管理。它评估建筑的能源使用效率、水资源管理、CO_2 排放量、室内环境质量等多个方面，并授予不同级别的认证（认证、银、金、铂金）
2	WELL Building Standard	WELL 标准由国际 WELL 建筑研究所管理，重点关注建筑设计对居住者健康和福祉的影响。它涵盖了空气质量、水质、光线、营养、运动等 11 个方面，旨在促进人类健康和福祉
3	Green Globes	Green Globes 是一种在美加两国使用的评价系统，允许项目经理和设计团队对建筑进行自我评估。该体系关注能源和水的使用效率、排放控制、室内环境质量等多个方面，并授予 1 至 5 个绿色地球标志作为认证等级
4	BREEAM（Building Research Establishment Environmental Assessment Method）	BREEAM 是最早的建筑环境评估方法之一，实行于 1990 年，现已被全球 50 多个国家采用。BREEAM 评估管理体系、健康与福祉、交通、水、材料和资源等多个方面，致力于推动建筑的可持续发展

除了以上认证体系外，还有针对特定领域的评价标准，如《零碳民用建筑评价规范》（T/CECA-G 0214—2022）、《绿色交通设施评估技术要求》（JT/T 1199.1—2018）等。随着可持续发展理念的普及，越来越多的国家和地区开始制定或更新自己的绿色建筑评价标准，以促进建筑业的环境保护和社会责任。

在选择合适的绿色低碳建造评价标准及认证体系时，建筑商和设计师需要考虑项目的特点、地理位置、目标市场以及所追求的可持续发展目标等因素。通过获取认证，建筑不仅可以提升其环境绩效，还能增加市场竞争力，吸引更多寻求环保和可持续生活方式的用户。

（十）高品质的追求

绿色低碳建造不仅注重环保和节能，还追求高品质。高品质的建筑不仅仅在于外观的美观，它还包括建筑的功能性、耐用性、节能性和环保性等多个方面。

举例：西安等地打造了一批高品质绿色低碳建筑项目，展示了绿色低碳建造的广阔前景。西安打造的一批高质量绿色建筑项目，建设至今共使用738项绿色建材，占比为77.8%，在建筑方案、设备与系统、绿色供应链、施工建造、运营维护五大方面的40项具体措施，减碳率达52.66%。[①]

举例：天津天友建筑设计股份有限公司的某住宅项目是一个高品质装配式建筑的例子，该项目采用了预制外墙板、预制内墙板、预制叠合板等多种预制构件，以及集成吊顶系统、干式工法地面等装配式装修技术。这些技术和材料的应用提高了施工质量和住宅品质。

预制装配式建筑技术（简称PC建筑技术）是一种以预制装配式混凝土结构为主要构件，经装配、连接而成的新兴的绿色环保节能型建筑技术，也是住宅产业化的核心技术。

第二节　绿色低碳建造的发展历史、现状、转型发展策略

一、发展历史

绿色低碳建筑的发展历史可以追溯到20世纪70年代，当时由于石油危

① 龚伟芳. 打造高品质绿色低碳建筑 这里有高招[N/OL]. 西安新闻网，2024-05-11. https://www.xiancn.com/content/2024-05/11/content_6894867.htm.

机，人们开始关注建筑领域的能源消耗问题。随着科学技术的进步和环境保护意识的提高，绿色低碳建筑逐渐成为建筑行业的主流。

在 21 世纪初，联合国环境规划署的数据显示，建筑行业消耗了全球超过 30%的能源，占全球碳排放总量的近 40%。因此，绿色低碳建筑的发展得到了世界各国政府的高度重视。2020 年 9 月 22 日，第七十五届联合国大会上，中国正式提出了“双碳”目标，即碳达峰、碳中和的目标。根据这一目标，中国承诺在 2030 年前达到碳排放的峰值，并在 2060 年前实现碳中和。为实现这一目标，城乡建设行业必须通过创新发展和转型升级，在全行业推广绿色低碳建造技术，降低碳排放总量。

（一）绿色低碳建造的起步阶段

绿色低碳建造作为一个相对较新的概念，其起步阶段可以追溯到近年来我国政府对节能减排和绿色发展的重视。党的十八大以来，我国在绿色低碳转型发展方面取得了显著成就。在这段时间内，我国不仅加快了能源绿色低碳转型的进度，而且节能减排成效显著。例如，我国可再生能源装机规模突破 10 亿千瓦，水电、风电、太阳能发电、生物质发电装机均居世界第一，清洁能源消费占比从 14.5%提升到 25.5%[①]，煤炭的清洁高效利用成效显著，煤电超低排放机组规模超过 10 亿千瓦，能效和排放水平全球领先。

（二）绿色低碳建造的推进阶段

进入推进阶段，住房城乡建设部发布《“十四五”建筑节能与绿色建筑发展规划》等文件，部署提升绿色建筑发展质量、提高新建建筑节能水平、加强既有建筑节能绿色改造、推广新型绿色建造方式等九大任务，为建筑领域节能降碳以及实现碳达峰、碳中和目标提供了指引。此外，我国在积极推进和发展装配式建筑，而装配式建筑也代表着建筑行业新一轮的技术创新与革命，是实现碳达峰、碳中和和绿色建筑的一条重要途径。

（三）绿色低碳建造的深化阶段

在深化阶段，绿色低碳建造的概念得到了进一步的明确和推广。例如，成都科创生态岛园区成功入选全国 10 个园区类绿色低碳典型案例，也是全省

---

① 吕江涛. 从跟跑、并跑到领跑，可再生能源推动中国绿色发展[J]. 中国经济周刊，2022(19)：59-61.

唯一入选园区，该园区在规划和建设阶段就严格按照“双碳”战略进行准备和布局，最终实现了供能系统100%电气化、直接碳排放为零等目标。同时，绿色低碳建筑也被定义为在建筑材料、设备制造、建筑施工和建筑物使用的整个生命周期内，减少石化能源的使用，提高能效，降低 CO_2 排放量的建筑。

举例：广东东鹏控股股份有限公司表示，绿色低碳一直是企业践行的方向，应全员参与，把双碳目标落实到产品创新、能源转型等各环节。

举例：常州市钟楼区上书房社区利用老旧小区改造的契机，在屋顶铺设光伏面板，让居民活动空间和新能源车用上绿电。社区还引入海绵城市理念，收集雨水净化后循环利用。

绿色低碳建造的发展历史可以分为起步、推进和深化三个阶段，每个阶段都有显著的发展特征和成果。在未来，随着技术的进步和政策的支持，绿色低碳建造将继续发展并发挥重要作用。

二、发展现状

绿色建筑是绿色低碳建造的一个重要组成部分，近年来，我国在绿色低碳建筑方面取得了显著成绩。例如，江苏城镇绿色建筑占新建建筑比例超过99%，累计建成绿色建筑面积超10.7亿平方米、节能建筑面积超过25.6亿平方米，绿色建筑和节能建筑总量持续多年保持全国领先；累计创建绿色建筑示范区78个，实现13个设区市全覆盖；38个项目获全国绿色建筑创新奖，占全国获奖总数的1/6[①]。江苏省作为经济大省、制造大省，近年来，在全国率先启动“城乡建设碳达峰碳中和先导区”建设，确保发展绿色建筑和绿色城乡建设走在前列。

绿色建筑的发展，在落实国家节能、减排、降碳各项举措要求的同时，让人民群众住上了更舒适、更健康、更宜居的房子，让老百姓在住房条件改善、居住环境升级等方面有了更多的获得感、幸福感。此外，我国还大力支持绿色低碳技术创新成果转化，为实现碳达峰、碳中和提供坚实技术支撑。

为了推动绿色低碳建造的发展，政府出台了一系列政策和措施。例如，

① 李娜. 全国领先！江苏累计建成绿色建筑面积超10.7亿 m^2[N/OL]. 现代快报网，2022-11-17. https://www.xdkb.net/p1/js/20221117/342365.html.

国家标准《建筑节能与可再生能源利用通用规范》(GB 55015—2021)于2022年4月1日起正式实施,该规范符合执行国家有关节约能源、保护生态环境、应对气候变化的法律、法规,落实碳达峰、碳中和决策部署,提高能源资源利用效率,推动可再生能源利用,降低建筑碳排放,营造良好的建筑室内环境,满足经济社会高质量发展的需要。新建的居住和公共建筑碳排放应分别在2016年执行的节能设计标准的基础上,平均降低40%,碳排放强度平均降低7 kg $CO_2/(m^2 \cdot a)$以上。此外,住房城乡建设部发布的《"十四五"建筑节能与绿色建筑发展规划》也部署了提升绿色建筑发展质量、提高新建建筑节能水平、加强既有建筑节能绿色改造、推广新型绿色建造方式等九大任务。

我国的绿色低碳建造发展现状是积极向上的,既有政策的支持,又有市场的认可,同时也取得了许多科技创新的成果。未来,随着技术的进步和政策的完善,绿色低碳建造有望在更大范围内得到推广和发展。总之,绿色低碳建筑的发展历史反映了人类对环境保护和能源节约的关注。随着科技的进步和政策的推动,绿色低碳建筑将在未来得到更广泛的应用和发展。

三、转型策略

绿色低碳建造是指在建筑设计、建造和使用过程中,尽可能减少对环境的影响,提高能源效率,促进可持续发展的建造方式。这种建造方式已经成为全球建筑业的发展趋势,中国也不例外。过去的建造方式在碳中和、碳达峰的战略下,必然需要进一步的升级、优化和转型,才能体现中国现代化、新质生产力的新要求。

(一)加强政策引导和标准体系建设

政策引导和标准体系建设,是推动绿色低碳建造转型的重要手段。例如,2023年7月,国家标准委、国家发展改革委、工业和信息化部、生态环境部、应急管理部与国家能源局等部门联合印发《氢能产业标准体系建设指南(2023版)》,为氢能产业标准化工作提供系统化的政策指引。此外,万科等企业将绿色低碳转型定位为战略发展的核心方向,积极参与绿色建筑评价标准的制定和实施。

北京市在绿色低碳建造方面取得了显著的成效,这离不开一系列法规政策的支持。例如,自2024年3月1日起施行的《北京市建筑绿色发展条例》规定，新建建筑应当执行对应标准和可再生能源应用的要求；北京市有序推动既有建筑节能绿色化改造，与城市更新项目相衔接；在工程奖项评审、个人使用住房公积金贷款以及表彰奖励等方面采取措施支持建筑绿色发展。此外，北京市还将出台其他建筑绿色发展条例，从立法的角度规范建筑领域绿色发展，从根本上促进建筑节能减碳。

（二）推动技术创新和产业融合

技术创新是推动绿色低碳建造转型的关键，在技术创新方面，我国在可再生能源技术方面已取得一系列技术突破。

举例：中建七局在数字化创新方面进行尝试，通过智能检测与分析系统，可以进入城市排水管道中执行智能检测任务，并对检测数据采用模式识别和神经网络等一系列图像处理技术，识别管道的“病害”状况。此外，氢能产业的加速发展，使得能源绿色低碳转型的步伐不断加快。

举例：北京奥运村在建筑设计上采用了太阳能、地源热泵等节能技术，同时结合绿色建材和智能建筑管理系统，实现了能源的高效利用和碳排放的降低。此外，还有一些企业在研发具有自主知识产权的绿色建筑技术，比如河南安筑新材料科技有限公司，他们用工业废料粉煤灰自主研发而成的漂珠耐火隔热板，在 2023 年获得了国家发明专利。

在绿色低碳建造的技术创新、转型上，江苏省也做了大量的工作。例如，南京长江都市建筑设计股份有限公司研发了超低能耗装配式建筑，这种建造方式像搭积木一样，先在工厂里生产好各个部件，再运到现场拼装起来，既省时省力，也减少了环境污染。此外，江苏省住建厅相关负责人介绍，目前江苏已建成一批超低能耗绿色建筑，如南京市溧水区晶桥镇孔家村为民服务中心项目、盐城市日月星城幼儿园、无锡市建筑专家工作站等，这些项目的建造方式绿色低碳，建筑能源利用效率和碳减排水平不断提升。[①]

（三）智能建造与数字化转型

数字技术是推动建筑业绿色低碳转型升级的重要力量。

举例：在上海嘉定，龙湖集团利用太阳能等可再生能源，优化江桥镇超低

① 姚雪青，白光迪．江苏探索绿色低碳的生产方式和生活方式——智能添动力 节约促发展［N］．人民日报，2023-07-06(4)．

能耗建筑项目的供暖空调与新风系统能效，使其建筑能耗水平远低于常规建筑。在北京高碑店，海绵城市的理念贯穿于龙湖集团园区设计的全过程之中，龙湖集团通过透水砖铺装、平路缘石、雨落管断接等措施，实现了雨水的可持续循环。

随着科技的进步，智能建造与数字化转型成为绿色低碳建造的新趋势。相关专家指出，我国房地产和建筑业正处在以智能建造为建设方式、以数字化推动全面转型、以绿色化实现可持续发展的创新发展新时代。深圳更是将智能建造实施情况纳入生态文明考核范畴，对各区试点项目建设、企业示范培育情况进行评估。

（四）提升建筑业的能源效率

提升建筑业的能源效率是实现绿色低碳建造转型的重要途径。为了推动绿色低碳建筑的发展，政府还开展了绿色低碳建筑示范项目。

举例：2024 年第一批绿色低碳建筑示范项目中，重庆国际生物城配套公寓工程 7 号楼项目通过运用多种近零能耗建筑技术，每年的终端能耗量可节省 32.5 千瓦时每平方米，运行阶段可节约电量约 1 625 万千瓦时。

举例：万科在上海打造的嘉定理想之地项目，通过多元开放的规划设计、节能环保的建造技术、智能化的管理运维，成为低碳、智慧、活力三线并行的未来城市。

此外，中建集团也在加快绿色建造技术创新，积极助力建筑行业工业化、绿色化、智能化转型升级。数字化转型是当前建筑业科技创新的一个重要方向。大数据、人工智能等新技术的应用，使得建筑行业能够实现精细化管理，提高工作效率，同时也有助于实现绿色建筑和可持续发展。

（五）加强国际合作和交流

国际合作和交流也是推动绿色低碳建造转型的重要手段。例如，北京市科学技术协会主办的“工程师职业再生计划”绿色低碳建筑转型专题研修班，邀请多位专家、学者齐聚一堂，深入探讨绿色低碳建筑转型话题。

（六）政策创新、优化产业体系

绿色低碳建造的发展前景广阔，但也面临着一些挑战。只有通过不断的创新和努力，才能实现绿色低碳建造的可持续发展。政策支持、政策创新与优化产业体系等措施，帮助企业在面对挑战时拥有十足的底气，这些措施的重要性还包括以下几点：(1)政策支持和引导，是推动绿色低碳建造发展的重要保障。政府应出台相关政策，加强对绿色技术的知识产权保护，强化绿色技术产业链、创新链、资金链和人才链的深度融合，助力实现绿色技术市场全链条全过程创新。同时，还应建立碳足迹管理体系，扩大全国碳市场行业覆盖范围，推动金融机构开展碳排放权质押贷款、融资租赁等业务，发展相关金融产品。(2)政策创新，是推动绿色低碳建造发展的重要手段。例如，可以将智能建造实施情况纳入生态文明考核范畴，对各区试点项目建设、企业示范培育情况进行评估，并给予相应的激励和支持。通过这样的政策创新，可以激发市场和社会的积极性，推动绿色低碳建造的发展。(3)优化产业体系，是推动绿色低碳建造发展的重要途径。应加快新能源业务一体化发展，统筹规划设计、产业投资、工程建设、工业制造、项目运营等全链条各环节，提供系统解决方案、产品和服务，全面提升绿色设计、绿色建造、绿色制造、绿色运营水平。此外，还应积极推动绿色低碳产品的生产和推广、消费品的绿色更新及升级，主动引导培育多样态的绿色消费需求，厚植全社会的绿色消费意识及生态文化氛围。

四、市场竞争、挑战

绿色低碳建造市场竞争激烈，但也存在巨大的发展潜力。许多企业和研究机构都在积极探索和实践绿色低碳建造的新技术、新模式。国内绿色低碳建造的竞争现状呈现出一些集中性的特点：政策环境支持有力，产业规模和发展趋势良好，绿色建筑发展迅速，企业和研究机构积极参与并取得显著成效。虽然市场竞争激烈，但仍有巨大的发展空间和潜力等待挖掘。

尽管绿色低碳建造取得了显著的进步，绿色低碳建造的市场需求在增长，但这一领域仍面临着一些挑战：(1)研发能力。绿色低碳建造的发展需要强大的技术研发能力，然而许多企业在这一领域的技术研发能力较弱，尤其是在高端新材料的技术突破方面存在困难。此外，绿色低碳建筑材料的发展还面临着研发资金、成果转化与产业化的问题。(2)成本控制。绿色低碳建造通常涉及更高的成本，这包括原材料成本、技术研发成本以及可能的税收和补贴优惠。企业在市场竞争中需要有效地控制这些成本，以确保项目的经济性和竞争力。(3)消费者认知。消费者的认知和接受程度,是绿色低碳建造面临的一个挑战。虽然人们对气候变化的认知程度和环保意识有所提高,但并不是所有的消费者都完全理解和接受绿色低碳建造的概念。因此,企业需要通过教育和宣传来提高消费者的认知水平。

绿色低碳建造的竞争格局正在逐渐形成,随着绿色低碳理念的深入人心和技术的不断进步,未来这一领域的发展前景十分广阔。然而,要想在竞争中脱颖而出,相关企业和机构还需要不断探索和创新,以应对未来的挑战。例如,如何进一步降低建筑能耗、减少对环境的污染和破坏、提高室内环境质量,以及如何有效地实施绿色制造工程,这些都是未来需要解决的问题。此外,随着社会对绿色低碳建造的认识不断提高,如何调动行业组织、企业和社会民众的积极性、创造性,合力推动绿色低碳建造的发展,也是一个重要的挑战。

绿色低碳建造是一个充满机遇和挑战的市场领域。企业要想在竞争中脱颖而出,就需要不断创新技术、选用合适的绿色建筑材料、优化施工工艺,并且有效地控制成本。同时,提高消费者的认知水平也是非常重要的。只有这样,企业才能在激烈的市场竞争中立于不败之地,并为推动社会的绿色低碳发展做出贡献。

五、未来发展

未来,绿色低碳建造将继续保持快速增长。同时,绿色建筑的技术水平也将不断提高,实现更加节能、环保、健康的目标。在发展方向上,包括房地产建筑业在内的所有行业都要把高质量发展作为一种坚持,提供安全可靠、价格合理、生态环保的产品,实现市场公平交易,建立消费者信任。另外,房地产建筑业在质量控制方面,要提升过程控制和社会共治能力。

随着社会的进步和人们环保意识的提高,绿色低碳建造将成为未来建筑行业的发展趋势。根据相关报道,我国是世界最大造船国,2022 年,我国全年新接绿色动力船舶订单占总订单的 49.1%,创历史最高水平。这表明,绿色低碳建造不仅在陆地上得到广泛应用,在水上领域也有广阔的发展前景。在未来,绿色低碳建造将进一步推动建筑行业的创新和发展,助力实现“双碳”战略目标。展望未来,绿色低碳建造的发展将更加深入和广泛。住房城乡建设部科学技术委员会科技协同创新专业委员会组织业内专家开展绿色低碳技术成果产业化体系专项研究，旨在促进"十三五"期间形成的城乡建设绿色低碳科技成果的应用和产业化发展。

绿色低碳建造的发展趋势表现为：(1)提高建筑能效。被动式超低能耗建筑成为建筑领域碳达峰的关键、前提和基础。(2)增加建筑用能的低碳性。太阳能、空气能等可再生能源建筑应用是未来发展方向。(3)提升居住环境的健康性。立体园林建筑是扩展建筑功能、提高建筑性能和创造健康舒适环境的重要建筑范式。(4)推广装配式建筑。加快发展装配式建筑，积极推广装配化装修，支持绿色建材推广应用，推广节能型施工设备，推进建筑垃圾分类处理和资源化利用。(5)智能化水平的提高。增加室内环境质量与建筑能耗监测，提高建筑智能化水平。

绿色低碳建造的发展，能够提高供给质量水平、降低环境负荷，确立绿色建筑思维，让建筑"绿"起来。政府应当以绿色驱动发展理念为引领，全面建设人、建筑、城市、自然和谐共生的环境。

第三节　绿色低碳建造国家战略、相关政策、企业责任

一、国家层面的战略

在国家战略层面，我国已经明确了绿色低碳建造的发展方向。例如，住房城乡建设部于 2022 年 3 月 1 日发布的《"十四五"建筑节能与绿色建筑发展规划》表明，到 2025 年，城镇新建建筑全面建成绿色建筑，完成既有建筑节能改造面积 3.5 亿平方米以上，建设超低能耗、近零能耗建筑 0.5 亿平方米以上，装配式建筑占当年城镇新建建筑的比例达到 30%。此外，2022 年 6 月，深圳市住房和建设局《关于支持建筑领域绿色低碳发展若干措施》的出台，旨在贯彻落实党中央、国务院关于碳达峰、碳中和与绿色发展的工作意见，结合深圳市建筑领域发展实际，推动绿色低碳建造的发展。

绿色低碳建造的战略，首先体现在提升建筑建造质量上，这包括鼓励建

筑信息模型(BIM)技术示范应用,大力发展以装配式建筑为核心的新型建筑工业化,加强装配式建筑项目创新示范,推动超低能耗建筑项目建设,鼓励开展先进标准集成应用项目建设等措施,以此来夯实"新城建"、智慧城市建设数据基础,推进工程建设和城市建设高质量发展。另一个重要的战略方向是推进建筑运行绿色化、低碳化。这涉及支持发展高星级绿色建筑、持续开展既有建筑节能改造、加快发展绿色物业等措施,以节省建筑使用阶段的能源消耗,减少碳排放,提高居住品质,改善居住环境。

绿色低碳建造是当前、今后我国建筑业发展的重要方向。为了推动这一转变,国家层面已经出台了相关政策,鼓励绿色低碳建筑的发展。而且,绿色低碳建造的改革取得了显著的成效。例如,2024 年国际绿色建筑与建筑节能大会暨新技术与产品博览会展示了各种绿色低碳的新技术、新材料产品,如漂珠(粉煤灰空心球)耐火隔热板、以秸秆为原料的聚乳酸等。此外,2024 年 3 月,国家发展改革委、住房城乡建设部发布了《加快推动建筑领域节能降碳工作方案》,旨在促进建筑行业的绿色转型与高质量发展,对实现碳达峰、碳中和、推动高质量发展意义重大。

二、相关政策支持

在政策支持方面,政府推动低碳经济发展,制定了一系列支持绿色建筑的政策,如补贴、税收优惠等,促进了绿色建筑市场的发展。同时,随着公众环保意识的提高,消费者对绿色建筑的需求不断增加,推动了绿色建筑市场的发展。此外,绿色低碳企业怎样借助绿色金融实现更好发展还值得思索。2021 年中央经济工作会议提出,要正确认识和把握碳达峰、碳中和,创造条件尽早实现能耗能源消费总量、能源消费强度的"双控"向碳排放总量和强度的"双控"转变,加快形成减污降碳的激励约束机制①,进而形成转型倒逼机制。要做到这些,还需要设计一系列机制,例如城乡建设领域的碳交易体系,这有利于推动建筑领域实现国家"双碳"目标。

(一)国家层面的政策

2023 年 8 月,国家发展改革委、科技部、工业和信息化部、财政部、自然资

① 曹静,白重恩. 有序实现能耗"双控"向碳排放总量和强度"双控"转变[N]. 光明日报,2021-12-28(16).

源部、住房城乡建设部、交通运输部、国务院国资委、国家能源局、中国民航局等十部门发布了《绿色低碳先进技术示范工程实施方案》。该方案指出，将围绕源头减碳、过程降碳、末端固碳，在 12 个类别的项目上展开重点工作（表 8-2）。

表 8-2　12 个绿色低碳先进技术示范项目

序号	项目
1	非化石能源先进示范项目
2	化石能源清洁高效开发利用示范项目
3	先进电网和储能示范项目
4	绿氢减碳示范项目
5	工业领域示范项目
6	建筑领域示范项目
7	交通领域示范项目
8	减污降碳协同示范项目
9	低碳（近零碳）产业园区示范项目
10	全流程规模化 CCUS 示范项目
11	二氧化碳先进高效捕集示范项目
12	二氧化碳资源化利用及固碳示范项目

2024 年 3 月 12 日，国务院办公厅发布《加快推动建筑领域节能降碳工作方案》，提出了一系列措施来推进绿色低碳建造，包括加快发展装配式建筑、积极推广装配化装修、支持绿色建材推广应用、推广节能型施工设备等。这些措施旨在推进建筑垃圾分类处理和资源化利用，实现建筑全生命周期提升能效水平的目标。

到 2025 年，通过实施绿色低碳先进技术示范工程，一批示范项目落地实施，一批先进适用绿色低碳技术成果转化应用，若干有利于绿色低碳技术推广应用的支持政策、商业模式和监管机制逐步完善，为重点领域降碳探索有效路径①。

近年来，我国政府高度重视绿色低碳发展，政府出台了多项政策，来支持

① 白华兵. 十部门发《绿色低碳先进技术示范工程实施方案》，推重点领域降碳[N/OL]. 新京报，2023-08-22. https://www.bjnews.com.cn/detail/1692709463169716.html.

绿色低碳建造的发展、改革。例如,2022 年 5 月 30 日深圳市住房和建设局印发的《关于支持建筑领域绿色低碳发展若干措施》,规定了专项资金申请与发放等程序性事项,明确了支持对象、支持方式等实体内容。这些政策聚焦于建筑建造、运维、绿色消纳等环节的全生命周期管理,重点放在有应用推广价值、有市场前景的项目成果上,使真实做出绿色业绩的企业能够得到财政支持。此外,2019 版国家标准《绿色建筑评价标准》(GB/T 50378—2019)也明确了绿色建筑的定义和评价方法,为绿色低碳建筑的发展提供了依据。

在政策支持方面,政府工作报告提出加强生态文明建设,推进绿色低碳发展,大力发展绿色低碳经济,推进产业结构、能源结构、交通运输结构、城乡建设发展绿色转型。另外,全国人大代表梁伟还建议进一步完善建筑业绿色低碳标准体系,修订和完善《中华人民共和国建筑法》,构建绿色法律制度,建立项目立项、规划、设计、施工、监理等阶段绿色审查机制。

(二) 地方层面的政策

我国各地政府已开始强制执行碳排放计算,并制定了装配式建筑、绿色建筑、绿色生态示范区项目等市级奖励资金管理办法。地方层面的政策支持则更为具体和细致,这些政策为绿色建筑提供了财政补贴、评奖优惠、金融支持、费用减免等多种激励措施。例如,上海市、广东省、江苏省、山东省、浙江省、四川省、河南省、湖北省、湖南省等地也出台了相应的绿色建筑激励政策。

2014 年,北京市财政局、北京市住房和城乡建设委员会和北京市规划委员会联合发布了《北京市发展绿色建筑推动绿色生态示范区建设财政奖励资金管理暂行办法》,北京市制定的装配式建筑、绿色建筑、绿色生态示范区项目市级奖励资金管理办法,根据不同星级标识项目提供财政补贴,最高可达 800 万元。装配式建筑是绿色低碳建造的重要组成部分,北京市已经取得了显著的进展,新建装配式建筑面积累计超过 5 400 万平方米,并且还在稳步推进建筑领域低碳化。此外,北京市还提出要加快发展装配式建筑、积极推广装配化装修、支持绿色建材推广应用、推广节能型施工设备、推进建筑垃圾分类处理和资源化利用。

2021 年 12 月 17 日,黑龙江省政府常务会议审议通过《黑龙江省"十四五"生态环境保护规划》,开展绿色建筑创建行动,积极推进新建公共建筑能效,推动新建建筑全面执行现行节能标准,开展既有建筑节能改造,加强绿色建筑管理。

2022年1月18日，天津市发展和改革委员会印发实施《天津市节能“十四五”规划》，2022年5月，天津市政府发布《天津市“十四五”节能减排工作实施方案》，以提高建筑外围护结构的热工性能和气密性能、提升用能效率为路径，积极实施公共机构既有建筑节能改造。结合清洁取暖、城镇老旧小区改造等工作，持续推动既有居住建筑节能改造。

2022年3月26日，河北省人民政府印发《河北省“十四五”节能减排综合实施方案》，以提高建筑节能标准，实施近零能耗建筑推广工程，鼓励发展零碳建筑。

2022年9月5日，宁夏回族自治区人民政府办公厅发布的《宁夏回族自治区能源发展“十四五”规划》提出在建筑节能方面，加强绿色建筑标准体系建设，提高新建建筑节能水平，进一步提高绿色建筑比例，推进既有居住建筑节能改造，将节能改造作为老旧小区改造的重要组成部分，推广采用可再生能源解决建筑供暖需求。

2024年1月30日，陕西省工信厅等部门联合印发了《陕西省建材行业碳达峰实施方案》，旨在优化产能布局，推进产业升级。《方案》指出：到2025年，水泥熟料单位产品综合能耗下降3%以上，水泥熟料、平板玻璃和建筑陶瓷行业产能全部达到能效基准水平且能效标杆水平以上产能比例超过30%[①]。

2024年3月，合肥市建筑产业化工作领导小组办公室出台《2024年合肥市装配式建筑工作要点》，合肥市计划新增1～2个装配式建筑产业制造基地，提高预制构件、模具模板标准化水平，推广模块化建造、空心叠合混凝土等装配式结构体系试点应用。

江苏省出台了一系列政策来支持绿色低碳建造的发展。例如，江苏省在2015年颁布了《江苏省绿色建筑发展条例》，规定江苏所有新建的城镇民用建筑，都要达到绿色建筑的标准。此外，江苏省发改委表示，江苏积极稳妥推进碳达峰、碳中和各项工作，强化政策系统谋划，坚持全省一盘棋，统筹部署、分类施策，明确实现全省碳达峰的时间表、路线图、施工图。江苏省内的一些地

① 沈谦.陕西印发建材行业碳达峰实施方案 “十五五”期间建立绿色低碳循环发展产业体系[N].陕西日报，2024-04-23(1).

区还发挥了示范效应，推动绿色低碳建造的发展。例如，常州武进区制定了(近)零碳产业园发展规划，其中，全国唯一绿色建筑产业集聚示范区——武进绿建区作为先行示范，立足产业基础和前瞻布局，给出了绿色低碳转型的“绿建解法”。此外，南京、常州、镇江、淮安4市获评国家低碳城市试点优良城市；金坛盐穴压缩空气储能项目是世界首个非补燃压缩空气储能电站；江苏远洋建造的全国首艘纯电动集装箱船“江远百合”号，率先开启了内河航运的“纯电时代”。江苏省在绿色低碳建造方面取得了显著的成就，无论是从绿色低碳建筑的普及程度，还是从技术创新和政策支持的角度来看，都在积极推进绿色低碳建造的发展，并且在一些地区已经形成了示范效应。

（三）行业组织的政策

行业组织在推广绿色建造方式和技术方面发挥了重要作用，例如，2023年11月底，全国土木工程双碳行业产教融合共同体正式成立，旨在交流、研讨土木工程双碳行业技术前沿和产教融合典型案例，推动建筑业绿色低碳转型升级。另外，四川建筑职业技术学院等院校也在积极研究和实践绿色低碳建造的技术和方法。2019年12月18日，由住房城乡建设部标准定额司组织举办的“改革和完善工程建设标准体系工作交流座谈会”在京召开①，住房城乡建设部标准定额司司长田国民表示，一是要加快构建标准化设计和生产体系，编制《装配式住宅设计选型标准》，推行“少规格、多组合”的正向设计方法，扩大标准化构件生产使用规模，推动装配式建筑市场化、规模化发展；二是要不断完善适用于不同建筑类型的装配式混凝土建筑结构体系，加快打通钢结构住宅设计、生产、施工等产业链；三是要加大推广力度，指导地方在保障性住房和商品住宅中积极应用装配式混凝土结构，积极开展钢结构住宅试点，鼓励医院、学校等公共建筑优先采用钢结构。

在国内，绿色低碳建造的发展正在向组织、产业集群中逐步推进。例如，武进绿建区作为全国唯一绿色建筑产业集聚示范区，一直在探索绿色建筑碳达峰的有效路径，并且已经在建筑的全生命周期中形成了绿色产业链。此外，武进绿建区还与上海环境能源交易所共建了全国碳市场能力建设(上

① 本刊编辑部.着力推进工程建设标准化改革创新 服务住房城乡建设事业高质量发展——改革和完善工程建设标准体系工作交流座谈会召开[J].工程建设标准化，2020(2)：8-10+2.

海)中心常州基地,引入了碳投资商,发行了江苏首支碳基金,并且正在打造长三角碳管理体系研究院,持续推动碳管理体系发展。再如,粤西绿色低碳创新发展研究院整合建材各类头部企业,打造线上绿色建材供应链平台,推进绿色建材产业数字化和数字产业化,以提高资源利用效率,降低建筑成本。

(四)金融政策的支持

金融政策也是支持绿色低碳建造的重要手段。金融机构被鼓励强化绿色金融产品和服务力度,拓宽项目还款及担保方式,探索环境权益抵质押贷款、环境效益挂钩贷款、绿色信贷资产证券化等创新产品。这种金融支持既包括对节能降碳、生态环保等领域的金融支持,也包括对煤电等高碳行业低碳转型的合理支撑。

综上所述,绿色低碳建造得到了国家、地方以及行业组织和企业的全方位支持,这为推动建筑业的绿色低碳转型提供了有力的保障,绿色低碳建造产业政策正推动着中国建筑业的转型。未来,期待可以看到更多的绿色建筑项目涌现,为我国可持续发展做出贡献。

三、企业责任

绿色低碳建造已经成为国家战略的一部分,得到了国家层面的大力支持和推动,而且,企业在推动绿色低碳建造方面发挥了关键作用。企业通过技术创新和应用,可以实现建筑业的可持续发展,并为应对气候变化做出贡献。同时,企业也应当积极承担社会责任,推动绿色低碳建造的发展。

在绿色低碳建造领域,许多企业和研究机构已经开始了探索和实践,这些企业的实践表明,绿色低碳建造不仅是国家政策的要求,也是企业自身发展的需要。例如:(1)江汉设计公司积极响应生态保护战略,将绿色发展、绿色建造理念贯穿重点项目建设始终。(2)中国石化绿色企业行动第二阶段正式启动,石油工程建设公司及各所属单位围绕降碳、减污、提效、增绿四个重要方面开展相关行动。(3)重庆国际生物城配套公寓项目采用了多种近零能耗建筑技术,如围绕生物细胞的形态元素进行设计、造型遮阳一体化设计、自保温墙体+内保温复合保温体系、高效新风热回收系统等,有效降低建筑能耗、提升综合能效。(4)成都科创生态岛,引入了地源热泵、碲化镉光伏、数字孪生能碳管理平台、AGV 机器人停车等先进技术手段,最终实现供能系统

100%电气化、直接碳排放为零，冬季可再生能源装机规模100%，绿色建筑二星级以上100%、三星级40%[①]。成都科创生态岛成功入选生态环境部2023年绿色低碳典型案例，成为全省唯一入选园区。这样的社会认可和示范效应有助于激发更多的企业和个人投入到绿色低碳建造的实践中。(5)常州武进区与上海环交所共建全国碳市场能力建设(上海)中心常州基地，引入碳投资商，发行江苏首支碳基金；2022年，又与常州市政府、上海环交所共同打造长三角碳管理体系研究院，持续推动碳管理体系发展。这些举措有助于提高企业在绿色低碳建造方面的知识和技能。(6)中能建城市投资发展有限公司开发的项目，通过多种技术路线的应用，实现了建筑能耗和建筑碳排的双控制。

企业在追求经济效益的同时，也需要承担社会责任，推动绿色低碳建造的发展。例如，上市公司天创时尚在总部创意产业园建设中，积极响应国家低碳发展和绿色发展战略，启动清洁生产项目，深化原辅材料替代、智能工艺改进等源头控制环节，从根本上控制和消减污染物及各种危险固废。

企业在提升产品环保性能方面也有重要责任。例如，尚赫集团推出的尚赫牌蛹虫草胶囊获得了国内首个碳中和保健食品认证，体现了企业在产品设计和生产过程中对环保的关注。同时，尚赫全球总部项目坚持打造“循环经济型、节能环保型、清洁高效型”的新一代绿色园区式工厂。企业应该将环保理念贯彻到企业运营的各个环节，主张从点滴做起，降低耗材的使用，助力生态环境发展。

企业应该积极参与产教融合活动，推动建筑业的绿色低碳转型。例如，2023年11月24日，全国土木工程双碳行业产教融合共同体(以下简称双碳共同体)成立，旨在交流、研讨土木工程双碳行业技术前沿和产教融合典型案例，为企业、学校相互提供宝贵的学习和发展机会。双碳共同体以西安三好软件技术股份有限公司、西安理工大学、杨凌职业技术学院、四川建筑职业技术学院为牵头单位，联合全国30个省(自治区、直辖市)上下游企业、院校、行业组织和科研机构等310家单位共建成立。双碳共同体以服务和支撑教育行

① 黄雪松，白洋. 全省唯一、成都科创生态岛入选2023绿色低碳典型案例[N]. 成都日报，2024-05-17(3).

业战略发展为切入点，紧密对接行业发展需求，全方位整合产教资源，构建产教供需对接机制，主动谋划、积极作为，联合开展人才培养，协同开展技术攻关，共同开发教学资源、落实共建任务，推动产教同行，成为支撑行业、产业高质量发展的源动力，全方位助推建筑业绿色低碳转型和高质量发展。

企业应注重推进科技成果转化和应用。科技成果转化和应用是将科技创新成果转化为实际生产力的关键环节。企业应自主开发碳排放监测与管理综合服务平台，研发出系列水体净化设备、高效土壤修复材料等绿色产品，助推生产生活方式绿色低碳转型。同时，企业应建立健全绿色技术交易制度，在明确细化绿色技术交易标准基础上，建立专业化绿色技术经纪人队伍，加速实现绿色技术买家与卖家的“双向奔赴”，提升创新转化应用效能。

企业应重视提升人员素质，提升人员素质是推动绿色低碳建造发展的重要基础。领头企业应发挥院士、专家带动作用，着力构建上下联动的人才培养体系，出台加大科技攻关人才激励的措施，搭建完善的科技人才梯队；同时，还应积极推进政府、高校、科研院所、龙头企业等共同实施产学合作、产教融合的协同育人项目，联合培养绿色技术创新专业人才。

综上，企业在绿色低碳建造方面承担着重要的社会责任，需要在多个方面采取行动，推动绿色低碳建造的发展。

四、设计单位推进绿色低碳建造

设计单位在推进绿色低碳建造方面承担着重要责任。通过合理规划布局、降低能耗和加强资源循环使用等途径，设计单位可以为实现绿色低碳建筑作出积极贡献。

举例：2021 年 5 月 20 日，第六届西安建筑业绿色施工示范工程观摩会，在中建八局西北公司承建、浙江江南工程管理全过程咨询的某科研中心（西安）项目成功举办，社会各界参观人员共计 1 000 余人参加，27 000 余人通过线上直播参加观摩。现场工作人员通过宣传展板、现场解说等方式，与观摩人员积极互动，全面展示智慧工地、绿色建造、主体结构质量、工法样板、安全文明施工标准化管理等亮点。一些项目在建筑方案、设备与系统、绿色供应链、施工建造、运营维护等方面取得了显著成效，为设计单位推进绿色低碳建造提供了有益借鉴。

随着环境保护意识的不断提高，设计单位在推进绿色低碳建造方面发挥着越来越重要的作用。近年来，越来越多的设计单位开始关注绿色低碳理念，并将其应用于建筑设计中。绿色低碳理念在建筑设计中的运用包括整体的和谐性、宜居性和利用的充分性等方面。整体的和谐性要求将建筑物完全融入环境中，实现建筑物与生态环境之间的和谐统一；宜居性要求充分利用已有的资源，解决居住过程中的基本需求，如光照、空气、水分和采暖等；利用的充分性要求提高资源与能源的使用效率，达到节水、节电和减少采暖等目的，实现节能减排。

在实际应用中，设计单位可以从三个方面推进绿色低碳建造：(1)合理规划布局。设计单位在进行建筑设计的过程中，需要进行合理的规划布局，使建筑完美融入周围环境。具体而言，需要充分考虑建筑周边的人文与生态环境、温度、地形地貌等因素，并将相关要素有机融合，提升建筑的整体效果。(2)充分降低能耗，加强可持续能源的使用效率。设计单位应提高建筑维护结构的隔热性能，降低能耗，以实现对生态环境的保护。此外，应加强可持续能源的使用力度，如增加太阳能、风能等可再生能源的应用，以实现节能减排的目的。(3)加强资源的循环使用。设计单位在建筑设计过程中应从建筑的全寿命角度出发，加强资源的循环使用，避免资源的严重浪费，保护生态环境。例如，在建筑设计中可增加废水回收与过滤系统，提高水资源的利用效率。

在企业实践和技术创新方面，许多企业已经开始采用智能技术赋能绿色建筑的信息化、数据化和智能化建设。例如，龙湖集团遵循“被动优先，主动优化”的原则进行设计，优化超低能耗建筑项目的供暖空调与新风系统能效，并利用太阳能等可再生能源，使其建筑能耗水平远低于常规建筑。立邦集团作为产业链上的积极一分子和建筑节能事业的重要参与者，也为建筑行业绿色低碳发展提供持续动能。

绿色低碳建造的发展，首先体现在精细的规划与设计上。在设计阶段，建筑师和工程师们利用先进的计算机模拟工具，对建筑的能源性能进行预测和优化。例如，通过对建筑形体和朝向的优化，可以降低建筑能耗，提高室内环境质量。此外，还可以采用高效节能的照明系统和提高建筑围护结构保温隔热性能的方法，减少建筑能耗。

在施工方法和技术方面，科技创新表现在绿色建筑施工技术、高效保温隔热技术和废弃物回收利用技术的应用上。例如，企业通过工业化生产方式、装配式建筑等方法，可以减少施工过程中的能源消耗和碳排放。此外，碳捕集与封存技术的应用，使得施工过程中产生的 CO_2 可以被捕集、压缩并封存到地下或海底等安全场所，实现了碳的负排放。

第九章

绿色低碳建造技术及其应用状况

第一节　绿色低碳建造技术概念、类型

随着“碳达峰”“碳中和”目标的提出与推进，工程建设行业必须通过创新实现发展和转型升级，在全行业推广绿色低碳建造技术，降低碳排放总量。这不仅是助力实现“双碳”目标的战略路径，也是工程建设行业实现可持续发展的必由之路。

一、绿色低碳建造技术的概念与应用体现

（一）绿色低碳建造技术的概念

绿色低碳建造技术，是一种在建筑设计、建造和使用过程中，最大限度地节约资源、保护环境和减少污染的新兴技术。它涵盖了建筑和基础设施的全生命周期，包括规划、设计、建造、运维和消纳利用等各个环节，旨在实现人与自然的和谐共生。也可以说，绿色低碳建造技术是经过鉴定、评估的先进、成熟、适用的降低消耗、低碳或零碳排放、减少污染、改善生态、促进生态文明建设、实现人与自然和谐共生的新兴技术。这些技术包括节能环保、清洁生产、清洁能源、生态保护与修复、城乡绿色基础设施、生态农业等领域出现的具备创新性质的技术。绿色低碳建造应积极采用这些先进技术，以降低建筑对环境的影响。

绿色低碳建造技术在城乡建设领域得到广泛应用，其目标是实现建筑的全生命周期内的绿色化和低碳化。这包括在建筑的规划、设计、建造和运营等各个环节中，尽可能地减少对环境的影响，节约资源，降低能源消耗，并且在可能的情况下，实现碳的零排放。

绿色低碳建造技术在工程建设施工中，是指一种通过科学的管理，最大限度地节约资源并减少对环境负面影响，实现节能、节地、节水、节材和环境保护的技术。这些技术是实现“碳达峰”“碳中和”目标的关键，也是城乡建设行业实现高质量绿色发展、满足人民美好生活需要的重要途径。

（二）绿色低碳建造技术的应用体现

以下是绿色低碳建造技术的一些主要方面，这些技术的应用对于实现建筑行业的低碳发展具有重要的意义。

（1）初期建造应用上，包括：①绿色设计。指企业运用建筑学、环境学、生态学等学科的知识，在环保、节能的基础上为居住者提供舒适的生态建筑环境的一种设计。BIM 技术在绿色设计中起到了关键作用，它是一种贯穿建筑全生命期的三维数字技术，可以对建筑进行多维度考量，有助于减少建筑全生命周期整体碳排放。②绿色施工。主要为装配式和被动房。装配式是指将工厂内生产好的建筑模块在施工现场进行拼接，可以在短期完工并极大减少动工碳排放。被动房则是一种高效的能源利用方式，能够满足舒适性的同时，大大降低能源消耗。

（2）楼宇低碳运营应用上，包括：①楼宇健康。通过节能措施，如使用人工智能、5G、AIoT 等技术大幅提升建筑能源管理效率，提高建筑设备能源利用效率和建筑节能运行管理水平。②新能源。如光伏建筑一体化，将光伏发电产品集成到建筑上，实现建筑项目在运营时的低碳减排。

（3）减碳技术赋能应用上，包括：①减碳技术。如南宁—湛江高速项目通过资源节约型绿色路面材料研发与应用技术，推动产品完善与升级，更好地均衡橡胶沥青的高温、低温和施工性能等，有效地保障了全路段橡胶-SBS 双复合改性沥青路面的长期耐久性。②负碳技术。如增加碳捕集和增加负排放，目前中国负碳技术应用以碳捕集、利用与封存为主。

（4）绿色材料应用上，新型建筑材料包括新型墙体材料、新型防水密封材料、新型保温隔热材料和装饰装修材料四大类，这些材料在减少碳排放方面发挥了重要作用。

（5）MiC（组装合成建筑法）技术。MiC 技术，是指把建筑拆分为一个个立体的空间单元，每个空间单元的装修、水暖、机电等工序都一次性在工厂内完成，施工现场仅需要把每个单元像“搭积木”一样拼装，即可完成整个项目的建设。

（6）BIPV（光伏建筑一体化）技术。BIPV 技术，是一种将太阳能发电产品集成到建筑上的技术，有两种运行方案：一种为光储直柔，是包括光伏发电、直流配电、双向充电、柔性控制四个阶段的一种新型能源技术，初步预计或可为建筑运行减碳约 25%；另一种则是“并网”，即把光伏发电系统与电力系统联系起来，把阳光辐射得到的直流电直接转变为标准的网侧交流电，再分配该系统生产的电量。BIPV 技术可确保建筑高效储能，持续创造经济效益，见图 9-1。

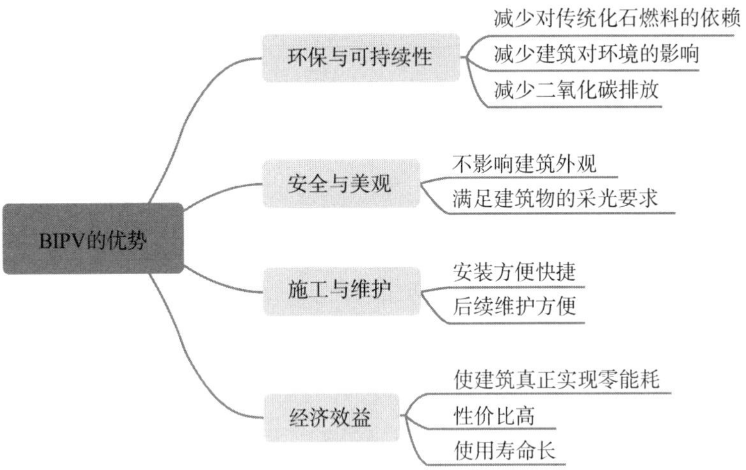

图 9-1　BIPV(光伏建筑一体化)的优势

BIPV 技术在环保、安全、经济和施工等方面具有显著优势，是未来建筑行业发展的重要方向之一。随着技术的进步和成本的降低，BIPV 技术将在未来的建筑行业中发挥越来越重要的作用。

二、绿色低碳建造技术的类型

绿色低碳建造技术包括一系列的技术和策略，如温拌抑烟沥青、高速公路水源保护区污染监测及防治技术、资源节约型绿色路面材料研发与应用技术、综合碳排放评价技术等。这些技术不仅能够减少碳排放，还能提高能源效率，保护环境，提升建筑的舒适性和健康性。总的来说，绿色低碳建造技术是一种以环保和节能为核心理念的建造技术，它的应用不仅可以帮助我们实现环保目标，还可以提高建设工程的品质和价值。以下是绿色低碳建造技术的一些类型举例：

（一）低碳建造技术

低碳建造技术是指那些能够降低温室气体排放的技术，这类技术可分为三类：减碳技术、无碳技术、去碳技术（又称为碳捕获与封存技术）。

从表 9-1 可以看出,减碳技术侧重于减少现有的碳排放,无碳技术则致力于消除新的碳排放,而去碳技术则试图通过捕获和封存二氧化碳来进一步降低大气中的碳含量。这三种技术各有侧重,但共同的目标都是应对气候变化,保护环境。

表 9-1　三个概念之间的差异:减碳技术、无碳技术和去碳技术

减碳技术	无碳技术	去碳技术
旨在减少人类活动引起的碳排放的技术	能够在生产过程中完全消除碳排放的技术	开发以降低大气中碳含量为根本特征的二氧化碳的捕集、封存及利用技术

根据减排机理来看:(1)减碳技术,主要是在高能耗、高排放领域进行节能减排。(2)无碳技术,主要包括风力发电、太阳能发电、水力发电、地热供暖与发电、生物质燃料、核能技术等,其最终目标是实现对化石能源的彻底取代。(3)去碳技术,主要包括碳回收与储藏技术、二氧化碳聚合利用等技术。根据联合国政府间气候变化委员会的调查,该技术的应用能够将全球 CO_2 的排放量减少 20%～40%,将对气候变化产生积极影响。

在建筑行业,构建绿色建筑技术体系、推进可再生能源与资源建筑应用、集成创新建筑节能技术等可减少电能和燃料的使用。

(二) 房屋呼吸系统

也称住宅生态通风技术与房屋呼吸概念。目前,欧洲采用的住宅动力通风系统主要有两种:一种是"门窗+厨卫排风扇"的通风系统。这一种造价便宜、安装简单,缺点是噪声干扰,通风效果不理想;另一种是"外墙进风设备+卫生间出风口+屋顶排风扇"的通风系统。这种通风系统在过滤空气、降低噪声的同时,科学合理地保证了室内通风量,能够排出卫生间潮湿污浊空气,噪声干扰小。

(三) 遮阳系统

外遮阳设施是最有效的遮阳设施,它直接将 80%的太阳辐射热量遮挡于室外,有效地降低了空调负荷,节约了能量。

(四) 铝模施工技术

应用铝模施工技术,能够实现地下室 7 天一层,地上 5 天一层的施工速度。铝模板将建筑成型误差由厘米级降低至毫米级,垂直度、平整度合格率为96.5%(允许偏差≤5 mm),为后续的装修标准化、部品化创造了有利条件,并且杜绝了开裂、空鼓、渗漏等建筑质量顽疾,极大地提升了建筑品质,延长建筑使用寿命。

（五）高效门窗系统与构造技术

这种技术主要通过采用高性能门窗来实现,玻璃的性能至关重要。高性能玻璃产品比普通中空玻璃的保温隔热性能高出一到数倍。例如单面镀膜Low-E(低辐射)中空玻璃,其传热系数约为1.7 W/(m^2 · K),保温隔热性能比普通中空玻璃提高一倍。

（六）高效保温隔热外墙体系

这种技术主要是通过在外墙外侧添加保温层,有效形成建筑保温系统,达到较好的保温效果,减少热桥的产生,同时保温层与外饰面之间的空气层可形成有效的自然通风,以降低空调负荷、节约能耗并排除潮气保护保温材料。

以上这些都是绿色低碳建造技术的具体类型,它们在各自的领域中都发挥着重要的作用,这些技术的应用有助于降低建筑行业的碳排放,有效地降低了资源的消耗数量,进一步降低了施工作业对环境产生的污染,进而在一定程度上确保自然环境的平衡性,实现可持续发展。

第二节 推进绿色低碳建造技术应用重要性与影响力

绿色低碳建造技术,是我国实现高质量绿色发展、满足人民美好生活需要的重要途径,也是助力实现"双碳"目标的战略路径。这些技术涵盖了节能环保、清洁生产、清洁能源、生态保护与修复、城乡绿色基础设施、生态农业等领域。在全行业推广绿色低碳建造技术,可以降低碳排放总量,实现人与自然和谐共生的现代化。

一、绿色低碳建造技术的重要意义

（一）推动经济绿色发展

绿色低碳建造技术是实现经济绿色发展的重要手段。在推进"双碳"战略的过程中，建筑行业作为高碳排放量的行业之一，其技术改革和管理创新对于减少碳排放量具有重大意义。绿色低碳建造可以通过节能减排，提升建筑工程施工品质，推动建筑建造领域的高品质绿色健康发展。此外，绿色低碳建造还有助于建立良好的国际形象，体现我国在气候变化下的“共同但有区别原则”，彰显一个世界大国的积极态度。

（二）促进科技创新和产业升级

绿色低碳建造技术的推广和应用可以促进科技创新和产业升级。例如，南湛高速科技示范工程在低碳绿色节能建造技术攻关上进展顺利，有力保障了南湛高速后期科技创新工作的实施。这些技术包括环境敏感区公路沥青路面温拌抑烟绿色铺筑应用关键技术、高速公路水源保护区污染监测及防治技术、资源节约型绿色路面材料研发与应用技术、综合碳排放评价技术等，利用这些技术可以在施工源头减少污染，促进项目建设发展与生态环境协调。

（三）提升资源利用效率

绿色低碳建造技术有助于提升资源利用效率。例如，通过推广使用绿色低碳建造施工技术，可以有效降低电能的消耗量和减少用地面积，节省水资源。此外，绿色低碳建造技术还可以降低能源的使用率，例如，在施工中选择使用隔热保温材料来保持室内温度，可以实现节能的目的。

（四）保护生态环境

绿色低碳建造技术的实施有助于保护生态环境。传统的建造方式存在着高耗能、高排放、粗放管理等问题，而绿色低碳建造则可以在很大程度上减少这些不利影响。例如，装配式建筑的施工现场是干法现场装配，可以有效做到节水、节电、节材的环保要求。此外，绿色低碳建造技术还可以促进我国建筑建造方法的更新换代，有利于提高建筑产业链的完整度和促进相关新兴产业的产生。

（五）实现可持续发展目标

绿色低碳建造技术的应用符合可持续发展的理念。随着经济的进展、科学技术的进步，人们的生活水平渐渐提升，绿色低碳建造技术成为国家应对气候变暖的重要战略。通过应用这些技术，可以在一定程度上确保自然环境的平衡性，推进人类社会与自然环境和睦相处。

二、绿色低碳建造技术的社会影响

绿色低碳建造技术的应用不仅有助于实现“双碳”目标，还有助于提升建筑的能源效率和舒适性，改善室内环境，提高人们的居住质量。同时，它也有利于推动建筑业的转型升级，实现经济社会可持续发展。

（一）创造就业机会

绿色低碳建造技术的实施、进一步应用，对社会就业产生了积极的影响。相关研究表明，低碳绿色建筑投资在我国房地产业内增加 1 250 亿元产值，对本身产业的就业带动效应为 27.01 万个岗位。这表明绿色低碳建造技术不仅创造了巨大的经济效益，也为社会创造了大量的就业机会。

（二）降低能源消耗和碳排放

绿色低碳建造技术的应用显著降低了建筑的能源消耗和碳排放。据统计，全球范围内超过 40%的能源消耗和 21%的温室气体排放来源于建筑业。因此，绿色低碳建造技术的应用对于减少碳排放、应对气候变化具有重要的意义。

例如，MiC（组装合成建筑法）建筑方式相比传统方法，可节约工期 90%，并减少 64%的日均现场工作人员数量，拆除阶段还可实现箱体钢框架的重复利用。这样的技术不仅节省了资源，还减少了废弃物的产生。MiC 技术作为一种先进的智能建造技术，能够节省施工时间，节水节材，所产生的废水废料能在工厂中循环使用，相比传统建造模式，约可减少 70%的建筑垃圾、50%的施工碳排放，以及 25%的材料浪费。这样的技术不仅提高了建造效率，还大大减少了建造对环境的影响，推动了建筑业的可持续发展。

（三）促进建筑材料和建筑设计质量的提升

绿色低碳建造技术的推广，促使建筑材料和建筑设计质量得到了提升。在绿色建筑行业中，中海地产等企业已经获得了大量的绿色建筑认证，其绿色建筑面积占中国已建成的绿色建筑面积的 1%。这表明绿色低碳建造技术的普及已经引起了整个行业的重视，促进了建筑材料和建筑设计质量的提高。

（四）提升建筑品质和居民生活满意度

绿色低碳建造技术的采用，有助于提升建筑的节能性和环保性，从而提高建筑的品质。例如，超低能耗建筑（也称被动房）通过科技手段对房屋进行改造，在不需要使用空调、地暖等高能耗设备的情况下，实现冬暖夏凉、空气清新、低碳节能的理想人居环境。这样的建筑不仅减少了能源消耗，还提高了居民的生活质量和生活满意度。

可以说，绿色低碳建造技术的应用对于推动经济社会的可持续发展具有重要的战略意义。

第三节　绿色低碳建造技术应用现状、发展趋势

一、绿色低碳建造技术推广应用现状

（一）政策支持与趋势发展

2024 年 3 月，国家发展改革委、住房城乡建设部发布《加快推动建筑领域节能降碳工作方案》，推进绿色低碳建造，加快发展装配式建筑，积极推广装配化装修，支持绿色建材推广应用。在技术不断成熟、政策不断加持的背景下，装配化装修也成为当前建筑业的一个发展趋势。

（二）技术创新与推广应用

2022 年 8 月，科技部等九部门联合印发《科技支撑碳达峰碳中和实施方案（2022—2030 年）》，提出了支撑实现碳达峰碳中和目标的十大科技创新行动，明确了科技支撑碳达峰碳中和的创新方向，统筹项目、基地和人才等措施，构建碳达峰碳中和科技创新支持体系。城乡建设领域绿色低碳建造技术的推广与应用，对于实现可持续发展目标、改善环境和健康有着至关重要的作用。

（三）行业实践与示范推广

绿色低碳技术示范推广工作也需要遵循不同阶段的发展形势和要求，尊重科技创新和产业发展规律，坚持久久为功，才能有效助力我国产业结构持续优化升级，推动经济社会绿色低碳高质量发展取得更大进步。例如，

2022年出版的《绿色低碳建造技术应用案例集》一书，展示了在不同自然地理条件、地质环境条件下，不同建设规模、建筑类型的绿色创新技术的应用情况，值得大家阅读、思考。

（四）企业参与与技术创新

政府方面应完善机制体制，鼓励提高创新技术水平。政府还应加强财政、金融、规划、建设等政策支持和扶持，对积极进行建筑绿色技术创新和应用的企业，采取给予退税、增加碳资产配额、增加节能环保补贴、增加科研补贴等的激励措施，促进技术进步。例如，北京绿色建筑产业联盟，在党支部、理事会的领导下，积极探索新时代绿色建造方式，以城乡建设领域碳达峰为引领，致力于推动建筑产业结构向高端化发展、建筑能源结构向低碳化发展，促进建筑业数字化转型。

（五）教育培训与人才培养

为了实现碳达峰和碳中和的目标，政府和企业都在积极推动绿色低碳技术的应用和推广。在这个过程中，教育培训与人才培养显得尤为重要，因为绿色低碳建造技术的推广需要大量的专业知识和技能，我国教育部也在积极推动绿色低碳理念纳入教育教学体系。绿色低碳理念将成为高等教育的重要组成部分。这不仅包括在课堂上传授相关知识，还包括通过实践活动和社会服务来增强学生的绿色低碳意识。例如，2022年4月，教育部印发《加强碳达峰碳中和高等教育人才培养体系建设工作方案》，鼓励高校参与或组建碳达峰碳中和相关的国家实验室和技术创新中心，以推动科研成果的转化和应用。

此外，产教融合也是绿色低碳建造技术人才培养的重要途径。通过与企业的合作，高校可以为学生提供更多实践机会，使他们在实际项目中掌握绿色低碳技术。绿色低碳建造技术的教育培训与人才培养需要政府、企业和高校的共同努力。例如，北京绿色建筑产业联盟，为了将绿色建造方式和节能减碳技术推广工作做牢做实，完善绿色建造人才培养知识体系和评价体系，组织行业专家编写了《绿色建造技术概论》《绿色建造管理实务》等辅导教材；同时，依托“师徒云职工在线网校”平台推广绿色建造专业技术知识，为建设美丽中国、促进绿色发展、推动建筑业全面落实国家碳达峰碳中和战略实施，做出积极贡献。

进入新时代以来，我国在绿色低碳建造技术的推广应用方面已经取得了一定的成效，并且在政策支持、技术创新、行业实践、企业参与和教育培训等方面都开展了积极的工作。然而，我国仍然面临着一些挑战，如技术创新能力不足、资金投入不足等，需要进一步加大工作力度，推动绿色低碳建造技术的广泛应用。

二、绿色低碳建造技术的发展趋势

绿色低碳建造技术的未来发展趋势是绿色环保、节能减排和智能化。在绿色环保方面，绿色低碳建造技术将更加注重环境保护和资源节约；在节能减排方面，绿色低碳建造技术将进一步降低建筑的能源消耗和碳排放；在智能化方面，绿色低碳建造技术将广泛应用先进的信息技术，实现建筑的智能化管理和运营。此外，政府还将通过制定相关政策和法规，鼓励和支持绿色低碳建造技术的推广应用。

绿色低碳建造技术的未来发展趋势，包括智能化在建筑施工技术中的应用和发展，以及低碳建筑节能系统的选择策略。例如，中建八局一直在赋能绿色建造领域，曾制定了《绿色施工手册》和《低碳建造技术指引》，并在多个项目中加以应用。此外，中建集团正带动产业链上下游60余万家企业共同发展，发布企业碳达峰行动方案，协同全产业链共同减碳。

绿色低碳建造技术的未来发展趋势，主要是：

（一）脱碳和电气化

绿色低碳建造技术的一个重要趋势是脱碳和电气化。这意味着我们需要逐步减少化石燃料的使用，转向使用本地或异地的可再生能源。例如，一些原先气候温和的地区，现在也需要空调来最大限度地减少热应激。全球变暖本身将带来更多的电力需求，因此，需要更多的可再生能源来满足这种需求。

（二）高能效和数字化

要在建筑中使用低碳、可回收、可再生的材料，提高保温隔热性能和采暖供热、空调制冷制热系统效率。同时，也需要利用数字化技术，如智能管理、建筑机器人等新技术在工程建设领域的应用，以提高作业效率，减少施工的返工率，并通过科学的材料算量系统，减少建筑材料的浪费，降低工业污染排放及碳排放。

（三）建筑节能与绿色建筑

建筑绿色低碳转型是我国实现“双碳”目标的重要领域。在碳达峰碳中和的“1＋N”政策体系中，关键政策明确了建筑绿色低碳转型路径，建筑节能行业迈向纵深发展将成为必然趋势。建筑节能具体指在建筑物的规划、设计、新建（改建、扩建）、改造和使用过程中，执行节能标准，采用节能型的技术、工艺、设备、材料和产品，提高保温隔热性能和采暖供热、空调制冷制热系统效率，加强建筑物功能系统的运行管理，利用可再生能源，以减少供热系统、空调制冷制热、照明、热水供应因大量热消耗而产生的能耗。

（四）装配式建筑的发展

装配式建筑成为提质增效、促进建造变革的重要抓手。相比传统建筑，装配式建筑具备可拆解、可移动、可重组、可循环利用等特性，具有工业化程度高、建造周期短、构配件运输便捷、节能环保等优点，高度契合低碳建造、绿色建筑和循环经济的建筑业发展趋势。

（五）政策支持与市场驱动

政府已经陆续颁布支持超低能耗建筑建设的有关政策，从奖励、补贴等多方面为绿色技术的研发和推广给予政策支持，并通过绿色债券等金融方式对绿色低碳建筑项目予以资金保障。在“双碳”和对美好生活追求的双重市场驱动下，加快行业转型升级、推动建筑业绿色高质量发展是大势所趋，“减碳”已成行业共识。

我国绿色建筑实现了跨越式发展，城镇绿色建筑占新建建筑的比重从2012年的2％大幅提升至2019年的65％、2020年的77％。建筑节能占比65％的节能目标已基本完成，部分省市已经定下了建筑节能75％的目标。此外，我国绿色低碳科技创新成果竞相涌现，在节能减排、能源转型等方面攻克了一批低碳技术难题，大量低碳技术和低碳材料开始规模化地应用。总的来说，绿色低碳建造技术的未来发展趋势是多元化和集成化的，需要结合多种技术和策略，以实现建筑行业的可持续发展。

绿色低碳建造技术的发展前景广阔。例如，中建科技集团有限公司正在研发“人机协同”成套施工装备，加快推进“建筑部品工厂化生产、施工现场工厂化建造”新模式，解决建筑工人老龄化、专业化程度较低等问题。预计未来将有更多的工程项目采用绿色低碳建造技术，为实现碳达峰、碳中和目标做出更大贡献。

虽然绿色低碳建造技术的应用取得了一定的成效，但仍面临一些挑战，如人们环保意识薄弱、建筑技术有待提升、需要大额资金注入等。为解决这些问题，国家和企业可以通过政策倾斜和鼓励创新、研发技术并加强优秀人才队伍建设等方式，推动绿色低碳建造技术的进一步应用和发展。

绿色低碳建造技术的应用正在不断推进，未来有望在更多的工程项目中得到应用，并对建筑业和社会产生深远影响。

第四节　绿色低碳建造技术工程应用场景

绿色低碳建造技术不仅是设计理念的更新、组织管理思维的优化，还包括了技术创新和深度应用。例如，高效节能的照明系统、提高建筑围护结构保温隔热性能的方法、自然通风和自然采光的优化、太阳能和地源热泵技术的利用等，都是绿色低碳建造中的关键技术。这些新方法、新技术在实际应用中，可以通过采用高星级绿色建筑、持续开展既有建筑节能改造、加快发展绿色物业等诸多方式，节省建筑使用阶段的能源消耗，减少碳排放，提高居住品质，改善居住环境。

绿色低碳建造技术是一种先进的建造理念，它在多个工程项目中都有广泛的应用。以下是绿色低碳建造技术的一些应用场景：

一、在城乡建设领域的应用

绿色低碳建造技术是助力实现“双碳”目标的战略路径，涵盖了建筑和基础设施的规划、设计、建造、运维、消纳利用等全生命周期环节。为了促进这些技术的应用和产业化发展，“十四五”期间，住房和城乡建设部科学技术委员会科技协同创新专业委员会组织业内专家开展了绿色低碳技术成果产业化体系专项研究,《绿色低碳建造技术应用案例集》①作为该系列的第一部作品,由一系列绿色技术创新与应用效果显著的工程项目组成,包括上海中心大厦、北京中信大厦等知名建筑。

(一) 绿色低碳建造技术在城乡建设领域的应用

在城乡建设领域,绿色低碳建造技术的应用旨在确保完成“双碳”目标,即碳达峰、碳中和。为此,建筑行业必须通过创新发展和转型升级,在全行业推广绿色低碳建造技术,降低碳排放总量。这种技术的应用包括但不限于这几个方面:(1)材料生产和再生。在材料生产和再生过程中,采用低碳或零碳排放的技术,减少对环境的影响。(2)工程建设。在工程建设过程中,采用节能减排的施工工艺,提高施工效率,减少能源消耗。(3)设施运维和改造。在设施运维和改造过程中,采用先进的智能控制技术,实现对建筑环境和建筑设备的自动化控制,提高运行效率,减少能耗。(4)建筑节能与低碳技术。在建筑节能与低碳技术方面,应用新风系统、热回收系统等节能技术,提高室内空气质量,同时减少能源消耗。(5)建筑绿色施工管理技术。在建筑绿色施工管理技术方面,建立绿色施工管理体系,明确各级管理人员的责任,制定绿色施工实施细则和标准。

(二) 绿色低碳建造技术在工程项目的应用

在工程项目中,绿色低碳建造技术的应用不仅在于建造过程的资源节约和环境保护,还包括建造活动的技术进步,以及建筑业摆脱传统粗放建造方式、走向现代建造文明的可持续发展之路。具体应用包括:(1)绿色策划、绿色设计。在规划设计阶段,采用节能的设计理念,如优化建筑朝向与体型,最大限度利用自然采光和通风,减少对人工照明和空调的需求。(2)绿色建材、绿色施工。在施工过程中,选用节能环保的绿色建材,如再生建筑材料、低碳建材、可回收建材等,减少建筑施工过程中对环境的影响。(3)绿色运营。在建筑物后期使用环节,也要能满足节能、环保等要求。

(三) 绿色低碳建造技术在智慧建筑领域的应用

为了加快节能降碳先进技术的研发和推广应用,推动建筑智慧绿色低碳

① 石永久.绿色低碳建造技术应用案例集[M].北京:中国建筑工业出版社,2022.

转型，国家节能中心组织开展了第30期绿色创享汇活动。在活动中，智能照明系统和楼宇自控系统的应用被重点提及。智能照明系统可以实现对系统中每个设备的实时监测，降低故障率，提高维保效率；楼宇自控系统则可以通过大数据分析，实现AI智能分析、总结，将处理好的能耗数据以简洁图表的形式展现给建筑管理者，方便管理者精准调整管理方式。

举例：广西南宁城乡建设领域实施碳达峰方案，强化了城市发展与广西电网规划建设的相互衔接和协调配合，推动了智能微电网、“光储直柔”、蓄冷蓄热、负荷灵活调节、虚拟电厂等技术应用，优先消纳可再生能源电力，主动参与电力需求侧响应。此外，由陕建八建集团承建的桂语晴澜项目，运用低碳节约、快速建造等新技术、新工艺，使项目全面助推绿色施工全过程建造，将绿色、低碳和环保理念贯穿始终。

绿色低碳建造技术在城乡建设领域的应用是一项系统工程，需要从规划设计、材料选用、施工工艺到后期运营维护的全过程考虑和实施。广泛应用这些技术，可以有效地降低城乡建设领域的碳排放，实现“双碳”目标，同时也有助于推动建筑业的转型升级和可持续发展。

二、在工业建筑领域的应用

随着科学技术的不断发展与进步，工业建筑设计里的绿色低碳节能意识越来越重要。例如，上海西站综合交通枢纽，通过应用综合节能降碳措施，碳排放强度较传统枢纽减少30%，成为全国首例“绿色低碳交通枢纽”示范工程。

在工业项目中，绿色低碳建造技术可以应用于工业生态园区的建设。这种类型的园区强调资源的有效利用和废弃物的最小化，通过采用绿色低碳建造技术，可以实现工业生产的环境友好和可持续发展。例如，北京首钢园“四块冰”冬训中心前身为储煤仓库，施工单位通过技术攻关，采用混凝土板、巴洛特钢板幕墙形式，运用TP真空保温板、混凝土板的装配式思路指导施工，实现了小空间建筑的节能需求，同时便于远期场馆的功能转换，破解了“奥运场馆寿命短”的世界性难题。

在工业建筑项目中，绿色低碳建造技术的应用主要体现在以下几个方面：

（一）MiC（模块化集成建筑）技术

MiC 技术是一种先进的智能建造技术，它将建筑拆分为一个个立体的空间单元，在工厂内完成装修、水暖、机电等工序，然后在施工现场进行拼装。

例如，深圳坝光生态国际酒店项目是一个成功的应用案例。在这个项目中，中国建筑国际运用了多项工业化、智能化手段以及新材料、新工艺。通过数字化建筑能耗模拟软件及参数化设计优化工具，MiC 项目与传统建造方式相比，建造阶段减少碳排放 67%，运营阶段减少碳排放 26%，拆除阶段还可实现箱体钢框架的重复利用，约可节省 17 655 吨碳排放，占 MiC 箱体碳排放的 70%以上。此外，MiC 建筑方式相比传统方法，可节约工期 90%，并减少 64%的日均现场工作人员数量。绿色低碳建造技术的应用效果显著，在深圳坝光生态国际酒店项目中，通过应用 MiC 技术和 BIPV 技术，企业不仅减少了碳排放，还节约了工期和资源，提高了工作效率。这些技术的应用不仅有助于保护环境，还有助于提高建筑的质量和效率。

（二）BIPV（光伏建筑一体化）技术

BIPV 技术是将太阳能发电产品集成到建筑上的技术，有两种运行方案：光储直柔和并网。这两种方案都能确保建筑项目在运营时的低碳减排，其中光储直柔预计或可为建筑运行减碳约 25%，而并网则是把光伏发电系统与电力系统联系起来，把阳光辐射得到的直流电直接转变为标准的网侧交流电，再分配该系统生产的电量。BIPV 技术可确保建筑高效储能，持续创造经济效益。

例如，中国建筑国际作为驻港央企，长期致力于发展绿色建筑科技，坚持以科技手段推动可持续发展。他们的 MiC（模块化集成建筑）技术和 BIPV（光伏建筑一体化）技术在帮助建筑业实现绿色低碳转型方面发挥了重要作用，一直处于业内领先。MiC 技术通过在工厂内完成所有工序，然后在施工现场进行拼装，大大减少了施工时间、材料浪费和建筑垃圾，同时降低了施工碳排放。MiC 技术在建设过程中发挥着重要作用，不仅能节省施工时间，还能节水节材，所产生的废水废料能在工厂中循环使用。BIPV 技术则将太阳能发电产品集成到建筑上，确保建筑项目在运营时的低碳减排。

（三）绿色节能技术

绿色节能技术在工业建筑中的应用主要包括：提高工业建筑设计里的绿

色低碳节能意识，探讨工业建筑绿色低碳节能的方法，将绿色低碳技术应用至工业建筑领域。这包括了在设计时考虑环保、自然以及可持续发展的原则，将建筑施工和保护自然环境有机结合，采用系统化集成设计、精益化生产施工、一体化装修的方式，加强新技术推广应用，整体提升建造方式工业化水平。

绿色低碳建造技术在工业建筑项目中的应用不仅能够有效地降低能源消耗和碳排放，还能够提高资源利用率，减少浪费，从而实现经济、社会和环境的可持续发展。

三、在建筑装饰行业的应用

在“十四五”期间，国内建材产业结构调整取得明显进展，行业节能低碳技术持续推广，水泥、玻璃、陶瓷等重点产品单位能耗、碳排放强度不断下降，水泥熟料单位产品综合能耗水平降低3%以上。此外，国家还出台了一系列政策，推动绿色建筑规模化发展，大力发展装配式建筑，积极推广绿色建材，加快建筑节能改造。

绿色低碳建造技术在建筑装饰行业的应用，已经取得了显著的成效，并得到了政府的支持和推广。这些技术不仅有助于减少环境污染和碳排放，还能提高能源利用效率，节约资源，实现经济社会的可持续发展。

在建筑装饰行业中，一些公司重视技术创新，积极探索建筑装饰行业绿色低碳转型中的减碳路径，比如，全面覆盖内装应用需求的装配式内装技术十五类子产品系统；再如，应用可再利用和可再循环比例高于90%的环保、无醛、可持续的新材料体系。相较于传统施工，这些新技术在碳排放上有显著的降低。

在装饰工程项目中，绿色低碳建造技术的应用主要体现在以下几个方面：

（一）使用环保材料

在建筑装饰装修过程中，选择环保材料是绿色施工技术的一个重要应用特点。例如，在选择门窗材料时，施工人员可以选择反射玻璃或者吸热玻璃，这两种高科技装修装饰材料可以有效地减少阳光对室内环境的影响，使室内环境处于稳定的状态。在厨卫空间选用防水材料并安装水循环系统，可以有效地实现节约水资源的目的，提高水资源的利用率。例如，北京市公共服务租赁性配套用房应急项目，整体装配率达 92%，建筑材料可拆卸、可回收，可循环利用率达到 90%。

（二）提高装饰技术

绿色施工技术的应用还包括提高装饰技术，如在建筑设计过程中充分考虑节能措施，如被动式建筑设计、自然通风、采光、隔热等技术，减少建筑能耗；选择低碳环保的建材和施工技术，如绿色混凝土、轻型钢结构、装配式建筑等，降低建筑的环境影响。多个装饰工程项目采用了绿色低碳建造技术，取得了显著的效果。

举例：雅砻江流域二滩大厦维护和改造项目，通过探索新能源系统与装饰装修工程一体化的快速建造技术，成功实现了建筑光伏、风电一体化应用，打造了装饰上美观协调、功能上绿色降碳的"光储直柔"建筑。

举例：北京市公共服务租赁性配套用房应急项目，该项目建设过程中实现了节约用工 50%、节约工期 60%，施工现场可免湿作业，可节水 70%；免焊接等工序，可节电 70%；免搭建脚手架，可减少 80%的建筑垃圾；建筑材料可拆卸、可回收，可循环利用率达到 90%。

随着全球气候变暖和环境污染问题的日益严重，绿色低碳建造技术在装饰工程项目的应用将会越来越广泛。未来的建筑装饰工程项目将更加注重环保和节能，同时也将借助先进的信息技术提高施工效率和质量。

四、在交通基础设施建设上的应用

绿色交通基础设施建设是以可持续发展为导向，融入生态设计理念和绿色技术，着力于改善生态环境和减少碳排放，实现资源节约型和环境友好型的交通基础设施建设新模式。建设目的不仅在于满足运输需求，更在于最大限度地减少对生态环境的干扰，实现交通运输行业的绿色低碳转型。

在基础设施建设项目的绿色低碳技术中，包括了清洁能源技术、节能技术、节水技术、低碳交通技术、建筑节能技术等。例如，建筑节能技术可以通过采用高性能保温材料和系统优化建筑设计，利用可再生能源减少建筑物的热损失和能量消耗。

在交通基础设施项目中，绿色低碳建造技术的应用主要包括几个方面：(1)绿色交通技术。发展公共交通、轨道交通、新能源汽车等绿色交通方式，减少私家车使用量和碳排放。同时，完善交通基础设施，优化交通组织，提高交通效率和安全性。(2)智能交通系统。利用物联网、大数据、人工智能等技术，提高交通管理效率和安全性，这是交通基础设施建设中的一个重要发展方向。

（一）绿色低碳建造技术在铁路项目中的应用

铁路建设项目应用绿色低碳建造技术，是指铁路建设项目可以通过采用节能材料、优化线路设计、实施绿色施工等方式，大大降低铁路建设对环境的影响，同时提高铁路运营的能效。

绿色施工技术是指一种在铁路工程建设中，采用先进的施工工艺、技术和方法，减少或消除施工过程中的污染和破坏，保护生态环境以及节能降耗的技术。这种技术涵盖了多项生态理念和原则，关注环境保护、资源节约、循环利用、低碳施工等各个方面。

在铁路工程项目中，绿色低碳建造技术的应用主要体现在以下几个方面：

1. 绿色材料的选择和使用

绿色材料是指在生产、使用和处置过程中对环境影响较小，符合可持续发展要求的材料。在铁路工程中，绿色材料主要包括绿色水泥、绿色混凝土、绿色钢材等。绿色材料的使用可以有效降低铁路工程对环境的污染，提高铁路工程的质量和安全，延长铁路工程的使用寿命，并实现铁路工程的可持续发展。

2. 绿色施工工艺的应用

绿色施工工艺是在工程建设过程中采用的一系列措施和方法，这些措施和方法能最大限度地减少对环境的影响，并实现可持续发展。绿色施工工艺主要包括绿色开挖、绿色填筑、绿色混凝土施工、绿色钢筋混凝土施工等。

3. 数智创新在绿色低碳建造技术中的应用

主要体现在：①高效清洁能源利用。高铁技术通过采用更清洁、高效的电力来源，如风能、太阳能等可再生能源供电系统，降低碳排放。②动力系统节能改造。引入新型电机驱动技术和能量回收系统，提升列车牵引效率，减少运行过程中的能耗损失。③轻量化材料与结构设计。广泛使用铝合金、镁合金、复合材料等轻量化材料制造高铁车厢及配件，减小车辆自重，降低运行阻力和能耗。④智能运维与绿色发展。运用物联网、大数据等信息技术手段，实时监测高铁设备状态，预警潜在故障，延长使用寿命，减少更换频率，降低维护成本与碳排放。绿色低碳建造技术在铁路项目的应用已经取得了一定的成效，并且随着科技的进步，其应用前景十分广阔。

绿色施工技术在铁路工程中的应用，有效减少了铁路工程施工过程中的污染。虽然目前还面临着技术标准不够完善、技术推广力度不够、技术应用不够广泛等一些不足之处，但随着绿色施工技术的发展和推广，其在铁路工程中的应用将会更加广泛和深入。

随着科技的进步和社会对环保要求的提高，绿色低碳建造技术的发展趋势主要体现在几个方面：(1)能源绿色低碳转型。利用可再生能源，如太阳能、风能、地热能等，为建筑物供暖、制冷和照明提供绿色能源。(2)低碳与零碳工业流程再造。通过技术创新，实现工业生产过程的低碳化和零碳化。(3)城乡建设与交通低碳零碳技术攻关。推进低碳零碳技术与应用，提高能源利用效率，减少碳排放。

绿色低碳建造技术的应用不仅有助于减少交通基础设施建设的碳排放、提高能效和资源利用效率，还有助于促进城市的可持续发展。此外，这些技术还可以带来经济效益，降低运营成本，提高竞争力。

（二）绿色低碳建造技术在高速公路建设项目中的应用

以下是绿色低碳建造技术在高速公路的一些具体应用：

1. 高速公路水源保护区污染监测及防治技术

举例：高速公路水源保护区污染监测及防治技术，主要基于南宁—湛江高速沿线跨越水环境敏感区特点，针对水环境敏感区路(桥)面一般径流和危险化学品事故径流，从水质、水量、排放规律及影响程度等多个方面进行分析，开展公路路(桥)面径流收集系统的最佳收集方式、结构形式、收集池的功能和结构形式设计等研究，形成南湛高速路(桥)面径流收集处理系统设计指南。

2. 锦屏隧道“油改电”赋能高速公路低碳建设

举例：由蜀道集团下属四川交建宜金高速 XJ9 项目部承建的锦屏隧道，是目前西南地区在建隧道工程地质条件最为复杂的隧道之一，施工难度极大、安全风险极高。锦屏隧道此次“油改电”试点将改变传统的柴油机驱动方式，将柴油设备驱动改为交流电动设备驱动，有效降低机械设备的油耗。同时，电动工程机械设备维护保养时间较柴油设备大幅减少，使用经济性显著提升。

3. 中江高速改扩建项目试用低碳沥青

举例：中江高速公路改扩建项目，总长40.05公里，采用双向八车道高速公路标准改扩建，设计速度达每小时120公里，是交通强国试点项目和广东省的重点工程建设项目。中江高速改扩建项目试用低碳沥青，这种沥青原材料在炼制、运输与改性加工等环节综合采用了避免、减少和补偿碳排放的举措。如重交沥青采用基于自然的解决方案补偿炼厂节能减排后的剩余碳排放，改性沥青生产采用可再生能源（绿色电力）作为生产能源，并采用含负碳材料的减碳沥青创新工艺。

4. 环境敏感区公路沥青路面温拌抑烟绿色铺筑应用关键技术

举例：广西交科集团有限公司自主研发的橡胶沥青路面温拌抑烟绿色铺筑技术在南湛高速成功示范应用。环境敏感区公路沥青路面温拌抑烟绿色铺筑应用关键技术，是一种通过温拌技术、阻燃抑烟技术、尾气吸收技术等系统集成的技术。这种技术研发具备温拌抑烟与尾气净化功能的沥青混合料，从施工源头减少沥青烟的释放，在有效保证沥青路面路用性能和质量的前提下，实现沥青路面的清洁化施工和低碳化施工，促进项目建设发展与生态环境协调。

5. 资源节约型绿色路面材料研发与应用技术

举例：南宁—湛江高速公路项目，基于材料配伍性原理，提出了橡胶-SBS复合改性技术，开展橡胶-SBS复合改性沥青材料配方、生产技术、材料组成设计与性能控制技术、施工控制技术等研究，有效克服了单一改性橡胶沥青材料的薄弱点，推动了产品完善与升级，更好地均衡橡胶沥青的高温、低温和施工性能等，有效地保障了全路段橡胶-SBS复合改性沥青路面的长期耐久性。

在实际工程中，绿色低碳建造技术已经得到了广泛应用，并取得了显著的效果，为实现“双碳”目标做出了重要贡献。绿色低碳建造技术可以在各种工程项目中应用，只要这些项目涉及建筑材料的选择、施工过程的管理以及建筑物的运营管理等方面，都可以考虑采用绿色低碳建造技术。

五、在景观工程建设上的应用

绿色低碳建造技术在景观工程中的应用不仅有利于环境保护和可持续发展，还能提高能源利用效率，为居住者提供健康舒适的生活空间，实现人与自然的和谐共生。随着技术的不断进步和市场的逐渐成熟，绿色低碳建造技术将在未来的景观工程项目中扮演越来越重要的角色。例如，襄阳市鱼梁洲中央生态公园项目，通过完善道路、改造地形水系、建设生态景观、土壤改良等措施，将长满荆棘、杂草丛生的大沙滩，打造成具有鲜明水景观特色的现代生态观光休闲场所，以实际行动推进绿色生态屏障建设，打造城市"绿肺"，优化城市生态环境。

在景观工程中，绿色低碳建造技术的应用主要体现在以下几个方面：

（一）规划设计阶段

在规划设计阶段，绿色低碳景观设计秉持尊重自然、顺应自然、保护自然、最小干预的理念和方法，对场地内的原有地形、地貌、水系、植被等绿色基底进行有效保护，最大限度地减少对自然环境的扰动，充分发挥植被、森林等绿色植物的碳汇功能，减少碳足迹和排放，保护生物多样性，实现人与自然的和谐共生。

（二）施工建造阶段

在施工建造阶段，绿色低碳景观建造秉持节能高效、环保选材、循环利用、降低碳源的理念和方法，限制用材，甄别影响生态环境的植物和材料，减少使用后期维护费用居高不下的建材或设备；采用先进工艺，控制施工质量，降低施工损耗，实现绿色建造、资源节约。

在景观工程施工中，绿色低碳建造技术的应用主要体现在以下几个方面：

1. 优化施工方案

在景观工程施工方案设计之初，施工单位需要根据园林的整体发展以及周边环境进行相应的考察，设计低碳施工方案，方案的设计应当做到精准简洁，避免后期返工问题的出现，提升工作效率；在施工的过程中，需要针对每一种材料是否符合园林施工的需求进行检查；对于出现的问题及时整改，不断地提升自己的施工技能水平，为低碳环保的园林施工创造出更多的方案。

2. 优选低碳环保施工材料

在低碳技术盛行的今天，人们装修首选的是低碳环保的建筑材料，在园林施工方面也不例外，对于建筑材料的选择，应当以低碳环保施工材料为主，使用低碳环保的材料能够减少能源的消耗，降低碳排放量。在材料选择方面，应首选可回收、可降解的材料进行循环使用，减少对环境的污染，提高资源的可回收利用率。

3. 使用再生能源技术

在园林施工过程中，可以考虑使用再生能源，如太阳能、风能等，以帮助控制碳排放量，改善空气质量。例如，太阳能发电是一种利用半导体界面的光生伏特效应将光能直接转变为电能的技术，而地源热泵系统则是一种以浅层地热能（土壤、地下水、地表水等）作为冬季热源和夏季冷源，通过热泵机组向建筑物提供热量和制冷，并可同时制备生活热水的新型中央空调系统。

4. 节约资源

在景观工程施工中，应尽量减少材料的浪费，这既有利于降低成本，也有利于保护环境。例如，可以通过精准测量和合理安排施工工序，确保材料的充分利用。

（三）运维阶段

在养护运维阶段，绿色低碳景观运维注重生态、统筹、预防、智能，在养护运维过程中充分利用各景观要素之间的命脉关系、相生相克的内在机理，最大限度地利用自然做功，减少人工，实现经济、环境、资源的可持续利用，使园林景观建设的生态文明成果长期呈现理想状态，达到设计愿景。

绿色低碳建造技术在景观工程中的应用，不仅有助于提高施工效率和经济效益，还有助于保护环境、节约资源，是实现可持续发展的有效途径。

六、在水利工程建设上的应用

绿色低碳建造技术在水利工程中的应用广泛而深入，涵盖了设计、施工、运维等各个环节，旨在实现水利工程的环保、节能和可持续发展。在水利工程建设上尤其要注重绿色施工技术的应用，绿色施工技术是一项复合性技术，涉及多个专业领域的交叉和融合，包括土木工程、材料工程、环境工程、生态工程等。

（一）绿色设计理念的融入

绿色低碳建造技术在水利工程中的应用首先体现在绿色设计理念的融入。这种设计不仅要考虑功能性和安全性，还要注重环保和节能。例如，可以通过推广预制装配式施工技术，减少现场湿作业量，减少污染物排放。同时，采用新型绿色施工材料，如再生骨料、低碳水泥、生态混凝土等，可以减少能耗和碳排放。此外，加强施工过程中的环境保护，如水土保持、噪声控制、扬尘治理等，可以最大限度减少施工对生态环境的影响。

（二）智慧水利建设

应用物联网、云计算、大数据等技术，可以实现水利工程的智能化管理，提高运行效率和节能效果。建设智慧水利监管平台，可以实现水利工程的实时监测、预警和应急处置，提高水利工程的安全性和可靠性。发展智慧水利决策支持系统，可以为水利工程规划、建设和管理提供科学决策依据，提高水利工程的综合效益。

绿色低碳建造技术在水利工程中的应用将朝着更加智能化、自动化、集约化的方向发展。例如，在基坑排水施工中，智能化技术将使基坑排水施工更加高效、安全，自动化技术将使基坑排水施工更加便捷、省力。绿色低碳建造技术将与 BIM 技术、物联网、大数据、人工智能等新兴技术深度融合，实现排水施工过程的智能化控制和管理。

（三）节水灌溉技术的推广

运用好水资源循环利用保障措施，积极发展现代节水灌溉技术，如滴灌、喷灌、微灌等，可以提高灌溉用水效率，减少水资源浪费。推广农田水利设施建设，可以改善农田灌溉条件，提高农田抗旱能力，减少农业用水量。加强水资源管理，建立健全水资源利用制度，合理配置水资源，可以提高水资源利用率。

（四）水生态修复技术的应用

通过开展水体富营养化治理，利用物理、化学和生物等多种手段，可以降低水体中营养物含量，改善水质。绿色低碳建造技术在水利工程中的具体应用，包括运用泥沙环境友好多功能技术实施水生植物修复，以及利用水生植物吸收污染物、净化水质的作用改善水生态环境等，还包括河道生态修复，通过河道清淤、护岸加固、植被恢复等措施可以恢复河道自然生态系统、提高河道生态功能。

（五）绿色材料的应用

采用绿色建筑材料，可以减少水利工程对环境的污染，提高水利工程的生态友好性。推广使用可再生、可降解、可回收的材料，可以减少水利工程对资源的消耗。

目前，国内绿色低碳建造技术在水利工程中的应用还处于初级阶段。施工企业及施工人员对绿色低碳建造技术的认知还不够，不能够积极主动地运用先进的技术、科学的管理方法和规范的操作方式来从事绿色低碳建造。然而，这一领域具有广阔的前景，包括渗透排水技术、真空排水技术、生物滤池技术等。为了推动绿色低碳建造技术在水利工程中的应用，政府应加大对绿色低碳技术的扶持力度，包括政策支持、资金支持、技术支持等。企业也应加大研发力度，提高技术水平，降低施工成本。行业协会应加强对绿色低碳技术的推广工作，提高施工人员的认识水平，加快技术推广应用。

通过上述应用，绿色低碳建造技术不仅可以有效地降低施工成本，提高工程质量，减少环境污染，还可以为我国经济的可持续发展做出积极贡献。

七、在变电站工程项目的应用

在当今社会，绿色低碳建造技术已成为电力工程项目的重要发展方向。

低碳电网是指在电力输送过程中能够实现低碳目标的电网。日益严重的能源和环境问题对电力行业提出了低碳化发展的迫切要求，电网企业作为电力工业中的重要部门，面临着严峻的挑战。变电站是电力系统的重要组成部分，起到改变电压、控制和分配电能的作用。变电站工程项目作为电力系统的关键组成部分，同样需要积极引入绿色低碳建造技术，以实现资源节约、环境保护和可持续发展。变电站具有强大的降碳潜力，以一座普通的 110 kV 变电站为例，在其 30 年整个生命周期内，会产生超过 3.6 万吨的 CO_2，相当于燃烧 1.44 万吨标煤产生的 CO_2。如果能做好变电站碳排放的“减法”，将带来可观的绿色“收益”。

在变电站工程项目中，可以采用图 9-2 中的五种绿色低碳建造技术路径：(1)节能设备和技术。在变电站工程项目的建设过程中，可选用节能型电气设备，如高效变压器、低损耗开关柜等。此外，还可采用节能技术，如地源热泵系统、太阳能光伏发电系统等，以降低能源消耗和减少碳排放。(2)资源循环利用技术。在变电站建设过程中，可采用装配式建筑、预制式电缆沟等技术，减少建筑垃圾的产生。同时，可对废旧设备进行回收利用，如将退役变压器、断路器等设备进行拆解、翻新和再利用。(3)绿色建筑材料技术。在变电站工程项目的建设过程中，可选用环保性能优良的建筑材料，如节能导线、高强钢、非铁磁材料制造的金具等。这些材料不仅具有良好的环保性能，还能提高工程质量、降低维护成本。(4)能源管理与监测技术。在变电站工程项目中，可建立能源管理系统，对变电站的能源消耗进行实时监测和优化。通过数据分析，可制定更加科学的节能措施，提高能源利用效率、降低碳排放。(5)生态保护与修复技术。在变电站工程项目的规划和建设过程中，应充分考虑周边生态环境的保护和修复。例如，在变电站选址时，应尽量避开生态敏感区；在施工过程中，应采取措施防止水土流失和生态环境破坏；在运营阶段，可通过植树造林、生态景观建设等方式，恢复和提升生态环境质量。

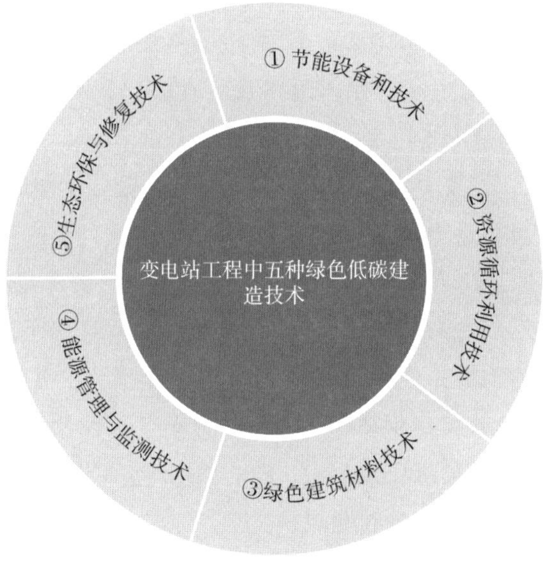

图 9-2　五种绿色低碳建造技术路径

举例：广州市黄埔区新龙镇的500千伏科北变电站。科北变电站在建设之初将“近零能耗”理念贯彻其中，通过采用预制装配工艺、应用3D打印技术等措施，提高主体建筑的节能率，于2023年3月正式投运，是全国首座实现“近零能耗”的500千伏变电站。在建设过程中，为了提升建筑能效水平，科北变电站配置了高性能的机电设备，通过采用多联机智能变频空调系统、空气能热源系统、能耗智能监测采集系统、低汞灯具及LED灯具，将建筑本体的综合节能率提升18%。在运行阶段，科北变电站通过建设分布式光伏电站、应用绿化碳汇技术进一步降低碳排放，为打造近零碳示范区积累实践经验。2024年年初，科北变电站主控制通信楼和巡检楼已取得美国LEED绿色建筑认证金级，并已通过《绿色工业建筑评价标准》(GB/T 50878—2013)三星级的行业专家评审，预计于2024年6月取得认证。

举例：国网江苏电力践行绿色发展理念，加强变电站生活污水“零排放”技术攻关和超标排放治理，有效防范水环境污染风险。一方面，国网江苏电力加强技术创新，提供绿色解决方案，利用高效功能菌种和改性纳米生物活性填料研制“固定化微生物反应器”，结合“折流式潮汐流多介质人工湿地”，开发生物-生态协同治理“零排放”技术，用该技术处理后的变电站生活污水可满足《城镇污水处理厂污染物排放标准》(GB 18918—2002)一级A标准要求；另一方面，深化成果应用，构建绿色生态体系，积极推广变电站生活污水生物-生态协同治理“零排放”技术并纳入通用设计，在无锡500千伏斗山变电站首次试点，在南京500千伏东善桥变电站建成首个示范样板，“十三五”期间运用该技术累计完成21座变电站生活污水“零排放”治理，“十四五”将全面完成变电站生活污水超标排放专项整治。

举例：浙江省2023年新型电力系统试点项目——国家电网浙江电力公司在湖州安吉开发区新建的零碳变电站，首次在国内大规模商业化应用有碳封存属性的固碳预拌混凝土建材。经有关测算，在该项目中每使用1 m^3 固碳预拌混凝土，将比传统产品减少20%以上的碳足迹。此应用不仅打造了在国网系统内 CO_2 矿化技术的“首台首套”，更是实现了CCUS(碳捕集、利用与封存)技术在国内预拌混凝土建材领域的突破。

变电站的碳排放，主要发生在建设和运行阶段。为了减少这些排放，需要在建筑设计、设备选择和日常运行方面采取创新措施。比如：(1)建筑设计方面。优化变电站建筑方案，包括：①减少建筑面积，GIS设备与开关柜采用“大开间”联合布置，共享运维检修空间。②应用光伏建筑一体化技术，光伏组件和建筑的外立面、屋顶、围墙是一体的，它能最大限度扩充光伏发电面积。③应用自然光导光管系统，这套系统可以把室外的自然光反射至室内，提供白天室内的照明。④应用固碳预拌混凝土，通过“捕捉”工业排放的 CO_2 并注入普通混凝土中，从而得到这种混凝土，实现 CO_2 永久封存。此外还可以应用橡胶沥青路面、钢结构全栓接、模块化建造、螺旋锚预制舱式临建等低碳技术，全面降低变电站建筑碳排放。(2)设备选择方面。选用更加环保的设备，比如：①采用天然酯绝缘油变压器，降碳效果明显。②选用环保气体 GIS 设备。如 CO_2 气体 GIS 设备、N_2/O_2 气体 GIS 设备，通过避免或者减少使用 SF_6 气体，大幅降低 GIS 设备的碳排放。(3)日常运行方面，提高站内能源利用效率。建立站用变交直流微网系统，利用太阳能和储能设备为变电站自身供电，实现清洁能源的完全消纳；同时，配置变电站碳排放监管系统，实时监控和管理能源消耗，减少变电站运行过程中的碳排放。

绿色低碳建造技术在变电站工程项目的应用，具有广阔的前景。引入绿色低碳建造技术，不仅可以降低变电站的能源消耗和环境污染，还可以提高工程质量、降低维护成本，实现经济效益和环境效益的双赢。在未来的发展中，应继续加大绿色低碳建造技术的研究和推广应用力度，为电力行业的可持续发展贡献力量。

第十章

绿色低碳建造实践中的项目管理、效益评价

第一节 绿色低碳建造实践中的项目管理

在当前新质生产力背景下，项目管理在绿色低碳建造中的应用尤为重要。随着环境问题的日益严重，各国开始重视低碳经济的发展。在建筑行业，如何实现低碳经济，采取何种管理方式，成为人们关注的焦点。

一、绿色低碳建造项目管理及重要性

绿色低碳建造项目管理是在项目实施过程中，贯彻绿色、低碳和环保的理念，通过有效的管理手段，实现项目的可持续发展目标。

在当前全球气候变化和资源紧张的背景下，绿色建筑和可持续发展已经成为建筑行业的重要发展方向。因此，绿色低碳建造项目管理对于推动建筑行业的发展具有重要意义。比如：(1)实现资源节约和环境保护。绿色低碳建造项目管理注重资源的有效利用和环境保护，通过减少资源浪费和降低能耗，降低建筑对环境的影响。(2)提高建筑质量和使用寿命。绿色低碳建造项目管理通过应用先进的BIM技术，实现建筑设计的可视化、协同化和优化，提高设计质量和效率，为建筑施工和运维管理提供精准的数据支持，减少资源浪费、降低能耗，从而提高建筑的质量和使用寿命。(3)促进产业升级和经济发展。绿色低碳建造项目管理能够推动建筑行业的转型升级，培育新动能，增强发展新优势。推广绿色建筑理念和技术，可以促进产业升级，提高经济发展的质量和效益。

在绿色低碳建筑项目管理中，需要采用科学合理的项目管理模式(表10-1)。常用的工程项目管理模式包括：工程总承包模式(EPC模式)、设计—建造模式(DB模式)、设计—建造—运营一体化模式(DBO模式)、施工总承包模式(GC模式)和项目管理承包模式(PMC模式)。其中，项目管理承包模式被认为更适合绿色建筑建设管理，因为它帮助业主与绿色专项咨询机构直接签订委托合同，有利于实现项目的绿色目标。

表 10-1　工程项目管理模式比较

序号	模式	特点
1	设计—建造—运营一体化模式(DBO 模式)	DBO 模式下项目的设计、建造和运营维护都由同一个实体负责,有利于实现绿色低碳建筑的全寿命周期管理,确保项目的可持续性
2	工程总承包模式(EPC 模式)	EPC 模式适用于大型和复杂的绿色低碳工程项目,一个承包商负责项目的全部设计、采购和施工任务,有利于项目的整体协调和控制
3	施工总承包模式(GC 模式)	GC 模式中施工总承包商负责整个施工过程的组织和管理,包括建筑施工、设备安装等。该模式适用于施工任务较多的绿色低碳建筑项目
4	项目管理服务承包模式(PMC 模式)	PMC 模式是指业主委托专业的项目管理承包商进行全过程的项目管理和服务,包括项目规划、设计、采购、施工以及运营维护等各个阶段的管理

二、特点、作用、内容

绿色低碳建造与项目管理密切相关,两者相辅相成,共同推动建筑业的绿色低碳发展。

(一) 绿色低碳建造项目的管理,具有一定的特殊性

由于建筑本身的低碳目标,项目管理需要实现对公共环境的重视和保护,是一项面向社会公众的管理模式。此外,由于建筑施工具有劳动密集型和技术依赖型的特点,项目管理还需要加强对施工队伍环保意识的引导和教育,以确保绿色低碳建造的实施。

(二) 项目管理在绿色低碳建造中的应用

随着环境问题的日益严重,各国开始重视低碳经济的发展。在建筑行业中,如何实现低碳经济,成为人们关注的焦点。项目管理作为一种有效的管理方法,可以在绿色低碳建造中发挥重要作用,包括:(1)在绿色建筑的设计阶段,项目管理可以帮助建筑师和工程师充分考虑环保因素,如使用环保材料、节能设计等。通过优化能源使用、采用节能技术和设备,确保能源的高效利用。同时,在项目建设中尽量采用可再生能源,如太阳能、风能、地热能等,减少对传统化石燃料的依赖,降低碳排放。(2)在绿色建筑的实施阶段,项目管理可以通过建立碳排放监测和管理系统,对项目的碳排放进行跟踪和评

估;也可以制定减排目标、采取碳减排措施,并进行监测和报告,确保项目的碳排放在可控范围内;此外,还可以选择环境友好的建筑材料和工艺,减少对自然资源的消耗和环境的影响。例如,使用可回收材料、推广绿色建筑设计、采用水循环利用系统等,以降低碳足迹和环境负荷。(3)在绿色建筑的运维阶段,项目管理可以帮助业主和运营商持续优化运营过程,提高能源效率,减少碳排放。通过对能源使用、废物管理等方面的监控和改进,实现绿色建筑的可持续发展。

项目管理作为建筑工程实施的核心,对于绿色低碳建造的实现起着至关重要的作用。有效的项目管理能够确保绿色低碳建造的实施,例如:(1)在项目规划和设计阶段,充分考虑建筑的全生命周期,包括建筑材料的选择、建筑形体的优化、自然通风和采光的利用等,以最大限度地节约资源、保护环境和减少污染。(2)绿色低碳建造项目管理中,采用高效节能的施工方法和技术,如工业化生产方式、装配式建筑、废弃物回收利用技术等,减少施工过程中的能源消耗和碳排放。(3)绿色低碳建造项目管理中,建立和完善绿色低碳建筑的评价标准及认证体系,如 LEED、BREEAM、DGNB 等,以激励和引导建筑业向绿色低碳方向发展。(4)绿色低碳建造项目管理中,利用科技创新和数字化技术,提高工程投资、建设与运营管理水平,实现绿色低碳发展的目标。

总之,项目管理在绿色低碳建造中具有重要的应用价值。通过运用项目管理理论和技术,可以更好地实现绿色建筑的目标,推动建筑行业的绿色发展。

(三)绿色低碳建造中项目管理的主要内容

绿色低碳建造中的项目管理主要内容涵盖了从项目策划到设计、施工、运营维护的全过程,旨在实现项目在整个生命周期中的节能减排和环保目标。具体内容包括:(1)项目策划与前期研究。这是绿色低碳建造的第一步,包括项目可行性研究、能源利用评估、环境影响评价等,以确保项目符合绿色低碳发展的战略要求。(2)设计管理。在设计阶段,项目管理团队需要确保设计方案符合绿色低碳的标准,包括使用高性能材料、采用节能技术和设计、优化建筑形态和朝向、集成可再生能源系统等,还可以优化能源使用,规划、设计采用节能技术和设备,确保能源的高效利用。再如,在项目设计阶段,尽量采用可再生能源,如太阳能、风能、地热能等。通过安装和利用清洁能源设施，减少对传统化石燃料的依赖，降低碳排放。(3)施工管理。在施工阶段，项目管理需要监督施工过程中的能源效率和环保措施，确保施工活动符合绿色低碳的要求，如使用环保材料、采用节能施工技术等。比较重要的举措包括两点：①选择环境友好的建筑材料和工艺，减少对自然资源的消耗和环境的影响。例如，使用可回收材料、推广绿色建筑设计、采用水循环利用系统等，以降低碳足迹和环境负荷。②采取有效的废物管理措施，最大限度地减少废物的产生，并促进废物的循环利用和资源回收。通过建立废物分类和处理系统，实现废物减量化、资源化和无害化处理，减少碳排放和环境污染。(4)供应链管理。项目管理还需要管理供应链，确保建筑材料和产品的采购符合绿色低碳的标准，包括选择环保供应商、监控产品的能效和环保性能等。(5)成本与风险管理。项目管理团队需要评估和控制绿色低碳建造的成本，并识别和管理与绿色低碳相关的风险，如政策变化、技术风险、市场波动等。(6)质量控制。确保绿色低碳建造的质量满足既定标准，包括建筑的能效、环保性能、可再生能源系统的集成效果等。尤其需要做到：①建立和实施碳排放监测和管理系统，对项目的碳排放进行跟踪和评估。通过制定减排目标、采取碳减排措施，并对碳排放进行监测和报告，确保项目的碳排放在可控范围内。②加强项目团队和相关人员的低碳意识培训，提高对低碳经济的理解和认知。鼓励员工和利益相关者参与低碳行动，共同推动项目的低碳目标实现。(7)合规与认证。项目管理需要确保项目符合相关的法律法规和标准要求，并争取获得绿色低碳建筑的认证，如 LEED、绿色建筑评价标准等。(8)运营与维护管理。在项目交付后，项目管理团队需要参与运营和维护工作，确保建筑持续运行在绿色低碳的最佳状态，包括能源管理、设施维护、碳排放监测等。(9)持续改进。项目管理还包括对建筑的性能进行监测和评估，以便不断改进运营策略，提高绿色低碳性能。通过这些管理内容，绿色低碳建造项目能够实现资源的高效利用，减少能源消耗和碳排放，促进可持续发展。

绿色低碳建造实践中的项目管理，是一个涉及多个方面的复杂过程，需要从设计理念、材料选择、施工技术到运营管理等各个环节进行全面考虑和实施。这不仅有助于实现建筑行业的可持续发展，也有利于推动经济社会的全面绿色转型。

总之，项目管理在绿色低碳建造中发挥着关键作用。项目经理应充分认识到这一点，并在实践中不断探索和创新，推动绿色低碳建造的普及和发展。

三、绿色低碳建造项目管理体系

项目管理体系是绿色低碳建造的关键。绿色低碳建造的目标是在建筑项目的全生命周期内，最大限度地节约资源、保护环境和减少污染，为人们提供健康、适用和高效的使用空间，与自然和谐共生。为了实现这一目标，项目管理体系的建立至关重要。项目管理体系包括项目管理的目标、组织结构、管理制度、人员配置、计划安排、执行与监控等方面，旨在确保项目的顺利实施和目标达成。

低碳建筑项目管理是针对低碳建筑的要求而实施的一种项目管理方法，能够有效地管理控制整个项目的各个环节。为了实现绿色低碳建造的目标，项目管理体系应包括几个方面，如表 10-2：

表 10-2　绿色建筑项目管理体系的主要内容

序号	内容	具体工作
1	战略规划与低碳目标设定	项目管理体系需要明确绿色低碳建造的目标，将其纳入项目管理的整体目标之中，使项目团队充分认识到绿色低碳建造的重要性。项目管理体系应以绿色低碳为核心战略，制定明确的目标和指标，确保项目的可持续发展
2	组织架构与管理团队	根据项目的特点和规模，设立专门的绿色低碳管理部门，负责协调和推进绿色低碳建造的各项工作。选拔具备绿色低碳知识和技能的管理人员，负责各个阶段的绿色低碳管理工作
3	政策与法规遵循、制定制度	确保项目符合国家和地方的政策法规要求，并遵循绿色建筑评价标准，如国家标准《绿色建筑评价标准》(GB/T 50378—2019)等。同时，制定一系列绿色低碳管理制度，包括绿色设计、绿色采购、绿色施工、绿色验收等环节的管理制度，确保绿色低碳建造的实施
4	低碳设计管理	注重绿色设计和低碳技术的集成应用，尤其是在建筑设计阶段应充分考虑节能、减排、绿色建材等因素，制定合理的低碳设计方案
5	低碳施工管理	在施工阶段，严格执行低碳施工标准和规范，加强施工过程的绿色管理和监督，确保施工活动符合绿色低碳的要求。同时，根据项目进度，制订相应的绿色低碳计划，确保绿色低碳建造与项目建设同步进行
6	供应链管理	确保建筑材料和产品的采购符合绿色低碳的标准，优先选择环保供应商和产品
7	质量控制与验收	建立严格的质量控制体系，对项目实施过程中的绿色低碳建造情况进行跟踪监控，及时发现和解决存在的问题，确保项目的绿色低碳性能满足设计要求，并进行验收和评估

续表

序号	内容	具体工作
8	运营维护与持续改进	在项目交付、投入使用后，加强运营管理和维护，确保建筑持续运行在绿色低碳的最佳状态，并持续改进运营策略，提高建筑绿色低碳性能，在整个生命周期内实现低碳运行
9	可持续发展评估	在项目完成后，应对项目进行全面评估，总结经验教训，为今后的绿色低碳建造提供有益借鉴。建立监测和评估体系，对项目的能源消耗、碳排放、环境质量等进行实时监测和评估，以便及时调整管理策略和改进项目执行
10	培训与知识管理	加强员工对绿色低碳建造知识的培训和学习，提高员工的环保意识和技能水平，同时加强知识管理，推广先进的绿色低碳技术和经验
11	总结绿色低碳实践经验	对项目实施过程中的绿色低碳建造经验进行总结，为今后的项目提供参考

通过以上内容的构建和实施，项目管理体系可以有效地推动绿色低碳建造的实现，促进项目的可持续发展。另外，绿色低碳建造的真实受益者是社会大众，因此，低碳建筑管理会面临来自外部人员的一些要求，如社会评价与监管部门的监督。为了确保绿色低碳建造的顺利进行，应加强与各方的沟通协调，形成良好的外部环境。

绿色低碳建造与项目管理体系研究对于推动建筑业的可持续发展具有重要意义。采用先进的绿色低碳建造技术、建立健全项目管理体系，将为实现人与自然和谐共生的美好愿景贡献力量。

总之，建立完善的项目管理体系，对于实现绿色低碳建造具有重要意义。通过制定明确的绿色低碳目标，建立专门的组织结构，制定相应的管理制度，合理配置人员，科学安排计划，严格执行监控，总结实践经验等措施，可以有效推进绿色低碳建造的实施，为构建可持续发展的社会贡献力量。

四、具体应用

随着全球环境问题的日益严重，绿色低碳建造已成为建筑业发展的必然趋势。

（一）项目管理在绿色低碳建造中的应用

1. 确保完成“双碳”目标

为了确保完成碳达峰碳中和的目标，项目管理在城乡建设行业中发挥着重要作用。项目管理需要通过创新发展和转型升级，推广绿色低碳建造技术，降低碳排放总量。这包括优化能源使用、采用可再生能源、建立和实施碳排放监测和管理系统、选择环境友好的建筑材料和工艺、采取有效的废物管理措施以及加强低碳意识培训等。

2. 形成绿色低碳项目管理模式

绿色低碳项目管理模式是一种针对低碳建筑的要求而实施的项目管理方法。它通过有效地管理控制整个项目的各个环节，实现低碳建筑的要求。这种模式涉及政府引导和监督，还需让低碳管理方全程参与和监督。它还包括低碳建筑目标形成阶段、实体形成阶段等多个阶段，需要由不同的参与主体进行配合和协作。

3. 建立绿色建造材料的选择标准

项目管理首先体现在对绿色建筑材料的选择与应用上。项目经理需要根据项目特点和环境要求，选择符合绿色低碳标准的建筑材料，如可再生材料、循环利用材料、低碳建材等。此外，还需关注建筑材料的生产和运输过程中的碳排放，以降低建筑项目的整体碳足迹。

4. 政策法规与标准体系的引导

在绿色低碳建造中，项目管理还需要关注政策法规与标准体系的引导。项目经理需了解国家和地区的相关政策法规，把握绿色低碳建造的发展方向。同时，还需关注国际上的发展趋势和最佳实践，引入先进的绿色低碳建造技术和管理模式，推动项目的可持续发展。

5. 供应链管理与协同创新

在绿色低碳建造中，项目管理还涉及供应链管理与协同创新。项目经理需要与供应商、承包商等相关方建立紧密的合作关系，共同推进绿色低碳建造。具体措施包括建立绿色建筑材料供应链联盟、推行绿色采购制度、鼓励使用绿色建筑材料等。通过供应链各方的协同创新，实现绿色低碳建造的共赢发展。

6. 施工过程的节能减排管理

项目管理涉及施工过程的节能减排管理。项目经理需要采用先进的施工技术和方法，提高能源利用效率，降低能源消耗。例如，采用低能耗施工机械设备、节能照明、优化施工工艺、推广绿色混凝土等。同时，还需对施工现场的能源消耗和碳排放进行实时监测和管控，确保绿色低碳建造目标的实现。

绿色建造技术要求项目从投资者角度、在规划设计阶段就要考虑节能减排，在源头上落实生态文明建设要求。这些措施包括工程项目总承包制、设计施工一体化、工厂化预制、现场装配化施工的工业化建造方式等，它们可以提高资源利用效率、减少资源消耗、降低工程项目的建造成本，同时减少污染，实现节能降耗。

7. 绿色施工技术的应用

绿色施工技术是在项目建设管理中实现低碳经济的重要手段。它们包括优化能源使用、采用可再生能源、建筑信息模型(BIM)、大数据分析、建立和实施碳排放监测和管理系统、选择环境友好的建筑材料和工艺、采取有效的废物管理措施以及加强低碳意识培训等。应用创新技术和方法，以提高能源效率和减少环境影响，可以减少碳排放、提高资源利用效率、保护环境、实现可持续发展。

8. 项目评估与认证

项目管理在绿色低碳建造中的另一个重要环节是对项目进行评估与认证。项目经理需关注建筑项目的绿色性能，如能源效率、碳排放量、环境影响等方面，使用智能监测系统和技术，如建筑物联网、能源管理系统等，收集数据并进行分析，以便不断改进和提高项目的绿色低碳性能，并依据相关标准进行评估。通过第三方认证机构的认证，确保建筑项目的绿色低碳性能达到预期目标，提升建筑项目的市场竞争力。

9. 全寿命周期管理的应用

全寿命周期管理是指对工程项目从前期决策、勘察设计、施工、使用维修到最终废弃的全过程进行管理。在绿色建筑中，全寿命周期管理可以帮助我们以建筑物全生命周期来考量能源消耗，降低建筑物运维成本，综合考虑建筑物节能、环保、低碳、生态等诸多因素。这种方法可以实现对公共环境的重视和保护，同时也是一项面对社会公众的管理模式。

以上就是项目管理在绿色低碳建造中的具体应用。通过这些方法，我们可以有效地降低碳排放，提高资源利用效率，保护环境，实现可持续发展。总的来说，绿色低碳建造与项目管理之间存在着密切的关系。通过有效的项目管理，可以更好地推动绿色低碳建造的实施，实现节能减排的目标。同时，绿色低碳建造也为项目管理提供了新的机遇和挑战。

（二）绿色低碳建造项目管理的成功案例

绿色低碳建造项目管理的成功案例很多，这里简要举例如下：

1. 沿海集团沪苏大丰产业联动集聚区绿色低碳管理项目

2023年11月，在由江苏省委网信办、省发展改革委、省工业和信息化厅、省生态环境厅、省通信管理局联合组织开展的“2023江苏省数字化绿色化协同转型发展”典型案例征集活动中，江苏省沿海开发集团有限公司的沪苏大丰产业联动集聚区绿色能碳管理项目成功入选。该项目由江苏沿海碳资产管理有限公司主导建设，旨在通过建设绿色能源系统、改造园区用能碳排监测设备、开发部署数字化能碳管理平台，满足产业集聚区内绿色用电需求和降碳需求，推动数字化绿色化协同发展，为集团贯彻新发展理念、助力“双碳”目标提供了科技支撑和示范样板。

2. 浙江温州绿色低碳建筑案例

2024年1月，浙江省住房和城乡建设厅办公室发文公布2023年度建筑领域碳达峰相关工作优秀案例，全省总共评选出21个优秀案例，其中温州市共有4个项目入选，分别是温州市花岩圆山民宿（超低能耗建筑）、温州市瑞安南滨江实验小学（二星级绿色建筑）、温州理工学院滨海校区教学楼（近零能耗改造）和瑞安市第四中学学生宿舍楼（绿色能源应用）。这些项目都体现了绿色低碳的理念，并在节能降耗、治污减排等方面取得了显著成效。其中，瑞安南滨江实验小学项目，是按照二星级绿色建筑标准高水平打造绿色低碳教育建筑的示范标杆，采用了高效外保温材料、高能效空调设备、建筑室内声环境优化设计、可再生能源利用、屋顶绿化及室外遮阴等措施，实现建筑超低能耗。温州理工学院滨海校区教学楼作为全国首个校园既有公共建筑深度低碳改造项目，通过“被动＋主动＋可再生能源技术”最大程度降低建筑冷热需求，提高建筑综合节能率和可再生能源利用率。此案例表明，绿色低碳建筑不仅仅是建筑材料的选择利用问题，更重要的是在建筑设计、施工和技术应用等方面进行全面考虑，以实现最大的能源效率和最小的环境影响。

3. 国家能源集团潮光互补光伏发电项目

2022年12月，浙江省碳达峰碳中和工作领导小组办公室发布2022年度绿色低碳转型典型案例评选结果，国家能源集团潮光互补光伏发电项目入选浙江省绿色低碳转型典型案例。该电站总装机容量100兆瓦，是全国首个也是目前唯一一个潮光互补智能光伏电站。该项目开创了光伏与潮汐协调发电的新能源综合运用新模式，在海洋能源综合利用、新能源立体式开发建设等方面取得了新成效，为地方优化能源结构、绿色低碳发展作出了积极贡献。

这个案例展示了如何通过创新能源开发方式，实现绿色低碳的发展目标。它不仅减少了碳排放，还提高了能源利用效率，为其他地区的绿色低碳项目提供了有益的借鉴。

4. 上海虹桥国际机场绿色航空枢纽项目

2021年9月15日，生态环境部发布《关于2021年绿色低碳典型案例征集结果的通告》，上海市长宁区绿色低碳案例——虹桥机场绿色航空枢纽项目，入选了2021年绿色低碳典型案例名单。该项目从设计到运行，都投入了绿色智慧。虹桥机场建成了全国首家为新能源出租车设立充电服务和专用排队通道的机场蓄车场，并优化了T2航站楼蓄车场运行方案，做到"待运＋充电"两不误。同时，虹桥机场还大力推进锅炉低氮改造，锅炉提标改造后，氮氧化物排放降低58%，机场一年可降低氮氧化物排放总量1 451.1 kg。此外，使用改进型保温送风软管后，仅T1航站楼13座登机廊桥的桥载空调机组全年便足以节省用电能耗约100 000 kWh，减少CO_2排放量约30吨。

5. 天津经开区绿色低碳发展案例

天津经开区在绿色低碳发展方面，始终走在国家级经开区前列。为了践行低碳理念，该地区积极推动企业开展碳盘查工作，并在全国范围内率先构建了园区产业共生系统，大力发展循环经济，提升园区资源能源综合利用水平。

6. 山西建筑产业现代化(临汾)园区项目

该项目以智慧建造和绿色低碳为目标，引进了数字化流水生产线和智能化工厂管理系统。它重点发展古建筑产品、装饰幕墙、环保抑尘系列产品和固废再生四大业态，全力打造集产品设计、施工生产、电商贸易、运营维护于一体的装配式建筑。

7. 山西省长治市职教园区和文化场馆项目

中冶天工集团承建的山西省长治市职教园区和文化场馆PPP项目就是一个成功的绿色低碳建造项目管理案例。该项目确定了绿色建造的目标，并通过制定绿色建造管理制度、开展绿色建造教育培训和采用绿色施工管理等措施，确保了绿色建造目标的实现。

这些案例都是在建设项目中实现绿色目标的成功例子，它们将绿色、低碳和环保理念贯穿始终，通过采用先进的技术和管理方式，成功实现了节能减排的目标。

五、面临的挑战

绿色低碳建筑项目管理，是在建筑项目的全寿命周期内，以低碳为目标，对项目进行规划、组织、执行和控制的过程。其目的是在满足建筑功能和质量的前提下，最大限度地节约资源、减少污染、保护环境，实现可持续发展。

尽管绿色低碳建造的项目管理具有诸多优势，但也面临着一些挑战。首先，成本控制是一个难题。在市场竞争激烈的环境下，建筑项目往往受到成本控制的限制，这可能导致绿色低碳建筑缺乏完善的基础数据，技术应用上也有局限性。其次，进程控制困难。在实施绿色低碳建造项目管理模式的同时，建筑企业在施工环境、物资调配、施工技术等方面都运用了低碳理念，但由于缺乏完善的体系与措施，建筑施工信息无法同步，导致低碳建筑施工开展得较为缓慢。

第二节　绿色低碳建造实践中的效益评价

绿色低碳建造项目在节能减排、资源效率、生态系统保护、健康与福祉以及收益等方面都有着显著的综合效益。这些效益不仅有助于应对气候变化和资源短缺的全球挑战，也有助于创造更加可持续和宜居的城市环境，是构成新质生产力的底色。

一、项目的经济效益

绿色低碳建造项目要求在建筑设计和施工过程中，充分考虑自然环境和人类之间的生存发展关系，尽可能节省各种有效能源，尤其是不可再生资源，并且要减少建筑垃圾的产生及其对周围环境的污染，保障民众居住环境和生存空间的健康。根据相关研究，绿色建筑在使用重点资源上，如能源、水和土地等，比常规建筑更加有效。绿色建筑多采用自然光，能够保持较好的室内空气质量，改良居住者的生活环境，进而减少用于健康的开销，提高生产效率。绿色建筑需要的额外投入大概是项目投资的 2%，而在建筑物生命周期内（以 20 年计算）利润将高出投资的十倍。

绿色低碳建造这类项目的经济效益主要包括：(1) 土地资源成本的经济效益。绿色建筑的项目工程大部分是对城市、郊区废弃场所及接近建筑使用年限的老旧建筑的改造或重建，从而合理利用有限的土地资源，因此，相比于购置其他闲置的土地资源，绿色建筑所购置的土地资源花费更低，且节约决策费用，提高了绿色建筑的整体经济效益。(2) 节能、节水及节材的经济效益。绿色建筑不仅能避免产生过多的建筑垃圾，影响环境健康，同时也能节省大量资源，实现可持续发展的战略原则和目标。绿色建筑的建筑材料一般会采用高性能材料，有效保证建筑质量，同时也能减少材料消耗量。在选择材料时，尽量选择可以循环利用的材料，避免产生过多建筑垃圾，而在施工过程中，绿色建筑工程会减少装饰性材料的应用，并就近选择材料供应商采购材料，降低运输成本，节约材料采购时间，有效提高施工效率。(3) 模拟技术的经济效益。随着国家科学技术的发展进步，各种创新技术手段层出不穷，建筑信息模型(BIM)在建筑领域已得到广泛推广和应用，技术也逐渐趋于完善，具有很好的经济性。BIM 技术的应用可以使建筑设计方案实现 3D、4D、5D 虚拟化，使建筑施工人员能直观看到建筑设计方案以及其中的关键节点，及时发现建筑设计方案中存在的问题，反馈给设计人员进行修改和优化，提升建筑设计方案的可行性。

绿色建筑的经济效益分为直接效益和间接效益两部分。其中，直接效益主要指建筑投资的实际回报，其受到建筑物质量、建筑周边环境、建筑群中的绿化情况的影响；而间接效益则是建筑为周边环境带来的正面影响，这将对使用或居住绿色建筑的人们的身心健康带来好处，同时也为农村自然环境的可持续发展做出贡献，这是一种长远的收益。

为了提高绿色低碳建造项目的经济效益，可以从几个方面着手：(1) 加强技术创新。近年，建筑领域涌现大量新技术和新工艺，很多新技术能切实提升建筑施工的效率和质量，节省施工成本。(2)加强政策引导。政府部门应加强引导，注重行业创新，建立和完善相关的评价标准。(3)加强市场推广。通过市场价值法对经济效益进行一定的计量，获取真实价值。

绿色低碳建造项目的经济效益是多方面的，包括直接经济效益以及间接环境效益。通过技术创新、政策引导和市场推广等方式，可以有效地提高绿色低碳建造项目的经济效益。

二、技术的经济效益

绿色低碳建造技术是指在工程建设项目施工过程中采用低能耗、低排放、高环保的新型建造技术，以实现工程项目节能降碳的目标。这些技术包括绿色建筑材料、节能设备、水资源循环利用等等。采用这些技术，可以在一定程度上减轻建筑施工期间以及在工程建成使用过程中的能源消耗和环境污染，具有很好的经济性。

绿色低碳建造技术的经济效益主要体现在：(1)节约能源成本。采用绿色低碳建造技术可以降低建筑施工和使用过程中的能源消耗，从而降低能源成本。(2)减少环境污染治理费用。采用绿色低碳建造技术可以减少建筑施工和使用过程中对环境的污染，从而降低环境污染治理费用。(3)提高建筑物使用寿命。采用绿色低碳建造技术可以提高建筑物的耐久性和稳定性，从而延长建筑物的使用寿命，降低维修和更换成本。(4)提高建筑物市场价值。随着人们环保意识的提高，绿色建筑越来越受到市场的青睐。采用绿色低碳建造技术可以提高建筑物的市场价值，从而提高投资回报率。

值得注意的是，虽然绿色低碳建造技术具有诸多优势，但其较高的初期投资成本仍然是制约其广泛应用的主要因素。因此，政府应加大对绿色低碳建造技术的研发和推广力度，提供相应的政策和技术支持，鼓励建筑企业采用绿色低碳建造技术，促进绿色建筑的普及和发展。

绿色低碳建造技术具有显著的经济效益和社会效益，应大力推广和发展。政府、企业和公众应共同努力，推动建筑行业的绿色发展，实现经济社会的可持续发展。

三、生态效益、环境效益

(一)生态效益体现

绿色低碳建造及技术是在建筑的设计、建造和运营过程中,采用低碳、环保、节能的建筑材料和技术,以降低建筑对环境的影响,提高资源利用效率的一种新型建筑方式。这种工程建造方式的生态效益主要体现在:(1)节能减排。绿色低碳建造技术采用高效的保温隔热材料和节能设备,如太阳能、地源热泵等,可以显著降低建筑的能耗,减少温室气体排放,从而缓解全球气候变暖的压力。(2)资源循环利用。绿色低碳建造技术强调资源的高效利用和循环利用,如采用再生混凝土、废砖等废弃建筑材料,以及水资源的循环利用,可以减少对自然资源的开采,保护生态环境。(3)生态修复。绿色低碳建造技术还可以通过绿化屋顶、雨水花园等方式,改善城市的微气候,减少城市热岛效应,提高城市的生态环境质量。(4)提高生活质量。绿色低碳建筑内部采用环保建材和家具,可以减少室内污染物的释放,提高室内空气质量,有利于居住者的身体健康和心理健康。

绿色低碳建造技术具有显著的生态效益,对环境保护和可持续发展具有重要意义。在未来,我们应该继续推广和发展绿色低碳建造技术,为人类创造更美好的生活环境。

(二)环境效益体现

环境效益是绿色低碳建造最重要的效益之一。绿色低碳建造在建筑材料的选择、建筑施工的过程以及建筑物使用的全周期内,都注重节能减排和环境保护。例如,使用环保材料可以减少对环境的污染,提高能源效率可以减少能源消耗和碳排放,而这些都有助于保护环境、实现可持续发展。此外,绿色建筑还有助于改善室内和室外的环境质量,这对于提高居民的生活质量和健康水平至关重要。

绿色低碳建造是一种以节约资源和保护环境为目标的建造方式,它在维持人与自然和谐的基础上,为人们提供健康、舒适的居住空间。绿色低碳建造的主要目标是减少对环境的影响。这种建造方式可以有效地减少能源消耗和碳排放,从而有助于缓解全球气候变化的问题。例如,绿色建筑的发展能够缓解资源供需的矛盾，降低污染物排放，推进我国建筑产业向现代化方向发展，提升建筑产业的附加值，改善人们的居住环境，构建节约型、环境友好型社会。

绿色低碳建造的一些主要环境效益体现在：(1)减少能源消耗和碳排放。绿色低碳建造通过采用高效的建筑材料和技术，减少了建筑在建设和使用过程中的能源消耗。例如，使用节能型施工设备，推广装配化装修，以及在设计中考虑采暖、制冷和照明的节能技术，都可以有效地降低能源消耗。这些措施不仅降低了能源成本，还显著减少了 CO_2 等温室气体的排放，有助于缓解全球气候变暖的趋势。(2)促进资源的有效利用。绿色低碳建造强调建筑材料与能源的有限性。在绿色建筑的整个生命周期中，从材料的开采、加工、运输，到建筑物的规划、设计、建造、使用，以及更新改造和拆除，都存在着影响资源利用的因素。通过优化这些过程，绿色低碳建造促进了资源的有效利用，减少了资源浪费。(3)保护和改善生态环境。绿色低碳建造注重与地区生态环境及自身室内外环境的和谐。例如，合理利用太阳能、风能等可再生能源，以及采用屋顶节能技术，都可以减少对非可再生资源的依赖，减轻对生态环境的压力。此外，绿色建筑还能通过绿化对小范围空气进行净化，释放氧气，创造对人体健康有利的环境，改善空气质量。(4)提升建筑品质和居民生活质量。绿色低碳建造不仅有益于环境，也对提升建筑品质和居民生活质量有着积极作用。例如，使用高性能混凝土、高性能门窗等绿色建材，不仅可以减少能源消耗，还可以提高建筑的耐用性和舒适性。此外，绿色建筑还能提供更好的隔音效果，减少室内污染物，为居民创造一个更加健康的生活环境。

绿色低碳建造在节约资源、减少碳排放、保护生态环境、提升建筑品质和居民生活质量等方面带来了显著的环境效益。随着人们对可持续发展和低碳环保理念的认识加深，绿色低碳建造的重要性将进一步提升。

四、社会效益分析

绿色低碳建造不仅对环境保护有着重要作用，也对社会经济发展产生了深远的影响。它能够改善建筑环境，提高居民的生活质量和健康水平。此外，绿色建筑还有助于减少废弃物排放，保护自然环境，从而提高社会的整体福祉。另外，绿色建筑在设计和施工过程中，能够充分考虑到土地面积的合理利用和周围环境的保护，这不仅有利于自然资源的可持续利用，也有利于城市的可持续发展。

绿色低碳建造有助于提高社会效益，以下是绿色低碳建造的一些社会效益：

（一）促进资源节约和环境保护

绿色低碳建造强调在建筑的全寿命周期内，最大限度地节约资源、保护环境和减少污染。通过采用高效节能的建筑材料和技术，可以在建筑设计和施工阶段就减少资源的消耗和废物的产生，从而降低对环境的影响。这对于缓解我国资源紧张状况和应对全球气候变化具有重要意义。

（二）提升建筑品质和居民生活质量

绿色低碳建造不仅注重环保，还致力于提供健康、舒适、适用和高效的居住与工作空间。例如，绿色建筑的建筑设计往往考虑日光利用、空气流通、景观环境等因素，以期为居住者创造一个各方面条件俱佳的建筑生活空间。这样的建筑不仅能够提升居民的生活质量，也有利于提高工作效率，从而对社会的整体福祉产生积极影响。

（三）推动产业结构调整和经济发展

建筑业是公认的耗能大户，也是全球碳减排的重点领域。绿色低碳建造有助于促进建筑业的绿色转型，实现“双碳”目标。这一过程中，不仅需要技术创新和产业升级，还需要政策引导和社会各方的积极参与。绿色低碳建造的发展不仅可以带动相关产业的发展，如绿色建材、节能设备等，还可以促进经济结构的优化和经济高质量发展。

绿色低碳建造也是推动技术创新和产业升级的重要力量。随着绿色化、工业化、智能化未来建筑浪潮的出现，整个建筑业正经历着技术创新推动下的根本性变革。这些创新不仅提升了建造效率，还改变了建造方式和组织模式，引发了建筑设备产品和运行方式的变革，还直接改变了建筑材料的制造方式和建筑运行的模式与效率，从而带动全产业链减碳进程。这不仅有助于提高建筑的质量和建造效率，还有助于推动相关产业的技术进步和转型升级。

（四）促进教育和产业的融合

产教融合是推动绿色低碳建造发展的重要途径之一。通过建立产教融合的行业共同体，可以整合产教资源，构建产教供需对接机制，联合开展人才培养，协同开展技术攻关，共同开发教学资源、落实共建任务。这种方式不仅有利于提高职业教育的教学质量，还能推动建筑业绿色低碳转型和高质量发展。

（五）提升城市发展竞争力

绿色低碳建造也有助于提升城市的发展竞争力。良好的生态环境是实现人们追求的基础，是提高人们幸福感、获得感、安全感的重要保障。在人们走向现代化的进程中，需要不断地追求生存空间、生活品质、生命价值等，绿色低碳城市的发展更需要以绿色发展来推动竞争力的进一步提升。

（六）提升社会的认知和行动

绿色低碳建造的发展需要社会各界的理解和支持。通过推广绿色低碳建造的理念和技术，可以提高公众对环境保护的认识，激发大家参与绿色生活的积极性。此外，还可以通过培训和教育，提升建筑从业人员的专业技能和环保意识，为建筑业的可持续发展奠定坚实的基础。

随着绿色低碳理念的深入人心和技术的不断进步，绿色低碳建造有望在未来发挥更加重要的作用。

五、如何评价绿色低碳建造项目的综合效益

在评价绿色低碳建造项目的综合效益时，需要从多个角度进行评估。而且，有些项目可能需要采用多种评价方法来全面评估其效益。例如，可以将成本效益分析、环境影响评价和社会影响评价结合起来，形成一个综合评价框架。这种方法可以更全面地了解项目的经济、环境和社会效益，从而为决策提供更有利的支持。因此，绿色低碳建造项目的综合效益主要体现在环境、经济和社会三个方面：(1)对项目的环境效益进行评估，包括碳排放量的减少、资源的节约和环境的改善等方面。绿色低碳建造项目能够有效减少建筑过程中的碳排放，降低对环境的污染，从而改善生态环境。(2)对项目的经济效益进行评估，如成本的降低、收益的增加和投资回报率的提高等。绿色低碳建造项目可以带来显著的经济效益，包括节约能源成本、提高建筑质量和降低后期维护成本等。(3)对项目的社会效益进行评估，如对社会、周边社

区的影响、对相关产业的带动作用和对社会发展的贡献(包括就业、教育、健康等)方面。绿色低碳建造项目能提高生活质量、促进社会公平和经济发展。

(一) 评价项目综合效益的步骤

评价项目的综合效益可以通过几个步骤来进行:(1)确定综合评价的总目标。这一步需要明确评价的目标是什么,以便于后续工作的开展。(2)建立综合评价的指标体系。这一步需要确定评价的具体指标,以便于对项目进行量化评估。(3)确定各项指标的重要性等级。这一步需要对各项指标的重要性进行排序,以便于后续的工作。(4)计算各项指标的实现程度。这一步需要对各项指标的实现情况进行评估,并给出具体的评分。(5)进行投资综合效益的定量分析。这一步需要将各项指标的评分进行加权平均,从而得出项目的综合效益。

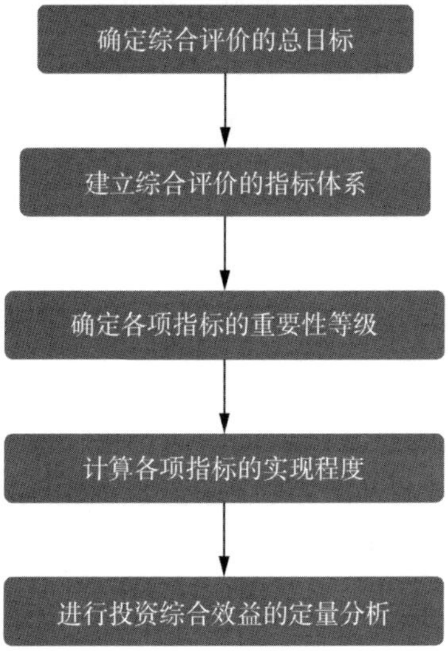

图 10-1　评价项目综合效益的步骤

在进行以上步骤的过程中,需要注意几点:(1)在确定指标的重要性等级时,应该考虑到各个因素对于项目的影响程度,从而使得评价结果更加准确。(2)在计算各项指标的实现程度时,应该采用科学的方法,以便于得出准确的结果。(3)在进行投资综合效益的定量分析时,应该考虑到各种可能的风险,从而使得评价结果更加可靠。

在评价绿色低碳建造项目综合效益时，需要考虑多方面的因素，并采用科学的方法进行评价。只有这样，才能够确保项目的各个方面都能够得到充分的考虑，从而使得项目取得更好的成果。

（二）绿色低碳建造项目效益评价的内容

绿色低碳建造项目的综合效益评价定内容通常包括：(1)碳排放量的量化评估。通过计算项目全生命周期内的直接和间接碳排放量，评估项目对气候变化的影响。这通常涉及建筑施工、运营和维护阶段的能源消耗和相关活动产生的碳排放。(2)能源效率分析。评估建筑的能源使用效率，包括建筑的保温性能、照明效率、暖通空调系统效率等，以及采用的节能技术和措施。(3)经济性评估。定量分析项目的成本效益，包括初始投资成本、运营成本节约、潜在的经济效益和投资回报率。(4)社会经济效益评价。考虑项目对当地社区的影响，包括就业机会的创造、对当地经济的贡献以及提升居民生活质量的潜力。(5)技术评价。评估项目采用的低碳技术和材料的有效性和创新性，以及这些技术对实现低碳目标的贡献。(6)政策和法规符合性。确保项目符合当地的绿色建筑标准和法规要求，以及国家关于碳达峰和碳中和的目标。

（三）绿色低碳建造项目的综合效益评价指标

绿色低碳建造项目的综合效益评价是一个多维度、多层次的过程，需要采用定量和定性相结合的方法。

图 10-2 是一些常用的绿色低碳建造项目综合效益评价的指标，每个指标的描述是：(1)能源效率指标。如千瓦时/平方米等，这些指标可以用来衡量建筑的能源使用效率。(2)碳排放指标。如每平方米碳排放量、总碳排放量等，这些指标可以用来衡量建筑的碳排放水平。(3)水资源效率指标。如每平方米用水量、水效率比(Water Use Efficiency，WUE)等，这些指标可以用来衡量建筑的水资源使用效率。(4)废弃物管理指标。如废弃物产生率、废弃物回收率等，这些指标可以用来衡量建筑废弃物的管理效率。(5)经济指标。如投资回报率(ROI)、生命周期成本(LCC)等，这些指标可以用来衡量建筑的经济效益。(6)用户满意度指标。如舒适度、便利性等，这些指标可以用来衡量建筑的用户体验。

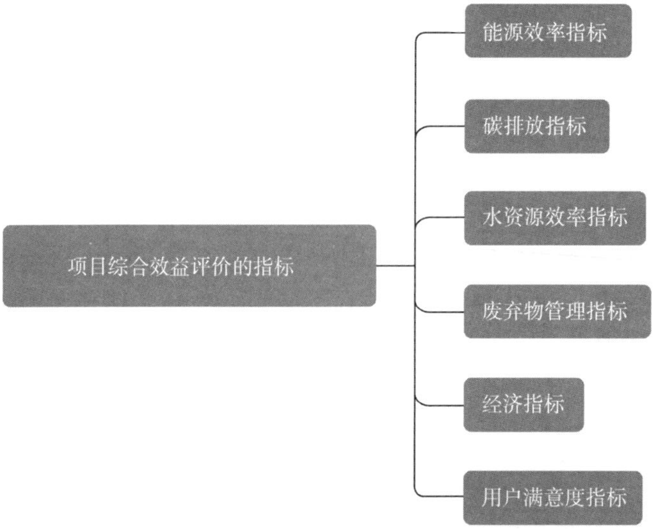

图 10-2　6 个绿色低碳建造项目综合效益评价的指标

科学使用这些定量方法中指标，可以对绿色低碳建造项目的综合效益进行全面的评价，帮助项目决策者、投资者和利益相关者更好地理解和评估项目的绿色低碳性能和潜在价值。

（四）绿色低碳建造项目综合效益评价定量方法

为了准确评价绿色低碳建造项目的综合效益，可以采用一些量化的方法，如成本效益分析、生命周期成本分析、环境影响评价和可持续性评价等。这些方法可以帮助投资者和决策者更好地了解项目的整体效益，从而做出更加明智的决策。

1. 成本效益分析

这是一种常见的评价方法，通过比较项目的总成本和总效益来衡量其经济效益。在绿色低碳建造项目中，成本效益分析可以考虑建造和运营过程中的能源消耗、碳排放、资源利用等因素，并计算其经济效益。这种方法可以帮助投资者和决策者了解项目的经济可行性。

2. 全生命周期评价（LCA）

全生命周期评价（Life Cycle Assessment，LCA），是对项目从原材料获取、生产、运输、施工、使用到最终报废的全生命周期内的环境影响进行的评估。生命周期成本分析是一种有效的成本管理和环保策略,可以帮助企业实现经济效益和环境效益的双重提升。

图 10-3 中的生命周期成本分析法,它的主要步骤是:(1)确定分析目标。明确要分析的产品及其生命周期阶段,确定需要关注的成本类型和环境影响因素。(2)收集数据。收集与产品生命周期各阶段相关的成本和环境数据,包括原材料获取、生产制造、运输、使用、维护、再利用和最终处置等环节。(3)分析成本构成。根据收集到的数据,详细分析产品生命周期各阶段的成本构成,找出成本较高的环节和潜在的降低成本的途径。(4)评估环境影响。通过全生命周期评价(LCA)方法,评估产品在整个生命周期内对环境的影响,包括能源消耗、温室气体排放、水污染、土地利用等。(5)提出改进建议。根据成本分析和环境影响评估结果,提出优化产品设计、降低生产成本、减少环境影响的建议措施。(6)实施改进。将提出的改进建议落实到实际生产和产品设计中,持续跟踪改进效果,进一步优化产品生命周期成本。

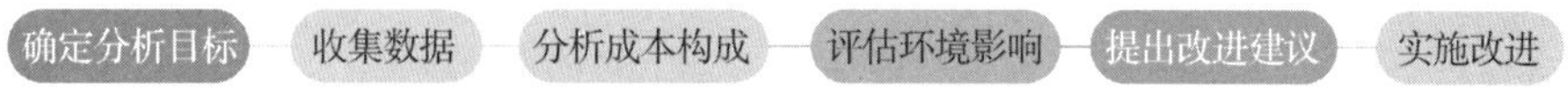

图 10-3 LCA 法的步骤

3. 环境影响评价(EIA)

环境影响评价(Environmental Impact Assessment,EIA)是指除了碳排放外,还需评估项目对当地生态系统、水资源和空气质量的影响。环境影响评价技术方法包括调查分析、预测评价、报告书编制等工作程序,以及相应的评价原则和工作等级确定等内容。

环境影响评价方法关注项目对环境的影响,包括空气和水污染、土地利用、生物多样性等。通过对这些环境指标的量化分析,可以评估项目的环境效益。在绿色低碳建造项目中,环境影响评价可以帮助我们了解项目在减少碳排放、保护生态环境等方面的绩效。

环境影响评价是一种对规划和建设项目实施后可能对环境产生的影响进行分析、预测和评估的方法与制度。其目的是提出预防或减轻不良环境影响的对策和措施,并进行跟踪监测。该制度在全球范围内得到了广泛应用,以促进可持续发展和环境保护。

在我国，环境影响评价主要由生态环境部负责监管。生态环境部下设环境工程评估中心，与重庆市生态环境科学研究院共同主办《环境影响评价》杂志，旨在服务环评事业，推动环评技术进步。此外，生态环境部还负责制定生态环境标准，包括环境影响评价的技术导则与规范。

环境影响评价程序包括管理程序和工作程序两个方面。管理程序主要用于指导环境影响评价的监督与管理，而工作程序则用于指导环境影响评价的工作内容和进程。环境保护管理部门会根据分类管理和分级审批的原则，提出编制环境影响评价文件（环境影响报告书、环境影响报告表），并明确审批部门。建设单位根据环境影响申报（咨询）意见，委托具有相应资质的环境影响评价机构开展环境影响评价文件的编制工作，并在此过程中开展公众参与工作。

环境影响评价作为一种重要的环境保护制度，对于保障人类生存和发展具有重要意义。科学合理的环评工作，可以有效预防和减少开发建设活动对环境的负面影响，实现经济社会的可持续发展。

4. 可持续性评价法

可持续性评价法是一种系统的方法，用于评估项目或活动对环境、社会和经济的影响，以确保它们符合可持续发展的原则。可持续性评价法是一种全面的方法，它可以帮助我们做出更明智的决策，推动可持续发展。

可持续性评价法通常包括几个步骤：(1)理论基础。可持续性评价法的基础是可持续发展的概念，它强调的是既要满足当代人的需要，又要保护后代人的利益。这意味着在评价任何项目或活动时，都需要考虑到它对环境、社会和经济的影响。(2)评价指标。评价指标是可持续性评价法的关键组成部分。这些指标通常包括资源利用效率、环境保护措施、社区参与和利益相关者协商、劳工权益和健康安全、消费者教育和责任等。此外，还有一些专门针对特定行业的指标，如资源消耗评估、循环利用和废弃物管理、生态足迹评估、空气污染控制、水资源保护、土壤保护等。(3)评价方法。可持续性评价法包括定性与定量相结合的综合集成方法、生命周期评估法、德尔菲法等多种方法。这些方法各有特点、用法，可以根据具体情况选择合适的方法。(4)实例分析。为了更好地理解和应用可持续性评价法，可以通过实例分析来进行示范。例如，可以对某个区域的水环境承载能力进行评价，构建一个包括水源、资源、纳污、生态等 4 个主要功能的评价指标体系，以此来分析区域水环境承载与经济社会荷载之间的相互关系。(5)结果解释和应用。在完成可持续性评价后，需要对结果进行解释，并根据评价结果提出改进建议。这些结果可以用于指导政策制定、项目管理和公众教育等方面，以促进可持续发展。

以上评价方法都需要根据具体项目的特点进行调整和优化。在实际操作中，可能需要根据项目目标、地域特点、市场环境等因素对评价方法进行改进和完善。同时，在评价过程中要注重数据的准确性和可靠性，确保评价结果的有效性。

总之，绿色低碳建造项目具有很高的综合效益，对于推动经济社会的可持续发展具有重要意义。在未来的建筑行业中，绿色低碳建造将成为主流趋势，各方应积极推广和支持此类项目的发展。在评价绿色低碳建造项目综合效益的方法中，需要考虑多个方面，包括企业效益、国家或社会效益、数量化效益与非数量化效益、经济效益、技术效益与生态效益等。对这些因素进行综合考虑可以确保项目的各个方面都进展顺利，从而使得项目能够在各个方面都取得较好的成果。

第十一章

绿色低碳建造在新质生产力中的自我发展

第一节　绿色低碳建造与新质生产力的关系

随着全球气候变化和资源紧张问题日益突出，绿色建筑和可持续发展已经成为建筑行业的重要发展方向。在这一背景下，“新质生产力”的提出为建筑行业的绿色发展提供了新的契机。新质生产力是一种创新起主导作用，摆脱传统经济增长方式、生产力发展路径，具有高科技、高效能、高质量特征，符合新发展理念的先进生产力质态。这种生产力不仅关乎生产效率的提升，更关乎生产过程的绿色化、低碳化的改革。它强调在经济发展中保护环境，实现经济社会发展与生态环境保护的和谐统一。

一、绿色低碳建造与新质生产力相互促进

绿色低碳建造与新质生产力之间存在着紧密的联系。新质生产力是一种创新起主导作用的生产力，它摆脱了传统经济增长方式和生产力发展路径，具有高科技、高效能、高质量、高维度的特征。绿色低碳建造则是建筑业在新时代背景下的发展模式，它强调通过技术创新和管理创新来实现建筑行业的可持续发展。新质生产力本身就是绿色生产力，它是强调环境友好型、资源节约型的生产力。政府在推动新质生产力的同时，也在推动绿色低碳建造的发展。

新质生产力与绿色低碳建造之间存在着相互促进的关系。一方面，新质生产力的发展为绿色低碳建造提供了技术支持和动力支持。另一方面，绿色低碳建造也是新质生产力的一个重要实践领域。绿色低碳建造可以推动建筑业的绿色转型，提高建筑的能源效率，从而培育和发展新质生产力。

（一）新质生产力对绿色低碳建造的推动作用

新质生产力的发展为绿色低碳建造提供了重要的技术支持和管理创新。例如，智慧建造技术和工业化生产模式的应用，可以大幅提升建筑生产的效率和质量，同时减少资源消耗和环境污染。此外，新质生产力还促进了产业结构的优化和增长动力的转换，这对于推动建筑业向绿色低碳方向转型具有

重要意义。

举例：四川省雅江县柯拉光伏电站的智能跟踪支架融合AI技术，主动分析识别最佳跟踪角度，提升年平均发电量1%以上；通过智能诊断与红外感知，实现了光伏设备的智能化运维。这些技术的应用不仅提高了建造效率，也为建筑业的绿色发展提供了新的思路和方法。

（二）绿色低碳建造对新质生产力的贡献

绿色低碳建造是新质生产力在特定领域内的具体体现。它通过实践绿色发展理念，推动了建筑行业的现代化产业体系建设。在绿色低碳建造过程中，科技创新起到了关键作用。

举例：河南省济源市经开区通过实施碳捕集工程，突破一批深度脱碳应用技术，加快碳捕集、利用与封存(CCUS)等减碳、负碳技术应用，引领行业绿色低碳转型。位于济源经开区的碳捕集产业园，加大投资建设CO_2捕集利用和协同固废资源化利用、建筑垃圾资源化利用、重卡换电试点和配套储能、微藻生物经济开发、碳交易服务平台等捕碳、减碳项目，旨在打造全国第一个碳中和示范园区。项目投产后可实现年捕捉二氧化碳30万吨，生产后端资源化产品120万吨。

（三）新质生产力与绿色低碳建造的协同发展

新质生产力与绿色低碳建造的协同发展，有助于实现人与自然和谐共生的美丽中国建设。在这一过程中，政策导向和社会环境的支持同样至关重要。通过持续优化支持绿色低碳发展的经济政策，发挥绿色金融的牵引作用，可以打造高效生态绿色产业集群，为新质生产力的发展创造良好的社会环境。

新质生产力与绿色低碳建造之间的关系是相互促进和协同共进的。新质生产力的发展为绿色低碳建造提供了技术支持和管理创新，而绿色低碳建造的成功实践又为新质生产力的快速发展增添了新的动力和应用场景。两者共同推动了建筑业的高质量发展和可持续转型。

二、绿色低碳建造在新质生产力中的作用发挥

绿色低碳建造是新质生产力的重要组成部分，它通过创新的建造方式和

材料,推动建筑业的绿色发展和转型升级。具体来说,绿色低碳建造可以帮助建筑业实现几个方面的目标:(1)促进技术创新。绿色低碳建造推动了建筑材料和施工技术的创新,例如使用环保材料、节能设备,以及绿色建筑的设计和施工方法。(2)推动资源节约。绿色低碳建造通过提高能效和利用可再生能源,减少了能源消耗和碳排放,实现了资源的有效利用。(3)促进环境友好。绿色低碳建造减少了对环境的负面影响,保护了生态系统和生物多样性,符合可持续发展的原则。(4)确保经济效益。绿色低碳建造虽然可能在初期投资较高,但通过节能和提高建筑价值,可以在长期获得经济效益。

绿色低碳建造与新质生产力之间存在着密切的关系。绿色低碳建造是新质生产力的重要载体,它通过创新的建造方式和技术,推动建筑业的绿色发展和转型升级。同时,新质生产力也为绿色低碳建造提供了技术支持和市场需求,促进了建筑业的可持续发展。两者相互促进,共同推动经济社会的高质量发展。例如:(1)河北丰宁抽水蓄能电站——这个超级"充电宝"消纳电能,让"风光"资源得到稳定利用,体现了新质生产力的高效能和高质量特征。(2)保山海螺水泥有限责任公司——该公司通过引进新技术对工厂进行改造提升,实现了从"灰色制造"到"绿色智造"的转变,符合新质生产力的高科技特征。(3)上海杨浦滨江——曾经的煤灰仓经过改造,变成了"零碳智慧综合能源中心",生动展现了绿色生产力的巨大潜力。

在新质生产力条件下,绿色低碳建造的实践策略包括以下几点建议:(1)优化能源使用,采用节能技术和设备,确保能源的高效利用。例如,可以采用高效节能的照明系统和提高建筑围护结构保温隔热性能的技术,降低建筑能耗。(2)在项目建设中尽量采用可再生能源,如太阳能、风能、地热能等。通过安装和利用清洁能源设施,减少对传统化石燃料的依赖,降低碳排放。(3)建立和实施碳排放监测和管理系统,对项目的碳排放进行跟踪和评估。通过制定减排目标、采取碳减排措施,并进行监测和报告,确保项目的碳排放在可控范围内。(4)选择环境友好的建筑材料和工艺,减少对自然资源的消耗和环境的影响。例如,使用可回收材料、推广绿色建筑设计、采用水循环利用系统等,以降低碳足迹和环境负荷。(5)采取有效的废物管理措施,最大限度地减少废物的产生,并促进废物的循环利用和资源回收。通过建立废物分类和处理系统,实现废物减量化、资源化和无害化处理,减少碳排放和环境污染。(6)加强项目团队和相关人员的低碳意识培训，加深对低碳经济的理解和认知。鼓励员工和利益相关者参与低碳行动，共同推动项目的低碳目标实现。

第二节　如何利用新质生产力，助力绿色低碳建造

在推进中国式现代化的过程中，新质生产力的赋能无疑为绿色低碳建造、绿色建筑和可持续发展、高质量发展注入了新的动能。在科技创新和数智化、智能化管理的驱动下，建筑行业正逐步迈向绿色转型和创新发展的新征程。

一、利用新技术赋能能源高效开发

新质生产力的特点是创新，关键在质优，本质是先进生产力。科技创新是发展新质生产力的核心要素，而大科学装置是现代科学技术诸多领域取得突破的必要条件。

举例：四川成都雅砻江流域水电开发有限公司的在建装机规模最大水电项目——孟底沟水电工程的施工现场，采用了“施工全过程智能化技术”，推动我国高土石坝填筑进入“无人驾驶”时代。另外，四川省甘孜州雅江县柯拉光伏电站项目，采用了智能跟踪支架融合 AI 技术，主动分析识别最佳跟踪角度，提升年平均发电量 1% 以上；通过智能诊断与红外感知，实现了光伏设备的智能化运维。该电站装机规模 100 万千瓦，光伏组件达 200 多万块。柯拉光伏电站通过一条 500 千伏输电线路接入两河口水电站，实现水光互补，达到效益最大化。

二、利用新平台打造科技创新高地

新质生产力需要一手抓关键核心技术联合攻关，一手抓绿色科技创新和先进绿色技术推广应用。在这方面，雅砻江水电开发有限公司与华为、南瑞、中国电科院等企业成立了联合创新中心，进一步推动解决全球最大水风光一体化示范基地智能建设、智能运营等复杂关键技术，推动降低项目全生命周

期成本，实现水风光资源综合效益最大化，促进能源产业数字化、智能化升级，共同打造清洁能源科技创新高地。

举例：雅砻江柯拉一期光伏电站，入选2023“零碳中国”优秀项目案例，柯拉光伏电站的智能化管理平台，融合数字技术与电力电子技术，与伙伴携手打造电站运行驾驶舱，实现生产经营管理、电站效率分析、诊断巡检消缺等环节全面智能化。

举例：沈阳市科创平台建设。沈阳市通过布局建设高能级科创平台，如传感器国家工程研究中心（简称传感器中心）和沈阳航空航天大学沈阳市北斗时空信息融合与智能导航重点实验室（简称北斗实验室），以科技创新推动产业创新。传感器中心构建了“五位一体”研发创新体系，并持续推进“三合一”创新团队建设，从市场需求出发加快科技创新步伐。北斗实验室则研制开发了基于北斗、ADS-B、多源光电与无线网络融合的通用航空飞行器导航监视系统，解决了多项关键技术问题，为促进辽沈地区低空开放以及通航产业的快速发展提供了坚实的技术保障。

以上案例表明，通过建立科技创新平台并加强产学研合作，可以有效地推动科技成果的转化和产业的升级，进而提升地区的整体竞争力。

三、发展绿色低碳建筑及材料、技术

发展绿色建筑是落实“双碳”目标的最佳路径。绿色低碳建筑是在建筑材料、设备制造、建筑施工和建筑物使用的整个生命周期内，减少石化能源的使用，提高能效，降低 CO_2 排放量的建筑。

绿色低碳建筑的设计理念强调在建筑的整个生命周期内，对环境的影响最小化，特别是减少碳排放和提高能源效率。绿色低碳建筑的设计还会考虑到建材的生产和使用。随着环境保护意识的增强，越来越多的建筑材料开始向低碳方向发展。选用低碳材料，能够减少施工过程中碳排放。例如，采用轻质材料、可再生材料和循环利用材料等，可以减少材料生产和运输过程中的碳排放量。此外，还有一些其他的低碳建筑材料。

举例：Kedel是一家位于英国兰开夏郡的公司，它创造了一种替代塑料或水泥建筑外墙覆层的材料，该覆层由回收的高密度聚苯乙烯制成。它的生产不需要制造新混凝土或塑料所需的大量能源，这使其成为一种环保的替代品，它现在有五种不同的饰面可供选择。

举例：CAPOL Dream Office 项目。这座位于广东省东莞市茶山镇的建筑，以岭南气候特征为引导进行建筑方案设计，并运用“被动式＋主动式”技术，最大限度地降低建筑耗能，同时充分利用自然资源，为使用者提供舒适的室内环境。CAPOL Dream Office 在建造过程中共使用了 1 496 块预制构件，其中包含 2 种新型预制构件和 5 种常规预制构件，项目装配率高达 76%，这样的做法不仅降低了能耗，还减少了建筑垃圾的产生。

举例：成都理工大学研究团队研发的高性能水泥混凝土技术，相较传统产品每立方能节约 4 立方米水资源。还有 Hoffmann Green Cement 的 H-UKR（一种高炉渣混凝土产品），即使用高炉渣制成的混凝土产品，其排放的碳仅为传统方法的 20%。

举例：在 2024 年 5 月的第八届西安建筑业绿色施工观摩会上，由中建三局承建的一栋核心技术研究与仿真实验中心及配套综合保障楼建设项目吸引了全场目光，工程总建筑面积约 113 782.33 平方米，高度 58.4 米，地下二层（局部一层），地上十一层（局部五层）。项目将建设仿真测试大厅、生产指挥中心、数据处理中心、产品展示区、办公配套服务用房、地下停车场及设备用房等，是一座集仿真实验研究、办公为一体的现代化、智能化、建筑工业化建筑。该项目建设过程中进行了全方位碳监测，利用碳监测平台降低碳排放量，项目建设至今共使用 738 项绿色建材，占比为 77.8%；在建筑方案、设备与系统、绿色供应链、施工建造、运营维护五大方面的 40 项具体措施，减碳率达 52.66%。

绿色低碳建筑的发展离不开技术支持和政策导向。例如，《2030 年前碳达峰行动方案》明确指出要加强新型胶凝材料、低碳混凝土、木竹建材等低碳建材产品的研发应用。绿色低碳建筑、材料及技术的发展是一个系统工程，需要从设计理念、建材研发、技术创新等多个方面综合考虑。随着科技的进步和环保意识的提高，相信绿色低碳建筑将会在未来建筑领域占据越来越重要的地位。

四、优化施工工艺流程

新质生产力可以通过优化施工工艺流程，减少施工过程中的能源消耗和碳排放。

(一) 施工工艺优化与创新

利用 BIM 技术,可以实现绿色低碳技术施工过程中的施工工艺优化与创新。BIM 技术的具体作用有:(1) 施工工艺优化。采用绿色施工工艺,提高施工效率,减少施工过程中能源消耗和碳排放。例如,采用装配式施工、BIM 技术和绿色施工技术等,减少施工现场的能源消耗和碳排放量。(2)利用 BIM 技术进行虚拟建造和优化设计。BIM 技术可以帮助建立虚拟施工模型,模拟不同施工方案对碳排放的影响。通过优化设计方案,如减少不必要的材料和运输,实现碳减排。(3)结合 BIM 模型进行材料管理和碳核算。结合 BIM 模型,可以实时追踪材料使用情况,避免浪费和过剩。通过碳核算模块,可以量化不同材料和施工工艺的碳足迹。(4)使用 BIM 技术优化施工流程。使用 BIM 技术可以优化施工流程,减少施工时间和资源消耗。通过模拟不同施工方法,可以选择低碳排放的方案。

(二) 通过改善生产工艺降低能源消耗

通过对作业流程的不断优化,对生产现场的人、机、料、法、环等生产要素进行持续的改进,最终实现各生产要素的整合、优化配置,从而减少生产过程中产生的浪费,达到降本增效的目的。

新质生产力在施工工艺优化中的应用主要体现在通过技术创新和科学管理来降低能源消耗和碳排放。这些方法和技术的选择和实施需要根据具体的工程情况和环境条件来进行,以实现最佳的效果。同时,也需要政策的支持和社会的认识改变,共同推动建筑业的绿色发展。

五、推广可再生能源利用

新质生产力可以通过推广可再生能源利用,助力绿色低碳建造。可再生能源是指在自然界中可以不断再生、永续利用的能源,具有取之不尽、用之不竭的特点。这类能源通常对环境无害或危害极小,并且资源分布广泛,适宜就地开发利用。可再生能源包括太阳能、风能、水能、生物质能等,利用这些能源可以有效减少燃煤等化石燃料的使用,降低碳排放量。通过采用这些能源,建筑行业可以减少能源消耗和碳排放,提高建筑的能效。同时,建筑行业可以通过推广循环经济理念，通过回收再利用废弃材料、推动建筑废弃物的资源化利用等措施，减少废弃物的排放和环境污染。这不仅有助于减少碳排放，还可以促进资源的可持续利用。

利用新质生产力助力绿色低碳建造，需要从技术创新、产业创新等多个方面入手，通过各种手段和措施，推动绿色低碳的发展。新质生产力通过推广可再生能源利用，可以在建筑设计和施工的各个方面发挥作用，助力绿色低碳建造。这不仅有助于减少碳排放，还可以促进资源的可持续利用，并提升建筑行业的整体环保水平。

第三节　新质生产力与绿色低碳建造实践中的项目管理

一、新质生产力与绿色低碳建造项目管理的关系

新质生产力是一种先进生产力，它与绿色发展相互促进、协同共进。近年来，我国绿色科技创新和先进绿色技术推广应用加速，经济发展含“绿”量增加，有效提升了增长的含“金”量。绿色发展是实现经济高质量发展的必然要求，保护生态环境就是保护生产力，改善生态环境就是发展生产力。

在当前社会背景下，绿色低碳建造项目管理已经成为推动新质生产力发展的重要途径之一。习近平总书记曾经指出：“绿色发展是高质量发展的底色，新质生产力本身就是绿色生产力。”这表明，新质生产力与绿色生产力之间存在着内在联系。因此，在推进新质生产力发展的过程中，应当全面贯彻落实绿水青山就是金山银山的发展理念，扎实推进绿色转型，坚定不移走绿色可持续道路，把绿色低碳发展作为治本之策，助力碳达峰、碳中和，以绿色发展新成效持续支撑新质生产力。为了实现这一目标，许多企业和机构都在积极探索绿色低碳建造项目管理的新方法和新技术。

举例：深圳市深汕特别合作区华润电力有限公司，将碳捕集测试平台打造成为环境教育基地、CCUS（碳捕集、利用与封存）人才培训基地、应对气候变化科普基地，并通过开展工业旅游及研学活动，对CCUS进行科普教育与

宣传,普及低碳减排理念和行为。CCUS 项目,是亚洲首个基于超超临界燃煤电厂的多线程碳捕集技术测试平台,2017 年就被列为广东 CCUS 示范项目,曾获得多个低碳成果奖项。

此外,许多高校也在积极研究绿色建造在施工阶段的具体体现和技术应用过程中存在的问题,例如,上海交通大学研究生第十二党支部与临港滴水湖学校项目党支部就以“绿色建造与新质生产力”为主题开展了交流活动。

新质生产力与绿色低碳建造项目管理之间存在着密切的联系。新质生产力的发展为绿色低碳建造项目管理提供了先进的科技支持,而绿色低碳建造项目管理则是新质生产力落地实践的重要载体。两者相结合,不仅能够推动建筑行业的发展,还能够为实现经济社会的可持续发展做出重要贡献。

新质生产力与绿色低碳建造项目管理之间存在着密切联系。在未来的发展中,应该继续探索绿色低碳建造项目管理的新方法和新技术,推动新质生产力的快速发展。

二、绿色低碳建造项目管理中新质生产力的作用

绿色低碳建造项目管理中新质生产力的作用主要体现在:(1)主要作用——科技创新引领绿色发展。新质生产力的发展离不开科技创新的支撑。在绿色低碳建造项目中,科技创新能够推动绿色建筑理念和技术的广泛应用,提高建筑的能效和环保性能。(2)重要作用——高效能、高质量的建筑科技。新质生产力推动了高科技、高效能、高质量的建筑科技的发展,这些科技在提升建筑质量的同时,也降低了能耗和运营成本。(3)关键作用——数字化、智能化建造。新质生产力促进了数字化、智能化建造理念的发展,通过综合运用各种先进技术手段,实现绿色、低碳和环保的建造过程。

三、新质生产力与绿色低碳建造项目管理的结合

新质生产力与绿色低碳建造项目管理相结合,不仅能够提高建造项目的效率和质量,还能够推动建筑行业向更加绿色、低碳的方向发展。例如,贾维斯公司积极响应“新质生产力”的发展思路,利用先进的 BIM 技术为建筑项目提供全生命周期的信息化解决方案,为绿色建筑发展提供了强有力的数字化技术支持。此外,还有一些建设项目秉持快速建造、精益建造的管理理念,将

绿色、低碳和环保理念贯穿始终。

在绿色低碳建造实践中，项目管理是关键要素之一。低碳理念的提出给建筑工程项目管理工作带来了新的要求，相关单位和工作人员必须要充分认识到低碳理念的内涵，积极革新项目管理模式，唯有如此才能保证项目管理工作的稳定有效开展。在建筑工程项目管理中，需要关注几个方面：(1)重视绿色建筑材料的选择和使用。采用绿色建材等新型环保材料，可以减少对环境的污染，提高建筑项目的可持续性。(2)引入新技术、新方法，提高建造过程的能源效率。例如，采用数字化装配技术、装配式钢结构等先进技术和建材，实现建筑构件的流水线生产，提高建造效率和质量。(3)注重建筑的智能化和信息化管理。通过运用 BIM 技术、物联网、大数据等手段，实现建筑项目的全生命周期管理，提高资源利用率，降低能耗。(4)建立健全绿色低碳建筑评价体系。对建筑项目的能耗、碳排放、环境影响等方面进行评估，为项目管理提供科学依据。(5)加强国际合作与交流，推广绿色低碳建造的最佳实践。通过学习国际先进的绿色低碳建造经验，不断提高国内项目管理水平。

总之，在新质生产力与绿色低碳建造实践中的项目管理研究中，需要不断探索创新，推动绿色低碳建造的可持续发展。

第四节　新质生产力下绿色低碳建造实践中的效益评价

一、效益评价的必要意义

在新质生产力下，绿色低碳建造的效益评价研究具有重要意义。绿色低碳建造需要从多个方面进行评价，如经济效益、环境效益和社会效益等，具体而言包括：(1)经济效益。绿色低碳建造可以降低能源消耗和减少碳排放，从而降低运营成本。此外，绿色建筑还可以提高建筑物的价值和租金，从而带来更高的投资回报。(2)环境效益。绿色低碳建造可以有效减少对环境的负面影响，如减少温室气体排放、降低空气污染、节约水资源等。这有助于实现可持续发展和应对气候变化。(3)社会效益。绿色低碳建造可以提高人们的生活质量,提供健康、舒适和安全的居住环境。此外,绿色建筑还可以促进就业和技术创新,推动经济社会的可持续发展。三种效益的关系如图 11-1:

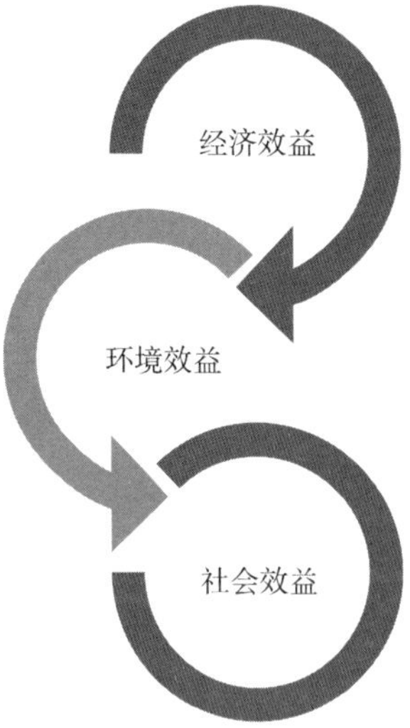

图 11-1　绿色低碳建造的三种效益

为了更好地评价绿色低碳建造的效益,需要建立一套完善的评价体系。这包括制定相应的评价标准、指标和方法,以及建立有效的数据收集和监测机制。同时,还需要加强政策扶持和技术推广,提高社会各界对绿色低碳建造的认识和参与度。

总之,新质生产力下绿色低碳建造的效益评价研究对于推动绿色发展和实现可持续目标具有重要意义。通过综合评价和政策引导,我们可以更好地发挥绿色低碳建造在促进经济社会发展和环境保护方面的潜力。

二、效益评价需考虑的内容

在新质生产力下,绿色低碳建造实践中的效益评价尤为重要。绿色低碳建造是指在建筑材料与设备制造、施工建造和建筑物使用的整个生命周期内,减少化石能源的使用,提高能效,降低 CO_2 排放量。这种建造方式已经成为国际建筑界的主流趋势。效益评价是绿色低碳建造实践中不可或缺的一环,其目的是评估项目在实现环保目标的同时,是否能够在新质生产力、新经济上取得良好的回报。效益评价主要包括成本效果分析和成本效益分析。

在绿色低碳建造实践中，效益评价应考虑：(1)能源消耗与碳排放因子。评估建筑项目在建设和运营过程中的能源消耗和碳排放情况，以确保其是否符合新质生产力的要求。(2)技术创新和研发因子。鼓励企业在绿色低碳建造实践中加大技术创新和研发投入，提高建筑项目的整体性能。(3)政策支持与引导因子。政府部门应加强对绿色低碳建造实践的引导和支持，提供强有力的政策保障，推动行业发展。(4)行业标准与评价体系因子。建立一套符合社会发展需求的绿色低碳建造科学评价标准和评价体系，以便对建筑项目进行全面、客观的评估。(5)社会效益与环境效益因子。在经济效益的基础上，关注、考虑绿色低碳建造实践所带来的社会效益和环境效益，如提高居民生活质量、改善生态环境等。(6)科学性与可行性因子。对绿色低碳建造的评价，要从过程、结果和实际效果等的科学性、可行性上评判；同时，衡量新质生产力的成本和持续性、可靠性等情况。

通过对以上几个方面的综合评价、考虑，可以更好地指导绿色低碳建造实践，使其在实现环保目标的同时，为社会、企业创造更多的经济价值。

新质生产力下绿色低碳建造的效益评价研究对于推动绿色发展和实现可持续目标具有重要意义。通过综合评价和政策引导，我们可以更好地发挥绿色低碳建造在促进经济社会发展和环境保护方面的潜力。

三、效益评价体系

在新质生产力下，绿色低碳建造效益评价体系是一个重要的议题。为了更好地评价绿色低碳建造的效益，需要建立一套完善的评价体系。这包括制定相应的评价标准、指标和方法，以及建立有效的数据收集和监测机制。同时，还需要加强政策扶持和技术推广，提高社会各界对绿色低碳建造的认识和参与度。

新质生产力是符合新发展理念的先进生产力质态。在这种背景下，绿色低碳建造的效益评价体系需要考虑几个方面：(1)技术创新与能源效率。在新质生产力下，技术创新和能源效率是关键因素。绿色低碳建造效益评价体系构建中，应该体现、采用先进的技术和方法，提高能源利用效率，降低碳排放量。(2)绿色建筑材料与设备。绿色建筑材料和设备的选择对于低碳建造至关重要。评价体系应该考虑建筑材料和设备的环保性能、可回收性以及对环境的影响。(3)建造过程与生命周期成本。评价体系应该关注建造过程中的成本和效益,包括施工效率、劳动力成本、设备运行成本等。此外,还需要考虑建筑物的生命周期成本,包括运营和维护成本、能源消耗成本以及环境治理成本。(4)环境效益和社会效益。绿色低碳建造的环境效益和社会效益也是评价体系的重要组成部分,包括减少碳排放、保护自然资源、改善空气质量等方面。同时,还需要考虑绿色低碳建造对于社区和城市发展的贡献,如提高生活质量、促进可持续发展等。(5)政策支持与市场推广。效益评价体系应该关注政策支持和市场推广对于绿色低碳建造的影响,包括政府政策的引导作用、市场机制的推动作用以及公众意识的提高。

在新质生产力下,绿色低碳建造效益评价体系需要综合考虑技术创新、建筑材料、建造过程、环境效益、社会效益和政策支持等多个方面。这将有助于推动绿色低碳建造的普及和发展,实现可持续发展目标。

主要参考文献

[1] 周文. 新质生产力的本质是先进生产力[N]. 文汇报,2024-03-13(6).

[2] 王政,刘温馨. 如何发展新质生产力[N]. 人民日报,2024-01-15(1).

[3] 陈启清. 健全和完善生产要素参与分配机制[N]. 经济日报,2020-03-05(11).

[4] 孙越,姚豆豆. 让低空经济真正"展翅高飞"[N]. 科技日报,2024-01-19(5).

[5] 群文. 以新产业厚植新质生产力[N]. 绵阳日报,2023-09-28(2).

[6] 白钦先,王伟. 政策性金融概论[M]. 北京:中国金融出版社,2013.

[7] 黄志忠,谢军. 宏观货币政策、区域金融发展和企业融资约束——货币政策传导机制的微观证据[J]. 会计研究,2013(1):63-69+96.

[8] 农业大词典编辑委员会. 农业大词典[M]. 北京:中国农业出版社,1998.

[9] 国务院. 国务院关于印发《推动大规模设备更新和消费品以旧换新行动方案》的通知[EB/OL]. (2024-03-07). https://www. gov. cn/zhengce/content/202403/content_6939232. htm.

[10] 何宝国. 我省"一泓清水入黄河"工程谋划二百八十五个项目[N/OL]. 太原新闻网. 2023-09-01. http://4g. tynews. com. cn/system/2023/09/01/030650632. shtml.

[11] 李冰心. 行政体制改革与地方政府治理[M]. 兰州:甘肃人民出版社,2018.

[12] 王钦. 健全新型举国体制[N]. 人民日报,2022-12-08(9).

[13] 宋少俊. 发展新质生产力要持续在创新上用力[N]. 河北日报,2024-05-15(7).

[14] 张健秋,马守贵,曲照贵,等. 施工建设也有新质生产力[N]. 中国化工报,2024-02-23(4).

[15] 洛阳市人民政府发展研究中心. 洛阳市惠企政策汇编[G/OL]. (2022-09-02). http://lyszffzyjzx. ly. gov. cn/newsshow. php? id=752.

[16] 张梅. 陕西新认定 322 家省级瞪羚企业[N]. 陕西日报,2023-10-16(4).

[17] 赵昌文,陈春发,唐英凯. 科技金融[M]. 北京:科学出版社,2009.

[18] 中国人民银行、财政部等七部委. 关于构建绿色金融体系的指导意见[EB/OL]. (2016-08-31). https://www. beijing. gov. cn/zhengce/zhengcefagui/201905/t20190522_59497. html.

[19] 厦门市科学技术局,厦门市财政局. 关于进一步优化高新技术企业扶持政策的通知[EB/OL]. (2021-08-31). https://sti. xm. gov. cn/xxgk/zfxxgk/zc/xzgfxwj/202109/

t20210901_2579940. htm? eqid＝bee0d1d30002895700000006656d491c.

[20] 雷晨. 着力推动“数实融合”向纵深发展布局“人工智能＋”赋能产业升级实施制造业数字化转型行动[N]. 21 世纪经济报道，2024-03-07.

[21] 李军鹏. 打造向“新”而优的一流营商环境[N]. 大众日报，2024-05-28(6).

[22] 陈新光. 以科技创新为引领，加快形成新质生产力[N]. 中国日报，2023-10-08.

[23] 李晓红. 科技创新是发展新质生产力的核心要素[J]. 求是，2024(11)：27-31.

[24] 柯迪. 10 问新质生产力——如何以制度建设保障新质生产力发展[N]. 成都日报，2024-02-28(6).

[25] 张文显. 法治经济是我国经济现代化的鲜明特征[N]. 人民日报，2023-04-03(9).

[26] 中国城市科学研究会. 低碳建筑评价标准：T/CSUS 60—2023[S]. 北京：中国建筑工业出版社，2023.

[27] 傅温. 建筑工程常用术语详解[M]. 北京：中国电力出版社，2014.

[28] 中华人民共和国住房和城乡建设部. 绿色建筑评价标准：GB/T 50378—2019[S]. 北京：中国建筑工业出版社，2019.

[29] 中华人民共和国住房和城乡建设部. 建筑与市政工程绿色施工评价标准：GB/T 50640—2023[S]. 北京：中国计划出版社，2023.

[30] 陈丽莎. 从能源视角看新质生产力——国网浙江电力锚定创新助力高质量发展[N]. 中国电力报，2024-03-27(1).

[31] 王轶辰. 能源安全必须立足国内为主[N]. 经济日报，2022-08-11(6).

[32] 龚伟芳. 打造高品质绿色低碳建筑 这里有高招[N/OL]. 西安新闻网. 2024-05-11. https://www. xiancn. com/content/2024-05/11/content_6894867. htm.

[33] 吕江涛. 从跟跑、并跑到领跑，可再生能源推动中国绿色发展[J]. 中国经济周刊，2022，(19)：59-61.

[34] 李娜. 全国领先！江苏累计建成绿色建筑面积超 10. 7 亿 m^2[N/OL]. 现代快报网，2022-11-17. https://www. xdkb. net/p1/js/20221117/342365. html.

[35] 姚雪青，白光迪. 江苏探索绿色低碳的生产方式和生活方式——智能添动力 节约促发展[N]. 人民日报，2023-07-06(4).

[36] 曹静，白重恩. 有序实现能耗“双控”向碳排放总量和强度“双控”转变[N]. 光明日报，2021-12-28(16).

[37] 白华兵. 十部门发《绿色低碳先进技术示范工程实施方案》，推重点领域降碳[N/OL]. 新京报，2023-08-22. https://www. bjnews. com. cn/detail/1692709463169716. html.

[38] 沈谦. 陕西印发建材行业碳达峰实施方案“十五五”期间建立绿色低碳循环发展产业体系[N]. 陕西日报，2024-04-23(1).

[39] 本刊编辑部.着力推进工程建设标准化改革创新 服务住房城乡建设事业高质量发展——改革和完善工程建设标准体系工作交流座谈会召开[J].工程建设标准化，2020(02):8-10+2.
[40] 黄雪松,白洋.全省唯一、成都科创生态岛入选 2023 绿色低碳典型案例[N].成都日报,2024-05-17(3).
[41] 石永久.绿色低碳建造技术应用案例集[M].北京:中国建筑工业出版社,2022.